版权所有：Smart Cities Council

上海研究院 智库丛书

李培林 ◎ 主编

美国智慧城市理事会（Smart Cities Council）◎编著

中国社会科学院
上海市人民政府 上海研究院组织翻译

文学国　吴　彦　梁梦晓　于昊淼 ◎译

智慧城市筹备指南

建设未来城市的规划手册

中国社会科学出版社

图书在版编目（CIP）数据

智慧城市筹备指南 / 美国智慧城市理事会编著；文学国等译 . -- 北京：中国社会科学出版社，2018.7
（上海研究院智库丛书）
ISBN 978-7-5203-2221-8

Ⅰ.①智… Ⅱ.①美… ②文… Ⅲ.①现代化城市 - 城市建设 - 文集 Ⅳ.①C912.81

中国版本图书馆 CIP 数据核字（2018）第 062487 号

出 版 人	赵剑英
责任编辑	张　林
特约编辑	文一鸥
责任校对	李　莉
责任印制	戴　宽

出　　版	中国社会科学出版社
社　　址	北京鼓楼西大街甲 158 号
邮　　编	100720
网　　址	http://www.csspw.cn
发 行 部	010-84083685
门 市 部	010-84029450
经　　销	新华书店及其他书店
印刷装订	北京君升印刷有限公司
版　　次	2018 年 7 月第 1 版
印　　次	2018 年 7 月第 1 次印刷
开　　本	889×1194　1/16
印　　张	21
字　　数	479 千字
定　　价	198.00 元

凡购买中国社会科学出版社图书，如有质量问题请与本社营销中心联系调换
电话：010－84083683
版权所有　侵权必究

鸣谢

首先，本筹备指南是大家共同合作的成果。我们对数十名热情的智慧城市拥护者——来自世界各地的专家、市政府领导及其员工、技术人员和商业领袖——提供的专业知识、所做的努力以及一丝不苟的勤勉工作表示诚挚的感谢。

我们还要对参与并对本项目充满热情的智慧城市理事会的领导和合作伙伴献上诚挚感谢与祝贺：安奈特、阿尔斯通电网公司、美国柏克德工程公司、思科、立方运输系统公司、戴姆勒、意大利国家电力公司、美国通用电气公司、美国国际商用机器公司、埃创公司、万事达卡、微软、卡塔尔电信公司、高通公司、S&C 电气公司、施耐德电气、威瑞森电信、ABB 公司、Alphinat、Apex CoVantage、贝德吉测量公司、Bit Stew 系统、博莱克·威奇、西图公司、国际公民资源集团、皆能科研公司、埃尔斯特、Enevo、Entrigna、Imex 系统公司、英特尔、K2 Geospatial、美国海王星、有机能源公司、傲时软件、沙特电信、西门子、美国银泉智能电网公司、时空透视公司、美国声派尔计量技术有限公司、金仕达公共部门公司、TROVE、城市综合公司、威立雅和西门罗合作伙伴公司。

理事会咨询委员会由世界领先智慧城市思想者、行动家和远见者的结合组成，没有他们的帮助，本筹备指南也不可能完成。本指南附录列出了 60 多位提出建议的人。

最后，我们要感谢市长及辛苦工作的员工们，给予我们实际工作中的帮助，并为我们提供关键的早期反馈。他们的贡献充当着政治基础设施现状和 21 世纪创新精神之间的桥梁。特别鸣谢：明尼苏达州伯恩斯维尔的市长伊丽莎白·考茨；马里兰州巴尔的摩的市长罗林斯－布莱克；威斯康星州格林湾的市长吉姆·施密特；印第安纳州克拉克斯维尔的市长金·麦克米兰；康涅狄格州哈特福德的市长皮德罗·圣加诺；明尼苏达州伊代纳的市长吉姆·霍兰德；佛罗里达州奥兰多的市长巴迪·戴尔；以及得克萨斯州达拉斯的市长迈克·罗林斯。

作者和主要参与者：

本指南由智慧城市协会主席杰西·博斯特、编辑主任莉兹·因比斯科、特约作者凯文·埃比和道格·库里和道格·皮普尔斯共同编撰。其由墨卡托 XXI 董事长兼 CEO 克里斯·凯恩进行概念化，由墨卡托的克利斯托夫·威廉姆斯负责进行初步研究。

目 录

第一章	智慧城市概述	2
第二章	如何使用筹备指南	20
第三章	智慧市民	30
第四章	通用目标	60
第五章	建成环境	94
第六章	能　源	115
第七章	通　信	140

第八章	交　通	166
第九章	水与废水	188
第十章	废弃物管理	212
第十一章	健康和公共服务	232
第十二章	公共安全	254
第十三章	支付与理财	277
第十四章	把想法付诸行动	301

1

第一章
智慧城市概述

欢迎您跟随本筹备指南加入智慧城市之旅！本筹备指南是各位智慧城市理事会成员和顾问的集体成果。他们是当今世界智慧城市项目的实践先驱，来自全球各地。本指南将为您勾勒出您所处城市未来的发展图景，帮助您制定可行的规划，实现未来发展目标。

本筹备指南的首要目标是向读者提供一个智慧城市的"愿景"，进而帮助读者了解未来城市的技术转变方式。

第二目标在于帮助读者构建实现未来愿景的专属蓝图。本指南对读者追求的目标、读者应详细说明的特征和功能，以及在降低风险的情况下，以最小成本取得最大利益的最佳实践提出建议。

本筹备指南可供市长、城市管理者、城市规划者及其员工使用。通过提供目标和供应商中立信息等方式，帮助城市做出可靠、训练有素的技术选择，这些技术能够改变一个城市。

世界各地的城市已经在实现经济、环境和社会可持续性，涉外倡议和创造21世纪就业机会方面取得了巨大进步。所有这些都是改善城市生活水平和提高经济的有效方法。智慧城市的概念并非与这些成果相抵触。相反，智慧城市技术能支持并加强已经开展的工作。

在本章中，我们会对智慧城市进行定义，挖掘其益处并介绍构成本筹备指南的框架。

"城市"整体观

本引言部分对智慧城市进行定义，并探索推动了这种全球现象的趋势。本部分还探讨了城市可能面对的障碍以及克服障碍的策略。

但在定义"智慧"之前，我们首先需要了解"城市"这个词。从严格的术语角度而言，现实世界的智慧城市示例几乎都不能称为一个城市。许多都不仅仅是一个单一城市，例如，大都市区域、城市群、县和县群、相邻城镇的集合体或区域联盟。其他示例则不足以形成一个完整的城市，如区、社区、小镇、村庄、校园和军事基地等。实际上，许多自治县正按街区进行现代化建设。本指南目的在于处理所有这些人类生态系统。

由于本指南适用于上述所有形态，因此我们会在指南中继续使用"城市"这个词。但我们用这个词指代所有相关的大、小规模的形态示例。无论规模如何，我们采用的全面整体观中均包含人类活动区域的全部，其中包括市政府、学校、医院、基础设施、资源、商业和群众。

正如你将读到的内容，智能技术已经足够成熟，各种规模的城市均可承受智能技术并从中获益。例如，新型云计算产品甚至允许最小型的城市承受更大的计算能力。因此，本指南提供的经验适用于各种规模的城市。此外，读者在经典案例研究中会看到真实的示例。

智慧城市的定义

智慧城市使用信息和通信技术（ICT）增强其适居性、宜业性和可持续性发展。用最简单的术语来说，建设一个智慧城市的工作共三部分：收集、传播和挖掘。第一，智慧城市会通过传感器、其他设备和现有系统收集与自身相关的信息。第二，它会使用有线或无线网络传播这些数据。第三，它会挖掘（分析）这些数据，进而了解当前正在发生的事情和接下来可能发生的事情。

收集数据。按理来说，智能设备应遍布整个城市，从而测量并监测各种条件。例如，智能量表可用来精确测量电力、天然气和水资源的使用。

智慧城市的三个核心功能

图 1.1：收集 → 传播 → 挖掘

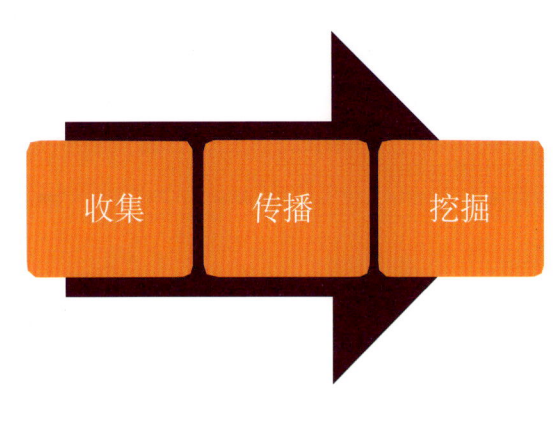

图 1.1

➔ **收集**

所有负责领域（电力、水、交通、气象和建筑等）的当前状况信息。

➔ **传播**

或向其他设备，或向控制中心，或向运行强大软件的服务器传播信息。

➔ **挖掘**

数据，分析数据，呈现信息，完善（优化）运行并预测接下来可能发生的事。

智能交通传感器能报告路况和拥堵情况。智能 GPS 工具能确定城市公交或救援人员要前往的精确位置。自动气象站能报告天气状况。而许多城市居民携带的移动设备同样属于传感器，当用户为其运行提供特别授权时，能在一天的不同时间和不同周围环境条件下收集用户位置、速度和他们聚集的地点信息。智能手机也会对局部固有的、永久可再生但天生有限的自然资源射频频谱进行测量，智慧城市依赖于这种资源，且最终需对该资源进行管理。

因此，智慧城市是一个了解自身并让生活在其中的居民更加了解它的体系。我们再也无须困惑街道是否拥堵——街道会报告其状况。我们再也无须困惑自来水是否正在泄漏流失——智能水网会进行检测，并在发生泄漏时立刻报告。我们再也无须猜测城市垃圾运输车的行进位置——卡车会报告它们经过的位置和即将到达的位置。

传播数据。完成数据收集工作后，你需要将其发送出去。智慧城市通常会将各种有线和无线通信路径结合起来并进行匹配，包括光纤、移动电话和电缆等。最终目标在于确保所有地区、每个人和每个设备相互连通。

互操作性是一个关键要求。

挖掘数据。收集并传播数据后，你需要对其进行分析，从而达成三个项目中的一个：（1）呈现;（2）完善;（3）预测。若你对"分析学"或"大数据"有所了解，那么你可能已经知道分析大量数据会发生什么令人震惊的事情。重要的是，分析数据可将信息转化为情报，帮助人们和机器采取行动并做出更好的决策。该流程开启了一个有效循环，在该循环中数据变得实用，人们利用这些数据改善决策和行为，反之，这也意味着收集更多更好的数据，从而进一步改善决策和行为。

呈现。会告知我们所发生的事情。在航空航天与国防工业中，他们将此称为"态势感知"。软件对获取的大量数据流进行监测，然后通过一种易于人类操作员理解的方式概述并将其形象化。例如，一个智能操作中心能监测紧急情况的各个方面，包括警察局的行动和位置、火灾、救护车、交通状况、中断的电线、封闭的街道以及更多情况。

完善。运行会使用计算机的力量优化复杂系统。例如，平衡电网供需；或同步交通信号，尽可能减少拥堵，或为运货车队选择理想路线，尽可能花费最少的时间。

这种方式能够节省燃料费；或优化整个高层建筑的能源使用情况，从而以最低的成本实现最大的舒适度；或在任何特定时间内通过可再生和传统电源的最佳组合来平衡高压输电网。

预测。接下来要进行的事项可能是分析中最令人兴奋的部分。新加坡使用数据对交通拥堵现象进行预测，同时留有时间最大限度上降低由此带来的影响。里约热内卢对在发生特定暴风雨时在何处可能会发生洪水的情况进行预测，因此应急人员和疏散小组知道该去往何处。

通过收集、交流和分析来源于单个部门的信息，整个城市能够受益。但在将数据与多个部门和第三方联系到一起时，城市能够获得最大的利益。很多城市将历史交通数据与人口增长和业务拓展有关的信息组合在一起，了解在何时何处添加或减少公共汽车和火车路线。其他城市将多个数据源相关联，采用与我们预测天气的方式相同的方式预测犯罪情况。

如我们更详细地看到的一样，智慧城市为系统中的系统——水、电力、交通、应急响应和建筑环境等——及影响所有其他事物的一切。在过去的几年间，为能够获得惊人的见解，我们已经进一步提高了我们的能力，合并了多个数据流并对数据进行了研究。正是那些见解——呈现、完善和预测——增强了智慧城市的宜居性、宜业性和可持续性。

图 1.2

智慧城市收集、交流和处理数据

里约热内卢市收集了来自30个不同城市部门的有关于交通、水、能源、天气和其他状况的信息。然后，将那些条件传送给强大的计算机，计算机对数据进行处理，并在城市与美国国际商用机器公司合作构建的统一控制中心处呈现这些信息。城市不仅能够获得全面的态势感知，而且能够事先预测一些状况，例如在强风暴期间可能会在何处发生洪水。根据建模模式，城市还能够制订切实可行的计划，创造智慧城市的竞争优势。

其他智慧城市定义

理事会将智慧城市定义为"使用信息和通信技术（ICT）增强其宜居性、宜业性和可持续性"的城市。其他组织有其各自的定义。

例如，弗雷斯特研究公司重点强调使用计算来监测基础设施和改善服务："使用智能计算技术使关键基础设施组件和城市的服务设施——包括城市管理、教育、医疗保健、公共安全、房地产、交通和公用设施——更智能、连通和高效。"

同时，美国科技信息办公室也重点强调基础设施的作用，其解释道"监测和集成关键基础设施全部状况的城市包括道路、桥梁、隧道、铁路、地铁、机场、海港、通信设施、水、电力甚至是主要建筑物——能够更好地优化城市资源、计划城市预防性维修活动并监测安全性，同时在最大限度上服务于市民。"

同时，在2010年，美国国际商用机器公司《研究和发展》杂志特别关注了大量能够收集信息的智能设备，并将城市称为"一个仪表化、连通且智能化的城市"。

这些定义和其他定义均有效，并有助于理解什么是智慧城市。理事会支持全面的定义。但我们提及其他人的观点，以便在这些模型和其他模型下已进行计划和投资的城市能够理解我们共享的是互补而非竞争性的智慧城市观点。

图 1.3

→ **宜居性、宜业性和可持续性为智慧城市的目标**

智慧城市使用信息和通信技术实现该目标。图示城市为韩国首尔，通常认为该城市为世界上最充满生气且可持续发展的城市之一。

6　智慧城市筹备指南 | 建设未来城市的规划手册

智慧城市的驱动力

智慧城市建设汇聚起各种强大力量，并使之成为世界潮流。市领导需重点考虑这些强大力量背后的各项因素并探索其对所在地区的作用方式。而城市发展机遇也有可能是下文所述的发展难点。

城市化快速发展。城市化带来了诸多益处——更多的就业机遇、更加便利的医疗和教育渠道与更加丰富的娱乐、文化和艺术交流。因此，人类正以前所未有的速度涌入城市地区。过去10年里，城市地区的人口增量超过7亿。联合国预计，世界各大城市将在21世纪中期容纳额外的30亿居民。近期，联合国的一项报告显示，世界将新增4万个新城市。

压力不断增加。当今城市面临着严峻的挑战——人口、环境与法规要求产生压力不断加剧、税基和预算不断降低，但成本不断增加。与此同时，许多挑战衍生的问题致使大众的利益受到损害，其中包括城市的污染、拥挤的环境，还有不够充分的住房条件、较高的失业率和不断增加的犯罪率。

基础设施不够完善。城市化也对城市基础设施造成了巨大的压力，这是因为城市基础设施通常只能够为当前城市规模中的部分人群提供社会服务。而多数发达国家的基础设施已接近或超过其设计使用寿命，急需进行大量的改造工作。例如：2013年，美国土木工程师协会将美国基础设施整体等级评定为D+。此外，多数发达国家的基础设施现状为缺失或不够完善，需进行大量的增建工作。2012年印度大停电事故直接影响了6亿多人的用电生活就是一个典型的事例；国家发电基础设施不够完善直接导致其无法满足日益增长的用电需求。这一需求的结果是什么？麦肯锡公司预计，到2025年为止，各大城市需要将城市投资从每年的10兆美元增加为20兆美元。

经济竞争十分激烈。为实现经济繁荣，世界各城市间的竞争使投资、工作、商业贸易和人才的需求不断增加。此外，企业和个人也不断对城市的"技术思维"进行评估，从而确定城市定位。而城市重工业面临的现实经济挑战是如何创造就业机遇，吸引应届毕业生，进而为新兴行业注入高品质劳动力，例如技术领域对人才的需求。

图 1.4

➔ **城市化不断发展驱动城市变化**

过去10年里，城市地区的人口增量超过7亿。联合国预计，世界各大城市将在21世纪中期容纳额外的30亿居民。近期，联合国的一项报告显示，世界将新增4万个新城市。

第一章 智慧城市概述 | 智慧城市筹备指南　7

城市预期不断提升。城市居民的生活速度不断加快，无论何时何地，他们都会使用移动设备和计算机享受服务。2013 年 5 月的联合国调查显示，194 个国家超过 56 万居民表示，他们选择城市首先关注的要素是教育水平、医疗条件及服务效率高的廉洁政府。人们也希望居住的城市拥有便利的交通、高频段通信和良好的就业市场。

环境挑战不断增加。城市人口占世界人口的 1/2，但却消耗着世界 2/3 的能量，其二氧化碳排放量更是超过了世界总排放量的 3/4。缓解气候变化的工作重点应放在城市地区。许多地区和城市的气候和环保目标都面临着严峻的挑战，必须借助智能技术才能实现目标。智慧城市应能够更好地解决气候恢复性问题并适应气候变化。

技术水平快速提升。上述智慧城市驱动因素为等待解决的问题，并对城市造成了负面影响。当然也有一些积极的因素，尤其是技术的快速发展。政府在收集、通信和处理数据方面投入了大量的资金。此外，许多技术已研发成功：

图 1.5

⊃ 城市服务中的一站式购物

城市居民的生活速度不断加快，无论何时何地，他们都希望能够及时准确地获取信息，并利用移动设备充分优化服务水平。上图是加拿大魁北克省的门户网站，该网站采用了委员会成员Alphinat研发的技术。其目标是为企业提供"一站式购物"，从而真正满足其所有需求——许可证、批准、税收等。在许多国家，满足商业需求仍需与城市中的各个部门进行沟通。

8 智慧城市筹备指南 | 建设未来城市的规划手册

- 过去十年里，许多地区的城市电网实现了现代化，在小范围内也将城市水和天然气网现代化。数亿的智能电表和传感器已安装完成，为智慧城市创造了有价值的数据信息。
- 随着智能恒温器的应用及管理系统的设立，如今上百万栋建筑正逐步迈入现代化，将实现"说"和"听"的功能性应用。
- 许多家庭和企业正不断采用实惠的太阳能和可再生系统（分散式发电）。通过调节新资源与城市资源网络的关系，城市将实现能源可持续利用。
- 随着医疗与人性化服务的不断完善，我们能够通过计算机进行家庭咨询，从而获得更好的医疗服务。与此同时，许多医疗机构都将病历录为电子记录，而且利用分析学获得最佳诊断结果。
- 得益于智能交通管理软件公路传感器和智能停车应用，我们的高速公路和城市道路变得更加智能化。导航应用和设备可显示实时路况，用户可查找，甚至可自动选择低拥堵路段。我们也将不断开发更加便捷的电动车辆，为居民出行提供便利，同时降低石油依赖性。
- 过去20年里，我们在全世界范围内部署了高频带网络体系，链接了10亿台计算机和40亿台移动电话。这些网络已经在所有大城市中投入应用，并且可用于智慧城市应用。

图 1.6

◉ **技术快速发展**
许多城市不断从技术发展中获益，商家可通过智能手机和钱包的方式完成收款。

让我们详细探讨一下最后一个示例。我们应该意识到，如今广泛使用的智能手机正逐渐转变为智慧城市应用中的"交付平台"和"传感器网络"。其中，交付平台的作用更为明显，居民可通过智能手机接收警告并享受城市服务。但如今的智能手机也可在用户同意共享数据后收集信息。例如 2013 年发布的智能手机装配了下列传感器：GPS 定位器、话筒、方向仪、光传感器、摄像机、加速剂、气压表、温度计和湿度计。

法维翰咨询公司分析员指出："十年后，许多基础设施技术，智能仪表、智能交通系统、设立能源管理系统将应用于北美和欧洲城市，并逐步应用于世界其他城市。"

迅速提高技术能力：

TFL成功为非接触式支付指明了方向

伦敦交通局（TFL）于2012年在伦敦公共汽车上首次引入非接触式支付。同时，伦敦交通局于2014年9月将这种支付方式扩展至覆盖在世界最大非接触式现收现付网络上的所有模式的旅行，包括公共汽车、火车、地铁和有轨电车。

由委员会成员立方运输系统研发的传统"牡蛎智能卡"为伦敦成为世界上第一个接受非接触式银行卡支付的主要城市创造了条件。自从引入非接触式支付，吸收付款值已稳步上升。在2015年2月，每个周日大约有50万次非接触式支付，其比例占所有现收现付的10%。

实现无缝衔接的中心部分为立方运输系统与TFL合作研发的Tri-Reader3，这是第一种能够与所有工业标准运输方案和非接触式支付卡搭配使用的非接触式智能卡设备。

在对公共汽车、大门、读卡器和验证器上的非接触式支付进行升级前，已对2万个以上的阅读器进行了翻新。同时，立方运输系统还研发了能够与TFL后台系统相连接的复杂前台和中台系统，以便对支付进行处理。

欧洲立方运输系统的总经理约翰·希尔解释说："在整个支付行业内，这是一种非常奇妙的合作尝试，很明显，伦敦的成功所产生的连锁'光环效应'已经促进非接触式认付更全面广泛地增长。"

图 1.7

→ **迅速提高技术能力**

使用非接触式银行卡支付伦敦整个公共交通网络需要在全球范围内创新，并准备与移动支付生态系统结合。

技术能够为广泛的创新型智慧城市应用程序和服务设施提供依据。

快速降低技术成本。在迅速提升能力时，技术成本会急剧下降。硬件成本也会稳步降低。但由于四种趋势的存在，软件成本会急剧下跌。

第一种趋势为便宜的移动应用程序和使用移动电话即可查看的信息服务的出现。手机非常流行，以至于成千上万的开发人员已将他们的注意力转移到构建应用程序上，而很多应用程序的成本仅为几美元。移动技术已允许发展中国家的市民在本质上进入对21世纪的期待，而且市民必须找到解决这些问题的方法。

第二种趋势为社会媒体的到来。应用程序，例如脸书和推特，能够充当发出警报、升级或均衡小型应用程序的"平台"。同时，应用程序还能充当"监听站"，能够帮助城市监测市民的需求和偏好。事实上，公司，例如美国国际商用机器公司和微软公司，现在已能够使用机器智能监测社会媒体并推断趋势。

第三种趋势为云计算的成熟。云计算能够通过因特网提供强大的解决方案。

供应商能够推出一种解决方案，并将其卖给多个不同的用户，从而获取巨大的规模经济利益，因此供应商能够省钱。用户不必购买并维护大型数据中心或雇佣并培训大批IT人员，因此用户能够省钱。仅仅在几年前，先进的应用程序仅可供非常大的机构和公司使用。今天，正是云计算的出现，甚至是最小的镇区，先进应用程序也不再遥不可及。无须巨额的前期投资，仅通过每月支付费用，就可使用这些先进的应用程序。

第四种趋势为数据。从分析角度来看，我们现在能够有效地利用成本处理大容量、高速度和多品种的数据，例如，大数据。

将来还有很多内容尚待挖掘。智慧城市为更大的趋势——"物联网"或"万物联网"的一部分。技术供应商思科公司预估在2000年有2亿设备与因特网相连。而在2012年前，该数量已增加到100亿。2015年思科和敦豪航空货运公司的一份报告预测，在2020年前，将有500亿的设备与因特网相连。

很明显，我们正在进入非凡的新阶段。研究公司国际数据公司在2012年预测，智慧城市市场比去年同期增长了27%。同时，法维翰研究公司断言，在2020年前，全世界的销售额将达到200亿美元。

一份2014年思科公司的研究预测，在未来十年，万物联网将会带来19万亿美元的全球商机：其中，私营部门公司能够创造14.4

图1.8

◯ **"物联网"**

思科公司预估，在2000年有2亿设备与因特网相连。而在2012年前，该数量已增加到100亿。一份2015年的报告预测，在2020年前，该数量将为500亿。

万亿美元的价值，而城市、政府和其他私营部门组织能够创造4.6万亿美元的价值。

无须震惊，世界上最大的公司和聪明的企业家正在争先为市场带来最佳理念。每天，激烈的竞争正在迅速提高能力、增加选择和降低成本，使智慧城市更实际可行。

智慧城市面临的阻碍

尽管有强有力的驱动者助力，但通往智慧城市的道路上还是存在重重阻碍。智慧城市委员会成员已就全世界上千个智慧城市项目开展了大量工作。在他们与本地政府合作的过程中，出现了一些长久性障碍。

以小集体为单位的零散执行方式。由于短期财政限制以及将城市职能分为分散的"以小集体为单位"互动很少的各部门这一长期传统惯例，使得城市常以零散的形式应对挑战。

因此，许多项目都变成在某一单独部门内解决单个问题，形成一种"自动的孤岛"，在加倍开销的同时，也使人们难以共享系统或数据。

建立智慧城市需要具备系统化视角，采用综合的跨部门方法。坏消息是：整体性思考和协作很难做到。好消息是：如果正确实施，能够节省时间，使那些在独立的以小集体为单位的模型中不可能实现的新服务成为可能。比如，某一城市部门可重新使用其他部门已创建出的数据和软件模块，进而大幅缩减开发新应用程序所需的时间。

市政自来水公司可使用已为电气公司建好的通信网络，从而大幅缩减通信网络成本。有时，城市仅通过应用主ICT架构和科技路线图就能降低多达25%的整体信息与通信技术（ICT）成本。

这不是建议城市必须一次出资和实施大量投资。事实上，一次开始一个或两个项目是非常好的。重要的是，要将这些项目均纳入一个更大的综合计划中，使得城市投资不会冗余。

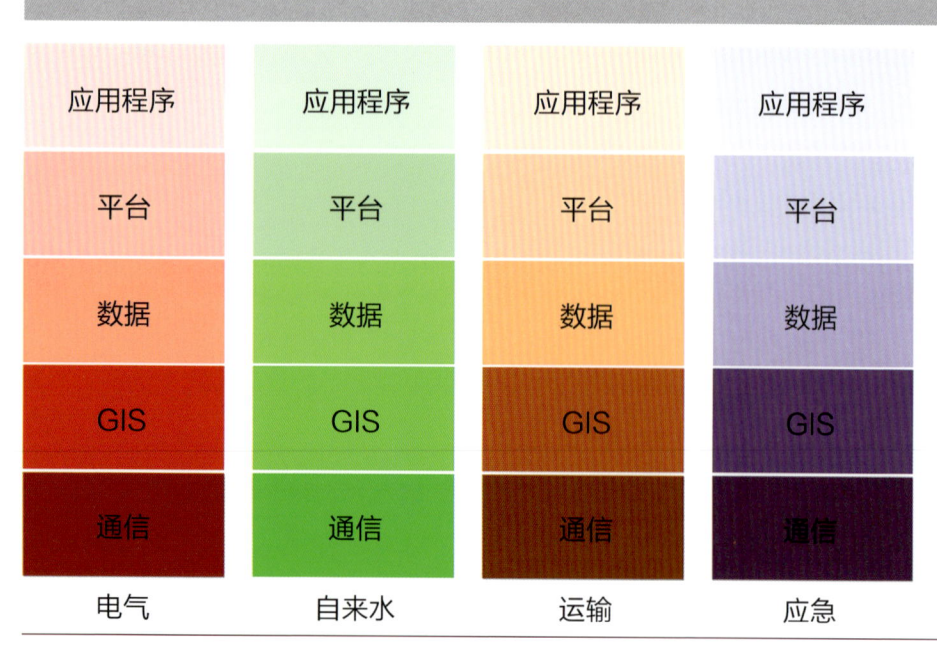

应用程序	应用程序	应用程序	应用程序
平台	平台	平台	平台
数据	数据	数据	数据
GIS	GIS	GIS	GIS
通信	通信	通信	通信
电气	自来水	运输	应急

图 1.9

"隔离的"城市存在的问题
➲ **昂贵的冗余**

尽管如今现代IT架构能够将各城市部门与解决方案联系在一起，仍然有许多城市依然采用"以小集体为单位的"方法创建智慧城市。单个部门建立单个应用程序，很少共享成本、基础设施和数据。结果是，冗余昂贵，并造成这些独立应用程序间的相互协作也存在不必要的困难。

若想避免分散型的工作形式，就要奉行广泛采用的开放式国际标准。

大部分专家一致认为，科技不是智慧城市转变的关卡因素。取而代之的是，我们受到各部门小集体和科技小集体间协调与合作能力的限制。

缺少融资。许多城市的税收均有所紧缩，使得基础设施项目的资金筹集越来越难。事实上，一些城市是被迫实施紧缩措施的，如每月放员工一天假，或是缩减旅行与可自由支配开支。然而，如果这些城市依然采用老方法，而其他城市却已采用现代化方式，他们会遭受更多损失，因为城市必须要进行全球性竞争。幸运的是，出现了新型财政模型。像电子采购或电子收益这样的支付改革能够帮助城市降低成本，节省出钱来投资基础设施和其他改进设施。一些设施仅需城市拿出一少部分资金，甚至不需预付资金。取而代之的是，城市将其解决方案"出租"。而城市和解决方案供应商之间的绩效合同和共享税收模型为城市提供了富有吸引力的融资方案。更重要的是，许多智慧城市解决方案都能快速获得资金回收，因此长期来看，其还能节约资金。在很多情况下，科技都能在实质上改善城市的经济回报率。

图 1.10

⊙ 城市应用程序新观点

早期的城市应用程序仅是对内面向城市雇员并用于城市雇员的。如今，越来越多的城市生产了面向外部的应用程序。比如，为使市民在2012年夏季奥运会之前都参与到清洁伦敦项目中，城市与委员会成员微软公司一道，发布了爱干净伦敦门户网站（如上）和伴侣移动应用程序，使市民能够通过发送信息或上传图像的方式向当局报告垃圾的存在和乱涂乱画现象，并一直沿用至今。

图 1.11

⇒ 智慧城市面对的阻碍

尽管有强有力的驱动者助力,但通往智慧城市的道路上还是存在重重阻碍。有时是由于缺乏智慧城市远见。城市需要智慧城市拥护者,可以是市长、城市管理人员或规划总监,也可以来自市政厅外,如可以是公民或商业领袖,或者是公私合作企业。

缺乏ICT专业知识。尽管工业已研发出高度复杂的ICT技能,但很少有城市政府能够有预算和远见推动现有技术的发展。由于智慧城市主要就是将ICT注入到操作的各个阶段中,因此缺乏ICT技能对城市非常不利。幸运的是,有越来越多的应用程序作为服务给出。也就是说,他们存储在云中(互联网外),可以使用强大的计算能力、具备几乎无限的存储空间与创新软件。另一点比较幸运的是,智慧城市部门发展出大量富有经验的国际、地区和本地骨干顾问和服务供应商,其与城市形成合作伙伴关系,共同部署ICT解决方案。

缺乏集成式服务。如果在过去,城市要运用ICT,一定会将其用于内部以小集体为单位的操作中。结果只能得到混杂在一起、只有城市雇员能够使用的过时应用程序。尽管在过去一个世纪,这种操作方式为人所接受,但如今我们能够也必须允许市民使用和进行自助服务。举例来说,任何想要开饭店的市民无须向多个城市部门递交好几份申请。在智慧城市内,一个门户网站就能汇集所有数据并将其分送给适当的部门。同样地,居民也能够立即了解到最新信息,包括能源与水的使用情况、税收和费用、社会服务项目以及更多。

像开放数据这样的观点不仅会提高透明度,还能强化以人为本的观点,这一点对智慧城市十分重要。

缺乏市民参与。许多智慧城市运动均因未能清楚说明什么是智慧城市以及智慧城市能为市民做什么而止步不前。因此,许多利益相关者并不了解那些已经成功的智慧城市选择。通常,其中存在一定的沟通问题。城市要注意,其智慧城市倡议不可过于抽象,要意识到,市民最关心那些使其生活越来越好的服务,并要据此调整市民的参与度。城市需要意识到,他们需要的是市民和商业贸易意识到这一点,而非完全"买进"。

若想补救面临的市民参与挑战,需要有远见的领导层描绘一幅未来蓝图,说明生益科技能够带来的益处。在2000年后期的美国,几家电力公司经过一番艰苦才学到这一点。他们未向消费者解释益处的情况下推出了智能表,因此遭受消费者的抵制。

缺乏智慧城市远见。每一点进步都需要领导人的远见。领导层有时来自选举出的官员——市长或委员会人员,作为智慧城市的拥护者。智慧城市领导层也可来自行政管理层。

市民参与：

开普敦如何成为一个"机会城市"

开普敦市实现了成为"机会城市"的愿景——一个和睦、有效的包容性城市，市民们有机会实现他们的梦想。

开普敦利用委员会成员微软软件通过私有云将其基础设施转变为标准化服务，并将这些服务提供给所有市民。开普敦的市民通过电子政府门户网站进行参与，增加机会，例如与微软 BizSpark 合作，支持当地的创业公司，优化公共交通。

利用微软 CityNext 倡议的优势，开普敦正在采用当地创业公司 WhereIsMyTransport 开发的 Windows8 应用程序。为增加公共交通工具乘客人数，公司开发了一个智能手机应用程序并为使用比较便宜"特性"电话的人们提供文本选项，使附近地区的所有市民和旅游者能够访问交通计划信息，优化其在城市中的移动路线。公众使用该应用的信息存储在微软 Azure 中，供规划师设计未来交通服务和基础设施改进服务。

开普敦还参与了微软资助的社会项目，如 4Afrika 倡议和 YouthSpark 项目，使年轻人有机会接受教育、参加工作以及创业。

图 1.12

➡ **市民参与**

开普敦已与微软合作，利用"以人为本"的方法提供服务，支持为所有市民提供同等机会的愿望。

第一章 智慧城市概述 | 智慧城市筹备指南   15

例如，一个城市管理者或规划主管。或者可能来自市政厅以外，如企业领导者、市民组织或公私合作伙伴。

智慧城市的效益

现在，让我们看一下为什么克服这些障碍并利用上述这些技术进步（使你对城市有一个重新的认识）如此重要。伴随着对城市的合适规划和投资、政府领导能够使我们的城市经济和环境更适合居住、更可行且更能持续发展。让我们检查一下总体目标，该总体目标有助于我们的城市实现智能化。

提高宜居性是指城市居民的生活质量会更好。生活在智慧城市中，人们可以体验到更为舒适、干净、忙碌、健康和安全的生活方式。智慧城市中价值最高的一些方面包括：廉价的能源、便利的公共交通、优质的学校、更快的紧急响应、干净的水和空气、低犯罪率以及享受不同的娱乐和文化选择。

提高宜业性是指经济发展加快。换言之，提升宜业性是指产生更多更好的工作机会并增长了地方的 GDP。

智慧城市中，人们可以接触城市繁荣的基础——让人们在世界经济中进行竞争的基础设施服务。这些服务包括宽带连接；干净、可靠的低廉能源；教育机会；可担负的住宅和商业空间；高效的运输。

提高可持续性是指人们有机会使用他们需要的资源，且不会牺牲满足未来需求的生产能力。梅里亚姆·韦伯斯特将持续性定义为一种使用资源的方法，这种方法不会使资源耗尽或造成永久性损坏。若委员会采用该术语，则该术语不仅仅表示环境，还表示经济实况。智慧城市能够有效利用自然、人类和经济资源，在紧缩时期内促进成本节约，仔细管理纳税人的税金。不是向新的基础设施中投入大量的资金，而是使基础设施以最小的消耗量开展更多更长久的活动。

智慧城市的生活更美好，人们的生活更美好，企业的发展也更好。在下一章中，我们将讨论很多归于城市的具体效益，包括智慧城市的愿景。但是，首先让我们想象一下智慧城市中人们一天的生活，然后进行总结。

图 1.13

🡒 **智慧城市提高宜居性**

居民可享受到一个舒适、干净、忙碌、健康和安全的生活方式。

提高宜居性、宜业性和可持续性：
恢复华盛顿的河滨水区以及城市街区

在19个联邦和哥伦比亚政府机构行政区之间的合作关系中，阿纳卡斯蒂亚海滨倡议（AWI）将各个社区联系在一起并打开新的企业之门。

AWI是一个开拓性的尝试，其通过改变以往闭塞且较差的城市环境，打破了物理障碍，并打开了通向未来的大门。

就这一城市复兴规划，委员会成员CH2M与华盛顿特区交通局合作，帮助转变国家首都的居民区并通过扩大其独特的优势，创造永久性的遗产。耗时30年，斥资100亿美元的项目恢复了长期被忽视的阿纳卡斯蒂亚海滨地区，并重新将各个居民区联系起来，展示了该区域的历史和文化身份。

针对利用经济中的私人投资并提供干净的河流环境方面，AWI通过提供多式联运、海滨公园和游憩区，建立居民区和商业区，使城市各区充满活力。作为经济复苏的脊柱，交通基础设施与主要廊道沿线的新混合使用开发区相连。高速公路转为城市林荫大道，使居民区之间更加连通，增加了发展机会，改善了上下班的交通流量以及当地居民的生活质量。

图1.14

提高宜居性、宜业性和可持续性

华盛顿特区的阿纳卡斯蒂亚项目正在改变一个曾经不连续且较差的城市环境。

第一章 智慧城市概述 | 智慧城市筹备指南   17

概览：传统城市对比智慧城市

	需解决的问题	智慧城市对策
规划	点对点，分散化 未实现成本节约 投资前景有限	协调性及整体性 资源共享 完全实现成本节约 投资前景广阔 优化的城市规划和预测
基础设施	运行效率低下 经济、资源成本高	利用尖端技术进行优化 节约资金、资源服务等级优化协议 基于公开的标准进行建设
系统运营	无法完全掌握基础设施状况 被动应激反应 无法高效配置资源以解决问题	基础设施状况实时报告 预测及预防问题 更有效地配置资源 自动维护 节约资金
信息通信技术投资	碎片化及封闭性 效益并非最优 未实现规模经济	集中规划 各部门及工程统筹部署 产出效益最优 最少成本创造最大价值
市民参与	市民间网络联系有限、分散 市民无法最大程度利用城市服务（或方便地获取服务）	完整、统一的网络 获取、利用服务便利 市民可参与智慧城市规划提议 政府和市民间双向交流 基于市民个人的专业化服务 市民可贡献、获取实时的智能城市数据，并提供利用该数据的应用
数据共享	部门及职能封闭 部门间数据分享、创新方面合作较少	部门及职能得到整合、资源共享 部门间数据共享，基于开放的标准数据间联系更紧密 结果优化 节约成本

图 1.15

附加资源

诺弗克郡利用云信息中心改变交付的一体化公共服务

利用诺弗克郡理事会与合作机构的大数据经济和社会价值,本微软视频对信息中心如何辅助创建地方知识经济、改善教育并吸引投资进行了解释。

向更智能化的城市发展

物联网(IoT)可帮助解决目前城镇和城市面临的很多最紧迫的问题,从交通拥挤和能源使用到公共安全。IoT能够做到快速总结各个方法,从委员会成员威瑞森电信处可下载该信息图。

智慧城市准备图

该信息图突出显示了向更智能化城市发展的驱动因素、挑战和步骤。本信息图是根据思科和智慧城市理事会于2014年9月进行的北美市政领导调查结果绘制的。

智能革命

理事会成员博莱克·威奇的白皮书显示了一体化智能基础设施的框架。从智能升级周期的发展到更加智能未来规划的智能分析作用,该框架说明了为什么我们所知道的世界变得更加智能更加一体化、价值与暗示带来了阶层以及公共事业以及市民如何做准备。

通向更智能化城市之路

智能电网平台和智慧城市平台正在逐渐结合。从委员会成员美国银泉智能电网公司的视频中了解提供给城市利用公用基础设施来推动一系列引人注目服务的机会。

第二章
如何使用筹备指南

本评估指南旨在根据自身条件，完成智慧城市转型。本章主要介绍了支撑智慧城市转型的工作框架。我们相信您可由此发掘出合适的城市机制，以全面了解智慧城市及其内部分工。本章将介绍要为城市列出"目标清单"或"愿望清单"所需。您若已经准备好将计划付诸实践，那么可以参考第十四章"把想法付诸行动"。

本简介中定义的智慧城市是指一个利用信息和通信技术（ICT）提高宜居性、宜业和发展可持续性的城市。智慧城市框架捕捉到了城市责任（需要用什么来满足市民需求）及其驱动因素（智能技术使这些任务变得轻松）。

智慧城市框架

图 2.1

⊃ **调整职责和驱动因素**

垂直责任是指城市需要的必要服务。水平驱动因素为改进这些责任的技术能力。

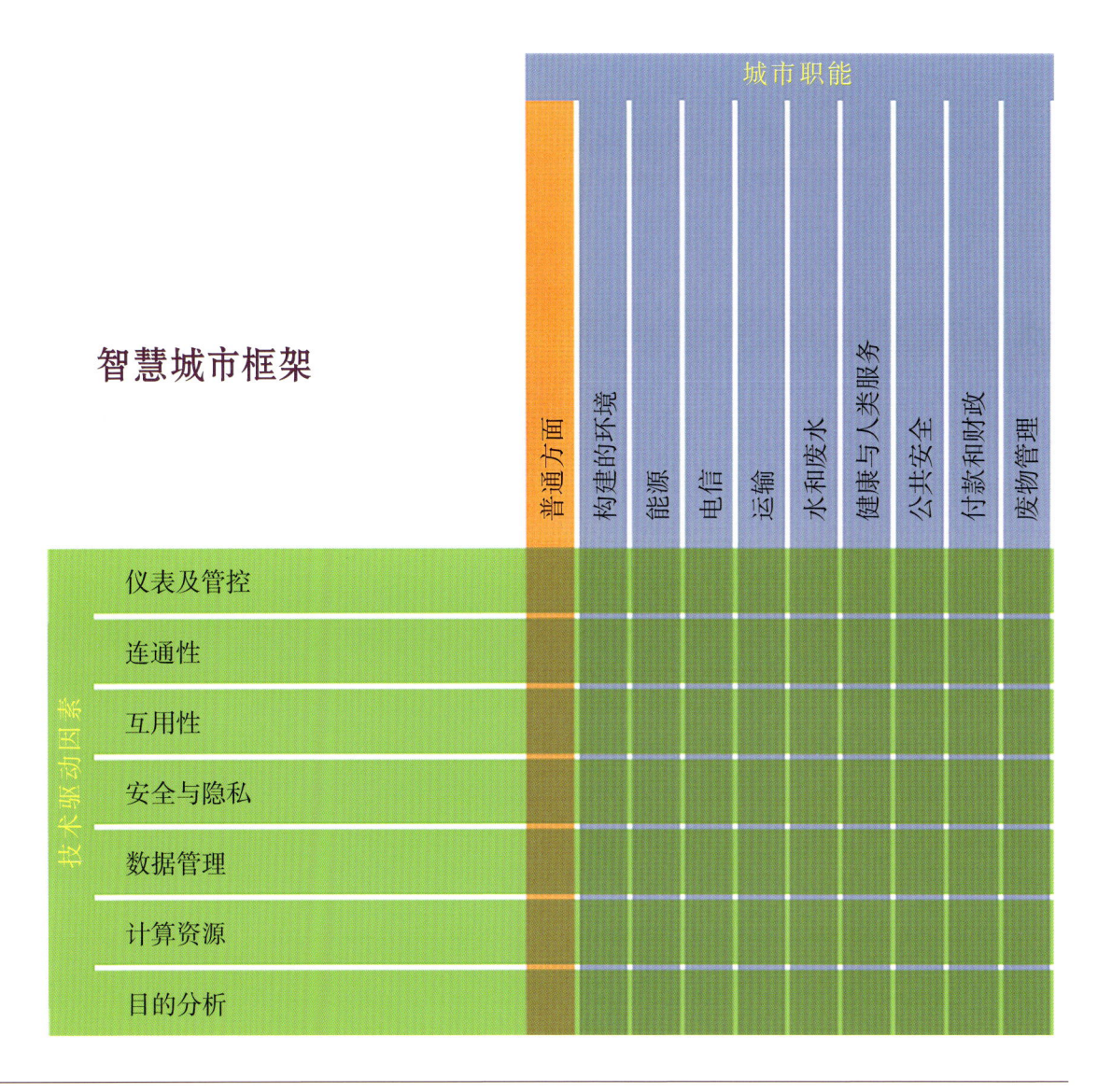

智慧城市框架

技术驱动因素	普通方面	城市职能
		构建的环境 / 能源 / 电信 / 运输 / 水和废水 / 健康与人类服务 / 公共安全 / 付款和财政 / 废物管理
仪表及管控		
连通性		
互用性		
安全与隐私		
数据管理		
计算资源		
目的分析		

第二章 如何使用筹备指南 | 智慧城市筹备指南 21

智慧城市职能

城市拥有基本的职能与服务，这些职能与服务每天都处于运作中。家中必须有水，企业必须有电，废物必须收集，儿童必须受教育等。本筹备指南中，我们将垂直城市职能看作城市责任。虽然上述所有责任中只有一部分受城市的直接管制，但所述的所有责任都是人们每日生活工作所必需的。城市责任共有9个，分别是：

(1) **构建的环境**。本筹备指南中，构建的环境是指所有的城市建筑物、公园和公共空间。本部分不会着重说明构建环境中的特定部分，包括街道和公共基础设施，因为这一部分属于其他责任范畴（运输和能源）。

(2) **能源**。基础设施生产并提供能源以及几乎供所有服务、需求、工艺和舒适设备所用的主电气。

(3) **电信**。本术语表示多种不同的含义。本筹备指南所用的电信是指与人和企业的通信。所述连接性是指设备的通信情况。

(4) **运输**。城市道路、街道、自行车道、步道系统、车辆、铁路、地铁、公交、自行车、地面电车、渡轮、航空站和港口。任何一个系统都与公民流动有关。

(5) **健康与人类服务**。基本的人类服务是指提供卫生保健、教育和社会服务。

(6) **水和废水**。基础设施负责集水、配水、用水、最终重复利用和循环利用水。管道、配水中心、集水区、处理设施、泵站、工厂、甚至是私人住宅的水表都是本责任的基本部分。本责任还包括水的纯度和清洁度。

(7) **废物管理**。基础设施负责收集、分配、二次使用和循环使用废物材料。

(8) **公共安全**。基础设施、机构和人员负责公民的安全。例如，警局和消防部门、应急和灾难预防与管理机构、法庭和修正设施。

(9) **付款与财政**。付款包括一个付款人和一个收款人，是指所涉的所有关键参与者：政府服务、商人、消费者、企业、银行、支付票据提供者和付款计划。付款为城市经济活动的重点，构成每个经济流的核心部分，包括薪酬、消费支出、业务采购和税费。而这些已经变得非常系统化，因此经常被人们忽略。

图 2.2

➲ 智慧城市

智慧城市驱动因素

智慧城市可通过使用ICT（信息和通信技术）从根本上改进所有城市职能。ICT可使建筑物更高效、水与能源价格更优惠、交通更快捷、社区更安全。在筹备指南中，我们将这些变革性技术与功能作为驱动因素。

他们在智慧城市中加入了"智慧因素"。下面列出了7种技术驱动因素。

（1）**仪表及管控**。是智慧城市监测与控制情况所使用的方法。仪表作为智慧城市的眼睛和耳朵。应用示例包括智能电表、智能水表、智能煤气表；空气质量传感器；闭路电视与视频监控及公路传感器。控制系统提供了远程管理功能。应用示例包括开关、断路器及其他可让运营商进行远程测量、监控与控制的设备。

（2）**连通性**。体现了智慧城市设备之间通信以及设备与控制中心之间通信的方法。连通性确保了数据能够从收集点传输到分析和使用点。应用示例包括全市范围内WiFi网络、射频网状网络及蜂窝网络。(注：当蜂窝网络与设备通信时，筹备指南中称为连通性。当允许人们进行通信交流时，指南中采用术语电子通信。这些术语仅在本指南中进行专门的区分，方便人们容易区分通信的两个方面——设备和人。)

（3）**互用性**。确保来自不同供应商的产品与服务之间可交换信息，实现无缝协同工作。互用性有很多益处。首先，它能够防止城市仅仅依靠单一专有供应商。其次，由于它可从符合城市选择标准的任何公司中购买产品，给予城市更多选择空间。另外，随着时间推移协同开展城市建筑项目，相信所有部分最终都会协同工作。开放标准是互用性的关键。

（4）**安全与隐私**。是保护数据、隐私和实物资产的技术、政策与实践。应用示例包括发布明确的隐私规则与实施网络安全系统。因为安全与隐私与人类建立信任，所以它们在促进智慧城市进程中起到了关键性作用。没有信任，城市就很难采用新技术与实践。

（5）**数据管理**。是数据储存、保护和处理的过程，同时保证其准确性、可达性、可靠性和及时性。数据是智慧城市的核心。适当的管理对维护数据整体性和价值至关重要。全市范围内的数据管理、透明度和共享策略（包括适当的访问、认证和授权政策）是针对适当数据管理的一个步骤，如下所述。

（6）**计算资源**。包括：（1）数十亿不同容量的计算机"大脑"，从腕表组件到服务器群组；（2）在这些电脑中，从简单到复杂软件的类似范围；（3）直至通信后几乎没有价值的数据。开放的标准软件界面与数据编码实现了数字通信。大多数城市数据指在重要位置产生的事物和现象，因此空间标准是促进智慧城市的重要开放标准。

（7）**目的分析**。为仪器提供的数据创造价值。应用示例包括：用我们预测天气的方法预测犯罪；分析电力的使用情况，了解扩展或调节电力以适应相应时间和地点；分析预测哪些设备需要维修的条件；自动绘制公共交通使用者的最佳出行路线，并且通过分析他们最关注的部分，为每个市民创造个性化的门户网站。如果分析使用跨部门数据，则其有巨大潜力来确定服务交付的新见解和独特的解决方案，从而改进成果。

依附性在智慧城市规划中的作用

在之前的章节中,我们探索了孤立城市的威胁与陷阱。如果城市没有在技术规划层面协调各部门工作,这样的城市最终经常会在科技、培训甚至是人事上进行多余的投资。但是,在智慧城市职责之间有一项更深层的联系却不容忽视。这就是依赖性的问题。因为很多城市系统、基础设施和服务以这样或那样的方式相连,在一个领域实现智能化通常需要依赖另一个领域的发展。在城市制定长期目标和计划时,思考某一责任表现的预期改进可能要求有依赖性的另一责任进行怎样改进,这一点很重要。例如,如果供水系统无法保证水质,城市则无法养育一批健康的市民。然而,水系统很大程度上又依赖能源系统,通过城市基础设施来抽取和移动水源。因此,当你计划改进水务基础设施的项目时,确保检查需要电力系统和配电网解决的需求。

整体思考,在智慧城市规划中尽量避免进行主要系统更改或预料之外的路线修正。

当您阅读本指南中的章节时,我们会突出依赖性的问题,方便您考虑。您将意识到在智慧城市规划过程中,理解依赖性是另一个将跨部门团队早日集合起来的原因。

图 2.3

⊃ **依附性的作用**

健康人群部分依赖于优质饮用水,而优质饮用水又依赖于抽水能源系统。在智慧城市规划过程中早期进行整体思考,这将有助于避免未来意想不到的障碍。

LivingPlanIT

从头开始构建智慧城市

理事会成员思科公司（Cisco）是一家高科技公司，与葡萄牙政府合作，从头开始发明并构建最先进的智慧城市。项目位于帕雷德斯镇，距离葡萄牙里斯本北部约两个小时车程，由葡萄牙公司 LivingPlanIT 主导。社区占地面积超过 4000 英亩，将至少花费 4 年时间完工，预计耗资 100 亿美元。这一社区最终会容纳约 22.5 万人，他们当中很多人将为 LivingPlanIT 在新研究和商业中心的技术合作伙伴工作。

将城市设计为新科技的生活实验室。几乎所有物品上都将安装数据采集传感器，从冰箱到垃圾容器，再到交通信号灯。这些传感器将监测城市生活的各个方面，包括交通流量、能量消费、水资源利用、废物处理，甚至是每个房间的温度。所有这些传感器都将连接到 LivingPlanIT 城市 OS（UOS），这是一个在建筑和基础设施网中嵌入的中介平台。

图2.4

LivingPlanIT领导的财团正在葡萄牙北部从头开始创造智慧城市

几乎所有东西上都将安装数据采集传感器，从冰箱到垃圾容器，再到交通信号灯。

图 2.5

⊃ **开发智慧城市平台**
城市数字控制系统将适应更多种类的应用程序，从电力需求管理到交通路线规划，再到停车位搜索等。

UOS 将与理事会委员会成员微软公司的设备与服务平台相结合，使城市政府能够提供一系列的综合服务。思科公司担任信息科技和通信设计架规划师。也正在构建一个尖主端数据中心，预计花费 3800 万美元。

城市数字控制系统将适应更多种类的应用程序，从电力需求管理到交通路线规划，再到停车位搜索等。例如，如果发生火灾，传感器可以精确定位具体位置、提醒附近的人员、通知消防局并管理交通信号灯，以保证消防车可以尽快到达事发地点。

或者，控制系统可监测到建筑内部出现高温现象。在了解室外温度以及建筑物的设备和方位后，它可以下达命令，使建筑物向阳面的智能玻璃变暗，以减少太阳的增温效应。

财团希望最终可以创建一个平台来实现新一代智慧城市。

LivingPlanIT 的联合创始人和首席执行官史蒂夫·路易斯解释道："软件已经改变了很多行业——制药、教育、科研、金融和制造业"，"并且软件也将改变我们城市，实现经济、社会和环境的潜在发展"。

筹备指南结构

筹备指南由多个章节组成。其中一章探讨了通用原则——实现智慧城市职能的通用手段。其后的章节详细论述城市职能、交通、公共安全、支付等是如何运用技术手段。最后两个章节讲述如何将指南的理论运用到转型工作中。

每章分为三个部分。第一部分提出对2030年各职能建设的设想。第二部分探讨了每个目标所带来的益处。目标指城市力争达成的终点或成果。第三部分提供某一职能的检验清单。您能够根据这些检验清单（及最后一章的汇总清单）列出"愿景清单"，借此巩固和提高城市的城市转型路线。

贯穿全指南的案例呈现了城市如何将理论运用于现实生活中。

指南的不为之处。除了讨论指南的所为之外，还应当了解其所不为。

城市无须根据指南完成所有目标。智慧城市技术是达成目标的途径。每个城市应当自主确定最终目标。然而，无论您所追求的目标是什么，指南中所展示的是实现目标的最可行的技术支持。

指南不偏颇优先任一城市职能。每个城市皆有各自不同的优势和劣势、迥然不同的历史和资源以及独树一帜的偏好和愿景。一些城市可能选择首先建设交通，而其他城市认为能源问题更加紧迫。

指南所提目标并非一成不变。时代不断变化，科技进步的步伐更是难以预测。正如某世界顶级专家所说，指南中展示的目标只是当下我们最推崇的。目标的制定将会为城市的发展架桥铺路，但是城市仍需根据技术的革新进行定期评估与内容修正。

图 2.6

转型路线指的是城市如何把筹备指南中的理论运用于现实的规划中。

马耳他：为何不创建一座智慧岛屿呢？

马耳他位于地中海中心，以经济稳定和政府亲商而闻名，由西西里岛南部50英里的多个小岛组成。岛上居住约40万人，人口密度为欧洲最高，因此在电力、燃气、垃圾管理与其他必要服务方面有极大的负担。

2008年，国家能源与水源供应商联合理事会成员美国国际商用机器公司、埃创公司（Itron）和其他供应商，逐步为所有水电用户推出智能仪表。这些公用事业无须再雇用抄表员，从而节约费用。而且，计量数据与新的后台账单应用程序结合，这也将用于检测问题并确定何时或是否扩展网络的分析。

到目前为止，成果已经十分显著。例如，新的智能水网已经增加了防盗检测，也为客户引进了有助于节约使用的新定价方案。

这些智能网络到位之后，马耳他就将拥有建设智慧岛屿的基本元素。政府也在这条建设之路上努力前行。政府正在将产业园区转变为最先进的信息科技和媒体城市。马耳他智能城的目标是将高科技公司成功所需的所有因素放在一起，包括最先进的信息和通信技术基础设施以及IT、媒体和生产服务主机。梅丽塔，欧洲最古老的有线电视运营商之一，通过采用委员会成员思科公司的UniversalWiFi，正在为马耳他提供无缝宽带服务。

图2.7

世界首个智慧岛屿

鉴于智能水网和电网的发展，马耳他成为世界上首座智慧岛屿。上图是马耳他智能城之乡，一项吸引高科技产业的前沿开发项目。

总结

浏览以下章节时,您可根据每个章节后的评估清单,判断出城市当前的优劣势。完成评估后,您便可以将每章的评估结果汇总到第十四章"把想法付诸行动"的清单中。利用汇总清单,根据最后一个章节提供的建议和技巧,即可规划出城市转型路线。

智慧城市理事会的筹备指南旨在协助您规划未来的城市蓝图——一座生机勃勃、百姓安居乐业的城市。您需耐心地阅读每一章节,才能为城市度身制定一份"愿景清单"。若要根据城市的特点来制定智慧城市转型全面规划且获得公众的认可与支持,领导力的参与至关重要。

智慧建设必将给城市的发展带来无穷收益。市民能够过上更加健康、愉悦和富裕的生活。正如古语云:黄发垂髫,怡然自乐。将这一切都建立在可持续、不占有后代资源的基础之上。

图 2.8

第三章
智慧市民

一座城市是否智慧取决于技术的参与。城市之所以称作智慧是因为其运用技术让市民的生活更加美好。本章着眼于智慧城市转型的"秘密武器"——人类,他们生活、工作在城市中,梦想为子孙后代建设更宜居的家园。

在前几年,可以用来听音乐或者监测心率的智能手表的想法似乎很不可信,以及用你的智能手机寻找停车地点并进行支付,或者无接触卡,这意味着你在乘坐地铁时,不再需要排队等候,这些想法似乎很不可信。

智能技术过多地被描述为简化、优化、整合、数字化、系统化、巩固或完善基础设施的工具。这必然是智慧城市中的一部分。随着越来越多的人搬迁至城市中心,基础设施不足或老化进一步加剧,因此如果城市想要继续为它们的市民提供基本需求——能源、水和避难场所等,优化、整合等成为必不可少的部分。

但是更常见的情况是,善良好心的城市领导在努力寻找行之有效的方法应对步步紧逼的城市问题时,他们没有经常或有力地强调市民的中心作用。

本章将集中关注如何将所有城市利益相关者聚集在一起,共同规划他们想要居住的城市,他们希望儿子和孙子居住的城市。这是关于倾听、关于扩展、关于教育,并且通常它是关于一个新思维的市政厅,更开放、更透明、更具包容性。

比如:你关于倾听的想法是否包括在公开会议中,给人民几分钟发言?他们是否应邀在你快要完成你的计划之后发言?

如果这是你的城市"倾听"的方式,那么你可能没有听到对你的选民而言真正重要的东西,没有听到来自你城市人口中真实广泛横截面的声音。那么你的项目将以失败告终。

本章我们会讨论一种新思维,并展示智慧城市的一些激动人心的创新型方法,它们是如何与市民建立双向沟通,进而建立更强大的措施的。但是首先,我们想要强调,一些信息和通信技术通过深度和个性化的方法改善着市民的生活。

图 3.1

⊃ **使用创新方法,鼓励城市决策的广泛参与**

智慧城市鼓励所有城市利益相关方,共同规划他们希望生活的城市。

第三章 智慧市民 | 智慧城市筹备指南 31

技术的人性面

出于技术的目的，技术很少服务于有效的目的。技术的魔力在于它可以变革生活。请考虑这些例子：

帮助盲人在城市中行走。智能手杖的想法来源于一名工程学学生与她的盲人叔叔的一次谈话，谈话中他们谈到了他在城市中出行遇到的挑战。连接到物联网，这根智能手杖可以通过获取来自交通信息灯、人行横道、公交车和建筑物以及天气预报的信息，安全地为盲人提供引导。商店的传感器会让他们知道这家商店是否营业、出售什么、入口在哪里等。在委员会成员思科的支持下，来自法国洛林大学的一个团队负责开发该项目。

让所有人的城市生活更便利。Accessible Way 是委员会成员美国国际商用机器公司开发的一款应用，它让市民可以报告在日常生活中发现的移动性问题——公路和人行道、人行横道、路缘、交通灯和路灯以及需要维修的此类设施。或者当没有足够的残疾人专用停车位或道路标志让人混乱时。只需要轻轻键入几个字，人们就可以报告具体的问题位置和类型，为城市提供详细的信息，进而改善出行。

改善高风险人群的健康。缅甸的婴儿死亡率极高，因此有个项目正在向孕妇提供一款由委员会成员卡塔尔电信公司开发的免费应用。该应用可提供健康警报，其中包括护理信息和医疗服务的位置。在中国，纺织业的工人主要是未受过教育的年轻女性，一款来自委员会成员高通公司的手机软件，让这些女性可以获取健康服务和信息。这两个项目都正在改善着那些卫生保健情况较差的人们的生活。

帮助儿童学习阅读、书写和可以讲故事。在澳大利亚，当对那些甚至无法安静地坐几分钟的孩子采用视频游戏的形式上课时，他们的语言能力得到极大的提升。来自委员会成员微软的项目让老师们可以简单地通过合适的游戏技术，进行特殊技能的教学，并鼓励青少年们进行实践。

使用开放数据改善生活。当智慧城市使用分析学方法，筛选通过传感器和其他智能装置提供数据，找出可以帮助市民改善他们的生活和生计的有用信息，那么这些城市可以从信息和通信技术投资中获得更多。随后我们将更详细地探讨开放数据运动。我也可以下载委员会的《智慧城市开放数据指南》，帮助你的城市开启开放数据道路。本章我们将给予更多的关注。

图 3.2

◯ **技术的人性面**

智能手杖让盲人可以更便捷地在城市中行走。

开放数据政策给市民带来的好处。

开放或释放数据集，让城市内部以及外部开发者社区可以使用这些数据，建立基于网络的智能手机应用。随着开放数据运动如滚雪球般的发展，现有应用程序的深度和广度也不断扩大。

仅仅考虑普通应用程序的几个例子，在今天您可以在全球各个城市中都能够找到这些应用程序：

- **交互式犯罪地图**。帮助市民了解哪里正在发生犯罪，以便他们可以采取更安全、更警惕的措施，并且报告可疑行为。
- **交通流量应用程序**。帮助通勤者寻找最快到达目的地的路线，并且这样做有利于缓解道路堵塞。
- **空气污染警报**。当空气质量达到令人担忧的程度时，向人们发出警报，以便他们采取措施，确保安全。
- **餐厅检查应用程序**。帮助市民选择严格保证食品安全的餐饮场所，并且远离那些不合格场所。相应地，它们也督促那些食品安全不合格的餐厅不断改善。

现在让我们看一看几个城市的应用程序。正如你将看到的，各个规模的城市都在参与开放数据运动，通过应用程序，采用各种各样的方法帮助居民和游客等。

Toronto Cycling。这是一款具有双重目的的应用，它可以使骑自行车的人使用 GPS 追踪他们的骑行，帮助多伦多市改善当前的自行车基础设施，以及规划未来的自行车骑行方面的投资。

Simon。由贝尔法斯特，北爱尔兰房屋慈善组织 Simon 开发，这款应用可以为那些无家可归或可能有无家可归风险的人快速、便捷地获得地方性服务，并且为社区成员指明方向，以帮助那些需要帮助的个人。

Ferry。应用程序，去往华盛顿西雅图的游客常常会使用往返于风景优美的普吉特海湾的车辆渡轮。使用这款应用，他们就不必匆匆赶往渡轮码头，而船只早在 15 分钟前就已驶出。用户可以查看渡轮时间表、摄像头和船只位置，并且保存最喜欢的线路，便于以后快速访问。

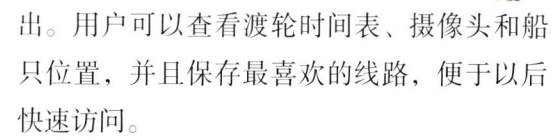

Cornwall。为促进康沃尔旅游业的发展，英国是这款智能手机应用的发起者。这款应用可以提供旅游胜地、活动、吃饭场所、小酒馆、俱乐部、购物、住宿等相关信息。

DengueLah。根据新闻报道，2013 年，新加坡报告发生了 22318 例登革热。登革热成为自 2005 年以来最糟糕的蚊虫传播的病毒性传染病。这款应用基于来自国家环境局的数据，精确地标记出在更广泛的新加坡地区的登革热发病地带。

Calgary Pets。希望领养宠物或者寻找丢失宠物的人可以使用这款应用，与艾伯塔省卡尔加里的动物服务中心取得联系。

➲ 智慧城市应用汇总

通过委员会的"应用汇总"，查寻到的浏览量多的城市自己开发的或为城市开发的智能手机应用。

新城市一天的生活：

智慧城市如何让市民变得更快乐

这是周一的早晨，对于乔茜而言，是一个难得的休息日。但是当她的智能手腕手机的闹钟响起时，她并没有伸手去按止闹按钮。她提醒自己："今天还有太多的事情要做。"当她瞭一眼卧室的太阳能窗帘，看到明亮的阳光时，她感觉非常高兴。

她决定："完美。我可以骑自行车去商场购物，购物结束后，丢下自行车，再开汽车回家。"

乔茜并没有真正拥有一辆自行车或一辆汽车，生活在一个具有丰富的共享项目的城市，她不需要真正拥有这些东西。并且她经营的咖啡店距离她的公寓只有10个街区，她经常步行去上班，如果天气非常恶劣，她会乘坐巴士。她非常自豪，因为她的城市拥有智能交通系统，使用先进的技术，合理分布交通流量，并且效果不错。

乔茜漫步至厨房，咖啡刚煮开，提示音响起，她给自己倒了一杯咖啡并开始细细品味。从她的智能手腕手机到智能恒温器，她公寓里几乎所有东西都是自动化的。她告诉系统她的喜好，然后系统就开始着手各个细节。如果系统注意到主人改变了原始设置，则会快速适应主人的新意愿。沐浴也通过程序控制，水温每天都保持在同一温度，当冰箱中常用食物数量减少时，冰箱会向她的手机发出提示。当她去杂货店时，只需要带着这张列表。

她知道当她和米格尔搬到他们新找的阁楼时，她会想念她的公寓。但是这间公寓对于两人来说太小了。虽然阁楼也很小，但是感谢"机器人墙"，创造出多个可变化的空间。这些"机器人墙"可以移动，以建造出满足不同需求的不同空间。乔茜对新的电视墙特别满意，通过高分辨率的大屏幕，米格尔很多时候可以进行远程办公，而且她计划用它来参加她正在上的在线课程。

图3.3

➔ **传感器和数字化将会改变生活**

得益于几乎一切东西的数据化，未来智慧城市的日常生活将会变得越来越便捷。

34　智慧城市筹备指南｜建设未来城市的规划手册

图3.4

在快速到达屋顶，检查花园后，她与大楼里面的其他租户分享交流，然后她拿起背包，查看手机应用，寻找最近的可用共享自行车。果然，在拐角附近就有一辆自行车。但是如果乔茜快迟到了或者碰到下雨天，她就只需在城市运输应用中输入目的地，然后获得一条最切合她偏好的规划路线。

她跳上自行车，然后从她最喜欢的列表中选择目的地，并且将她的手机显示传输到眼镜中。她立即就看到了来自城市交通系统警告的一条提示，她的习惯路线可能会因市中心的游行发生交通拥堵。她选择了系统计算的一条替代路线，并且跟随她眼镜上出现的指示前行。

她此次外出的目的是到商场寻找聚会时穿的衣物。但是当她走过虚拟市政厅时，她发现商场的入口附近有一个小店面，她想到她可以先完成任务清单上另外一项。

当她在一个配置高分辨率视频设备的私人"小房间"坐下时，她说："这真是非常不错。"这里的设备可以让她与城市代理进行远程互动。她告诉城市代理，她需要获得让她的咖啡店参加街头展示的许可，但是她不知道这种许可叫什么。代理很快找到了她需要的表格，并发送至她面前的触摸屏上，乔茜可以在几分钟内填写完毕并发送回去。在她离开之前，代理提到了正在测试一个该城市餐厅的新垃圾管理系统。它称为"垃圾按量收费"，这意味着他们扔掉的垃圾越少，他们回收利用的就越多，那么他们的月账单费用也越少。乔茜喜欢这样的计划，并且当场就签了字。她要求每日更新。由于她的垃圾箱和回收箱是由智能传感器监测，所有城市随时可以了解乔茜咖啡店的垃圾积累量。如果垃圾积累量看起来将会超过设定值时，系统就会警告她，但是她仍然有时间进行改善。

接下来，乔茜在商店的购物服务系统中记录了她过去购买的衣服，以及此次购物的目的，随后她花了一小时试穿购物服务系统推送的裙子。然后她看了一眼手腕，意识到自己必须动身离开了。她答应了带奶奶去看医生，并且她可不想迟到。当她走向商场出口时，商场的地板可以从她的脚步中获得能量，这时她经过了一块已嵌入智能标签的汽车共享显示墙。她向显示墙挥动她的手腕手机，寻找最近的电动车，并且她看到在距离她两个街区的地方有一辆充满电的汽车。

就诊时，当乔茜看到第一次给奶奶看病的专家将包括她奶奶完整病历的电子记录拿过来时，她如释重负。因为她听说过很多老年患者遭受了有害的药物反应，因为一个医生不知道另外一个医生开了什么药。

最后，当她晚上回到家时已经是晚饭时间了，乔茜希望有个机器人可以为她做一顿美味的晚餐，此时她看到米格尔正拿着一个比萨饼盒在等她，她觉得这一切足矣。

第三章 智慧市民 | 智慧城市筹备指南

由谁制定日程表？

那么让城市更智慧，让市民生活更美好的想法来源于哪里呢？是否当选的官员应该进行规划，然后令居民信服呢？或者市民说出他们的需求，设定优先顺序呢？实现智慧城市的答案是两者相结合。

传统的自上而下的城市规划和决策方法易导致重复性的而非创新性的改进，或者因缺乏积极性而搁浅。使用极为有限的投入而制定的计划可能会忽略那些可能让计划更有效的独特视角。此外，由于整个项目的风险只由一个人或者一个小组承担，所以这些项目更倾向于规避共同风险，因此会避免进行任何较大的改进。或者，如果项目真正具有变革性的，那它可能难以取得进展。变革的阻力始终存在，并且即使规划是好的，但是如果一些人无法至少将部分成就归功于自己身上，那么他们会试图出于政治原因而阻止。自上而下的规划可能还会导致几乎没有人愿意生活在这个城市。你真的知道你的居民想要什么吗？你问过吗？利兹大学一位运营管理讲师决定采访波士顿居民，他们想要从一个小城市中获得什么，并且答案有点让人吃惊。

图 3.5

⊃ **自下而上的方法可能更具包容性**
问他们想从一个小城市获得什么，波士顿所有的研讨会参与者都想要更可持续发展和更适于居住的东西，但是他们还希望它是可以实现的。

他们说，他们想要让已经有的东西变得更智能。想到最终这是他们的孙子孙女称为家的地方，所有研讨会的参与者都想要实现更加可持续和更宜居，并且是可以实现的。他们担心，只有富人和有权利的人对城市的塑造有发言权，并且迫切地想要改善他们熟悉的这个小城市，而不是取代。

通常，自下而上的方法更具创新性和包容性。根据委员会成员甲骨文公司的描述，这种方法将市民从最终用户变为起始用户。它将很多不同背景的人聚集在一起，为一个共同利益而努力。你会有许多不同的分组，他们会尝试不同的想法。一些想法会实现，一些不会。人们相互适应，并且很可能会联合起来共同解决问题。最后，更好的想法会浮现出来，最终得到极具想象力的规划，这是集中决策通常不可能实现的。

尽管这听起来很完美，但这也不是一个完善的模式。需要许多人协同合作，这种方法非常复杂。

如果参与者不是整个社区的代表，那么他们的解决方案可能没有达到目的。他们可能只为自己考虑，而不是为所有人考虑。

最后这一点需要更多的关注，因为它是最大的风险来源之一，及在智慧城市项目中易被错过的机遇。通常，来自低收入社区的人会排除在自下而上的规划之外。如埃米的大数据和智慧城市信息技术总监里克·罗宾逊所指出来的，这些人没有自己的智慧城市规划。他们自己无法独自完成规划。

当人们被排除在讨论和解决方案之外时，他们也被剥夺了他们需要的基础设施和资源。这不是一个慈善机构的案例，但随着城市越来越都市化，低收入社区的成功才是整个城市的成功。

一个智慧城市应包括所有社区，并且应重视为那些相对落后的社区提供必要的基础设施。随着人口膨胀，确保这些落后群体能公平使用权利和提升他们的生活标准是智能城市可以真正实现宜居和可持续发展的唯一途径。结合自上而下以及自下而上途径是最佳方法，并且可以避免常见的缺陷。

社区需要管理；但他们不需要严苛的"命令或高高在上的管理"。

在轻度管理模式下，城市领导者们设置市民活动的护栏，使用由条件的灵活模式取代严苛的规则。相比使用限制性的规则，他们会告诉人们什么不能做。领导者让社区在一定的界线内提出创新性解决方法，同时确保每个人都有发言权。

图 3.6

○ **结合自上而下和自下而上的方法**

社区需要一些管理，但他们不需要严苛的管理。

第三章　智慧市民｜智慧城市筹备指南　37

在毁灭性地震之后，市民是如何众志成城，重建孔斯蒂图西翁

2010年，智利孔斯蒂图西翁的大部分地区经历了毁灭性的地震和海啸。在此之后，居民们团结一心，仅仅在90天时间内就制订出一套新的社区总体规划，而且他们基本没有使用互联网和支出税收收入。

Brickstarter 博客评论称，这个快速成形的项目是卓越非凡的。孔斯蒂图西翁仅仅在三个月内就完成了全面计划，并且达成一致。下文将具体介绍：

灾难发生不久之后，领导们就开放了城镇的社区中心，邀请居民来访，了解进展，并且帮助他们规划正在进行的工作。他们计划定期举行会议，将城市里的每一个人——从城市官员和建筑专家到市民，都放在同一高度。专家的角色完全被重新定义，专家作为促进者。他们将来自集体讨论会中的概念转化为切实可行的想法；而不是简单命令。

互联网连接不稳定，因此尽管社交媒体被用于征求意见，但它不是主要工具，一周一次的城镇会议才是主要工具。为确保每个人都知道该会议，组织者带着扬声器开着车在全城镇邀请市民前来参与。这些会议场场爆满，并且气氛非常活跃。居民聚集在白板前，概述他们的想法。专家是宝贵的资源，他们会回答居民的问题，并且帮助他们提炼想法。会议上，不仅允许，甚至鼓励激烈的辩论。这些激烈的讨论有利于确定问题解决和措施实施的优先程度和同舟共济众志成城。

图 3.7

➲ 在一场毁灭性的地震和海啸后，孔斯蒂图西翁的居民们只用了三个月就完成了城市重建的全面总体规划，并建立支持系统

先后顺序，市民在整个过程中表现出很强的参与性。通常诸如此类的重建过程市民开始具有浓厚的兴趣，但很快便会没有足够的精力。

这一工程的费用由西翁市最大的企业之一林业公司全部承担。通常情况下，这被视为一种艰巨的责任，但该公司只是讨论参与者而已，它虽然投资支持这项工程，但没有任何附加条件。由于公司的行事方式，关于其将产生潜在影响的疑虑很快都烟消云散，公司保证所发表意见不会比其他参与者多。

50英尺（19米）海啸冲走西翁市多数家园和企业，此后四年内，将近500所房屋、企业和公园重新建成。西翁市还新建了一处海滩，给人们提供更多的公共休闲场所，享受海水，同时配备了免受海啸影响的保护设施。

开放空间和休闲区是所有新住宅开发的一个重要特征，更多的滨河地区变成了公共走道和公园，西翁市现在正在进行新文化中心建设的收尾工作。

看到西翁市新建的市中心，不禁会生出羡慕之情，这个城市用事实证明了其混合规划方法的正确性。灾难同时是一种机遇，有助于社区提高宜居性和可持续性，并加快公众实现真正的转型，这种转型仅靠政治手段难以实现。

但公众也无法独自做到这一点。城市通过制定大致目标开始这个过程，并允许参与者提供意见建议，从而提前开始了关于城市未来的讨论。

协同设计是城市所说的方法：城市提供指导和资源，帮助公民实现他们的愿景。同时有助于公民聚集在公共场合讨论问题，在这种情况下，更多的是进行面对面的交谈。

公民赋权

公民赋权意味着公民不仅可以发声，还被视为规划项目的关键利益相关者。被赋权的公民必须参与计划的实施，并需要一种与市政府官员不同的心态。

公事公办的方法已经实施了一百多年，如果仍然照样实施，在今天却未必有效。除非有一个热点问题，促使公民对公众会议的参与度降低，而且城市能得到的公民意见变少。公众会议将在过程结束时举行，这样关于争端话题的论坛就变成了发牢骚的会议，公民会对职员和民选领导人大呼小叫。

当你问起，公众通常很清楚为什么他们不参与政府更多活动。北卡罗来纳州的卡里每隔一年对其居民关于不同话题和所谓公民参与障碍的问题进行了调查，发现很少有改变。近一半居民表示只是没有时间参与。并不是觉得浪费时间，调查显示多数公民相信他们能对社区有所影响，他们只是没有时间参加、不知道时间或者会议举行的时间他们不方便参加。

卡里的做法并不是唯一，如果你试图将想法强加给公民，那么问题就很明显了。

多数城市会议都安排在中午或工作日晚上，有多少人能有时间或请假去参加委员会会议？或者，如果你白天上班，下班要做晚餐，辅导孩子功课，晚上还有精力去参加委员会议吗？第二天还有精力继续工作吗？

从市民的角度来看，很容易理解为什么传统公众参与模式没有效果。智慧城市需要了解如果这种模式对市民无效，那么对城市发展也将没有作用。

"城市响应：通过数据智能治理参与社区活动"的作者建议许多城市员工不应只热衷于公众会议。一方面，他们会很痛苦，要么被同样一群人对同一件事的抱怨烦扰，要么他们就是激烈会议上人们攻击的对象。合著者斯蒂芬·戈德史密斯说："你跟员工说要多沟通时，他们想的是重复做已经做过的事情。"但是，如今有很多种与市民沟通的有效方式，为什么还有很多人想举行那些无聊可怕的会议？

图 3.8

⊙ **使用多种通信工具**

技术改变了人们生活中的沟通方式，当城市试图使公民参加公众活动时，公民反映出变化的偏好，才显示出技术的意义。

改变参与的思维定式

如今，建立参与式社区需要与市民就其自身问题进行沟通。

- 通过对市民来说有效的时间和方式，为市民提供充分的参与机会。
- 尽快经常更新信息，从而人们可以在初期阶段参与进去，进而促进项目形成。
- 使用多种通信工具，让市民选择如何与城市互动的方式，例如，社交媒体、短信和在线论坛。
- 项目完成后，继续与市民对话，分享成果和福利，让他们看到他们的参与没有白费。

要做到这几点，城市员工需要以新的方式与市民沟通。关键不是进行更多沟通，而是更有效的沟通，需要把市民的需求和偏好放在首要位置。实例请参见以下章节。

不断追求与公民的双向沟通：
公民协助科林斯堡设计未来

2010年，和许多城市一样，科罗拉多的科林斯堡也受到了经济衰退的影响。官员没有足够资金修订其长期城市发展计划。

时任市长卡伦·魏特卡纳特对《纽约时报》记者说："我们可以进行城市设计计划，但我们没有资金，这正是对我们所做之事的现实考验。"

但是，城市并未因此就停下脚步，它已经在能源领域有所创新，当科林斯堡决定重新书写城市规划模式时，《泰晤士报》对所发生事情的评论如下：

"所以科林斯堡正在做一种全新的尝试，寻求志愿者和投入，以及，关于如何在充满限制的时代为新未来筹措资金的想法。回顾过去，包括一些从未参与过城市规划的人和组织，从艺术团体、酿酒师到科技企业家和科罗拉多州立大学的教授，他们按照繁荣时期大城市的标准，创造了城市的新美景，即一项宏大全面的规划。"

"不得已进行民主化的过程导致所实现的目标将突破预计的安全和商业范围，规划者们并未想到这一点。在摒弃旧式命令过程中，规划者建议居民参加公共规划会议，充分表达自己的想法。"

图 3.9

⊃ **不断追求与公民的双向沟通**

当受到预算限制时，科林斯堡通过深入社区，采取了一种全新的方法进行长期规划，从而激发了从未参与过城市规划的团体的参与兴趣。

第三章 智慧市民 | 智慧城市筹备指南　41

连接社区的想法

最佳沟通方法就是要满足社区需要。下一章节，我们将讨论数字社区相关问题。但即使在当今时代，城市还需继续寻求与市民、及市民之间有效的沟通方式。下面是低技术和高科技的例子。

各种活动和"walkshops"将人们聚集在温哥华。温哥华知道如果有希望获得2020年世界环保城市主办权，必须有市民参与。但是乏味的会议似乎不是建立联系的正确方式，特别当主题是美丽的户外风景时尤其如此。

所以温哥华规划委员会和邻近的城市合作与社区建立联系。本拿比市举办了一场环境盛会，包括音乐、美食和家庭活动。其他城市组织了"walkshops"，即一场边走边进行的对话，社区成员可以更了解自己的邻居。北温哥华市市长组织了一场自行车骑行活动，帮助居民熟悉新建的自行车道以及政府对改善骑行所做的努力，在此期间，还可以探讨城市未来发展规划。

哈利法克斯大门开放日。在哈利法克斯"大门开放日"邀请市民免费到历史建筑及更多当代建筑内一探究竟。哈利法克斯当地居民休·麦凯在看到加拿大其他城市和欧洲城市的"大门开放日"后，向自己的城市提出了这一想法。他告诉《纪事先驱报》记者他是受到了2013年事件中一则评论的鼓励："该评论来自一个刚刚移民到加拿大的人，他说他从未经历过如此开放的政治，加拿大政府设立大门开放日，市长邀请市民参观市政厅。"

哈利法克斯桂冠诗人琼斯曾说："一般观点是，你可以居住在这个城市，但你不可以进入市政厅和省议院，这些地方是官方场所，普通人不得进入。但我觉得人们有权要求进入这些位于自己城市中的地方，并大声说出我有权站在这里，我要看看这些墙上都挂了什么，我要成为这个城市的一部分，因为我是城市的主人。"

巴西阿雷格里港参与式预算。阿雷格里港被誉为参与式预算概念的先驱，早在20世纪80年代，该城市人民就有权参与预算计划工作，即人们有权决定公共财产的去向及优先花费在何处（流动性、卫生或教育等），从而解决城市面临的挑战。1989年之前，阿雷格里港面临严峻的金融挑战，逆工业化现象和人口迁移现象严重，负债累累，而且财政基础薄弱。但由于实施参与式预算政策，世界银行在接下来的几年里取得了一些惊人的成就，包括1989—1996年，接受城市污水处理系统服务的人口比例从46%上升到85%，公立学校入学人数增加了一倍。

图 3.10

➲ **市政厅大门敞开**

在哈利法克斯大门开放日，市政厅是很受欢迎的参观场所。

在马里兰州索尔兹伯里，年轻人可参与多数公民事务。年轻人可竞争青年公民委员会的席位，一名学生建议每位青年理事会成员均应发现一个社会问题，提出解决计划，并提交给城市理事会。据当地媒体报道，年轻人都十分认真地对待这件事，来看一个例子：贝内特初中的艾哈迈德·奥斯曼关注的话题是索尔兹伯里市中心的旅游、失业和招聘企业，戴维斯提出开放购物广场双向交通，并且鼓励更多企业入驻该区域。戴维斯还探究了市县合并的概念，旨在降低政府开销。

鼓励市民互相帮助。如果在枯燥乏味和生动有趣之间选择，没人会愿意选择枯燥乏味。摄影竞赛和其他创意竞赛不仅能提高参与度，还会产生真正的创新想法。

如果有一个机会可以让自己更加具有艺术和创意气质，很多人都会跃跃欲试。本拿比无家可归工作组在温哥华部分地区进行服务，他们组织裁缝缝制棉被，以此说明很多无家可归的人需要他们的服务和帮助。

棉被将在图书馆展出，通过这种新方式向人们说明该组织的重要任务。这一活动吸引了北美贵姿家纺（国家床上用品零售商）的注意，自此以后，贵姿家纺资助了更多此类活动，呼吁人们关注无家可归之人，并为

图 3.11

⊃ 鼓励创新。裁缝在本拿比缝制棉被，呼吁人们关注无家可归的人

他们募集更多物资。

再看另一个例子：小型社区通常能在邻居之间建立紧密的联系，他们可以共享工具或食物等资源，但是得克萨斯州奥斯汀市邻近城市不只如此，可以说是史无前例，生活在那里的人们还共享电力。信奉社区至上原则。

村落是世界上最早的将能源供给进行外包的社区单位。减少无家可归人口数量，是这一组织多年以来的责任。通过允许人们提供能源，为资金短缺的居民解决了一大问题。理事会领导伙伴埃创正致力于赞助这一项目，

为捐献系统提供基础设施。有意捐献能源的人有多种选择：

支付运往村庄或指定家庭的能源费用。

通过太阳能电池板和类似事物进行发电，并捐赠该电量。

参与需求响应计划等保护工作，捐赠出节省下的能源。

圣塔莫尼卡数据驱动幸福指数有助于城市制定重点决策

彭博慈善基金会市长挑战拨款100万美元后，加利福尼亚州圣塔莫尼卡市开始科学鉴定评估其居民的幸福指数。

在与幸福科学专家的共同努力下，圣塔莫妮卡市建立了幸福指数，将100个不同的广泛数据点汇集在一起，提供全面直观图式，说明居民生活的幸福程度，从而有助于城市做出更合理的决策。

我们将对数据进行分析，提供环境/地方、卫生、经济、机遇、知识及社区连通性五个领域中的主要发现，并在地理、性别、年龄和民族等基础上对幸福指数进行进一步分类整理。

在城市幸福项目网站上可查看分析结果。主要发现如下：

- 公民参与度提升，大量公民参与投票（79%）和志愿服务（38%）。
- 41%的居民认为其影响力有限，36%的居民认为自己并未参与进城市活动中。
- 老年人的幸福指数最高，45—54岁中老年人最低。
- 1/5的青年人群（18—24岁）的孤独感最高；1/3的青年人群担心付不起房租或房贷。

圣塔莫尼卡市市长凯文·麦基翁说："在开拓创新的同时，我们能够更有效提升居民的生活体验，利用前所未有的数据驱动信息确定人们的幸福指数，从而制定更合理的政策。"

图3.12

将幸福科学应用到地方治理中

圣塔莫妮卡市的发现将为城市提供一个基准线，城市可在此基础上改进决策集中资源，从而提高社区居民生活质量。

社区参与数字化

虽然面对面交流效果更好，但却不能经常进行。值得庆幸的是，对于没时间或精力参加传统会议或公众活动的人们，科技就是他们参与社区活动的好帮手。

由于社交媒体的普遍性和易用性，人们很容易将其作为参与公众活动的唯一途径。但因为社交媒体仅覆盖一部分人口，这样做未免缺乏远见。例如，在美国，脸书至今为止是最受欢迎的社交媒体平台，但是即使如此，根据皮尤研究中心数据，只有70%上网的成年人有脸书账号。1/4上网的成年人使用推特、领英或品趣志。

另一项皮尤研究发现社交媒体网络能够吸引收入不足3万美元或高于7.5万美元的人群；中产阶级仍为弱势群体，代表人数不足。

这并非建议城市在提升参与度时不使用社交媒体，而是说明它的可贵性。但是还需要牢记，社交媒体的受众群体是社区小团体，因此，你所收集到的资料仍有局限。

数字化参与主要有两种方式。数字工具有助于估量社区居民的想法，还能创建在线平台，人们可以分享意见想法并进行辩论。我们将深入讨论这两种方式。

认真聆听社会热点

无论城市是否聆听，人们都在讨论，话题从早晨公交车上碰到的事到意外遇见一些城市职工等，这些对话都发生在社交媒体上。实际上，仅在推特上，每天就有5亿多条内容发送。进入社会舆情分析。理事会委员美国国际商用机器公司曾将自然语言能力与其数据分析平台相结合，将在线对话转化为实时即时民意测验。举例来说，美国国际商用机器公司社会舆情指数有助于班加罗尔和孟买发现各自交通问题的根源。

图3.13

➲ **社交媒体是提高市民参与度的宝贵工具**

社交媒体和社会舆情分析有助于显示社区居民想法，提供决策思路并时刻提醒紧跟趋势。

第三章 智慧市民｜智慧城市筹备指南　45

鼓励在线讨论

在线论坛并不新鲜，但在公共部门正经历一场复兴。城市正致力于建立自己的论坛，供市民表达想法，参与城市提议讨论，鼓励其他人加入公众对话中。

雷克雅未克市居住着2/3的冰岛居民，其在在线论坛上取得了巨大成功，利用在线论坛讨论预算和社区等各种问题。40%居民都使用在线论坛，城市理事会每月都参与热点问题的讨论。但是，你可能不需要精心制作在线论坛。我们发现如果市民能够轻松与城市联系，那么城市就能得到更多的公众反馈。明尼苏达州斯特恩斯县郡长办公室在将邮箱公布到官网后，得到的犯罪信息增加了500%。由于它的网站吸引了更多的流量，下载预防犯罪信息的人数增加了一倍多。为促使在线讨论蓬勃发展，城市必须致力于双向对话。如果人们提问或表达想法，应有本市人进行回应，如果市民发现没人在听，他们很快就会失去兴趣。

2012年，美国亚利桑那州斯科茨代尔市推出了一项"大声说出斯科茨代尔"活动，给市民提供表达想法和反馈的机会。该网站论坛设有信件区管理人，也能够进行投票和调查。

斯科茨代尔市已启动开放式讨论项目，话题涉及愿景陈述和改革等不同领域，充分发挥网站对社区的作用。居民还可以发起自己的讨论，范围不限。一位居民发起讨论之后，其他市民可以投票决定该话题是否同样是他们关心的热点。论坛上的一个讨论主题要求充分考虑安全因素，对新扩建购物中心的人行道进行改进，在原帖获得很多点赞之后，城市很快就注意到这一问题。虽然很多想法不能立刻进行实施，但是城市工作人员通常会在发帖当天表示已收到该建议，调查该想法并确定解决方法，之后在论坛给出后续信息。其中一个建议就是鼓励互联网服务供应商为地区提供千兆位网络，城市每隔几个月会更新所取得的进展。

图 3.14

鼓励在线讨论

斯科茨代尔市工作人员定期在"大声说出斯科茨代尔"论坛上回复市民，并更新市民提出的问题意见。

提供以市民为中心的服务门户网站

我们之前已经提到，在智慧城市的筹备过程中市民的参与有多么的重要。这也是城市为市民创建综合全面的在线门户网站、使其能够使用智慧城市服务十分重要的原因。

如今，网站和移动应用程序能够识别出单个市民，并向他们发送个人定制化信息。这种与市民的数字交互使得智慧城市能够提高其效率和有效性，同时提升市民满意度。

直到最近，为每位居民提供个性化服务还是太过昂贵。但是，目前现有技术能够对各项交互进行虚拟个性化。在 Web 1.0 世界，数字政府服务通常就是一系列网站。这些网站通常是从政府的角度进行设计。市民需要浏览各项内容才能找到他们所需的信息，该事务常常耗时又令人沮丧。

如今，我们有能力创建个性化客户门户网站和个性化输出信息。

越来越多的市民在生活的各方面都能得到个性化服务，因此他们期待政府的个性化服务。如果在设计时牢记提供这些门户网站的移动版，这会帮助市民及时利用个性化数据。

个性化电子政府服务能够增强市民的满意度和合规性，并在被迫挖掘本身信息时降低出现错误和误解的概率。

新一代电子政府

借助先进的技术，城市无须多久即可向市民提供广泛的数字政府——或电子政府——服务。

例如，委员会成员 Imex 系统公司能够帮助城市将多个部门系统转变为单一的企业系统，从而实现端对端的服务交付。通过这种方式，公务人员能够更好地理解市民与城市的交互情况。Imex 等公司提供的电子政府服务从市民门户网站到移动支付系统，再到计费系统和云服务。

另一示例为委员会成员金仕达（SunGard）公共部门，其不仅为城市提供大量电子政府服务，还为其公共安全部门和法院提供相应解决方案。

另外，金仕达 Click2Gov 解决方案通过交互式映射功能、日程安排和自助账单支付选项赋予市民一定的权力。现在，Click2Gov 在

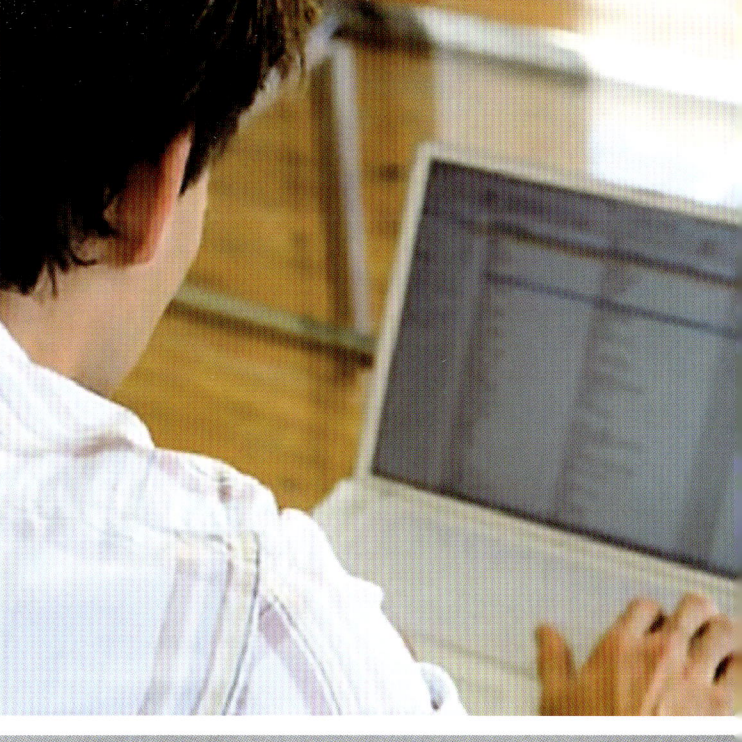

图 3.15

新一代电子政府

访问Click2Gov，居民能够方便地在家中或办公室等处提交、跟踪和接收城市服务响应。

许多城市中越来越重要，能够为多语言社区提供支持，检测并翻译用户界面，使得语言不会成为使用城市服务的阻碍。

提供综合市民门户网站：

各区市民门户网站能够节约成本并改进服务

作为公共部门IT的领导者，伦敦纽汉区想要提高其服务提供能力、与市民的数字交流，并降低成本。通过与邻近的黑弗灵本地机构共享服务，纽汉在以上两方面内开创了改革先河，其采用的是来自理事会成员微软公司的三项技术，其中包括Dynamics CRM、SharePoint服务器和BizTalk服务器。

其在线门户网站服务可供各居民使用，能够鼓励更多的人在线交易，而非在理事会办公室进行交易。该平台通过可重复使用的技术，使得纽汉和黑弗灵能够在不削减前线服务的情况下，节省超过1100万英镑。

理事会正以最常用的市民服务为起点，发动居民更多地进行数字接触。包括市民提出的多种服务请求，如废物箱与回收、停车执法、税收和福利。

其他机构已有的门户网站，包括伦敦沃尔瑟姆福里斯特区，也能够加载到该网站上，进一步提高效率，并能够提供高质量的客户服务。

图3.16

提供集成式市民门户网站

考量到英国对本地和地区政府采取的紧缩性财政政策，纽汉门户网站满足用更少的资源提供高质量服务的挑战性要求。

能够随时参与沟通：
在线服务"工厂"允许市民进行跨服务访问

法国国家现代化总局（DGME）机构的职责之一就是负责现代化建设工作，引导法国各部门和机构开启电子政府时代。

DGME 过去面临的问题是，许多项目的相关成本较高。为应对这一挑战，DGME 选择委员会成员 Alphinat 开发出"在线服务工厂"，其能够根据市民和市政当局的需求提供跨机构在线服务。

Alphinat 的 Smart Guide 套件，结合来自 Bull 的基础设施和专业服务，组成所谓的"我们的在线服务"——一种基于网络的一站式服务点，其能够自动创建在线服务，自动进行部署和保养，减少自定义代码，并促进对部件和现有 ICT 资产的重复利用。

对终端用户而言，衡量其是否成功的一个标准就是使用的简易性。其发行起不到一年内，共新建了 30 万个账户，门户网站提供了近 1300 种表格，注册用户每月下载量达 20 万，提供了大量以市民为中心的跨机构服务，如地址变更声明、选民登记、市民人口普查和拨款请求。

由于能够随时使用政府服务，在节省时间的同时也去除了冗余操作，因此也满足了 DGME 设定的有关市民服务质量的目标。

图 3.17

能够随时参与沟通

自 DGME 在线服务工厂发行起不到一年内，共新建了 30 万个账户，使市民能够随时使用来自多个机构的多种服务。

第三章 智慧市民｜智慧城市筹备指南　49

帮助市民实现自助式服务：

在堪萨斯城，住宅泄漏警报强化了客户服务

当堪萨斯城公共事业委员会（KC BPU）于2013年安装水电AMI系统时，除想要改善服务和可靠性外，他们还希望能够使客户成为更聪明的能源与水消费者。这一目标促使水部门员工首先将住宅泄漏检测作为重中之重。

KC BPU使用委员会成员埃尔斯特的EnergyAxis读取了6.7万个电表和5.6万个水表。为帮助客户受益于其AMI数据，水部门进行了住宅泄漏检测报告。

借助埃尔斯特的EnergyAxis，KC BPU每天均会获得以小时为单位的住宅水消耗读数，使设施能够进行泄漏检测报告，并快速将可疑的泄漏活动告知客户。

每天，若有用户的每日消费量超出25.2立方英尺，或是连续24小时每小时的水流量超过188.5加仑时，水部门员工就会通知该用户。

举例来说，如果卫生间挡叶下方冲洗机制的链条卡住，大量水资源会冲到排水管中。使居民每月多出1000美元或更多的水费账单。

在2013年9月到2015年4月实施泄漏警报项目的这几个月中，有超过1500名客户，也就是所服务的公共设施的5.6万户家庭中有2.6%，曾接收到来自KCBPU的省钱电话。

图3.18

帮助市民实现自助

莫利·夏普是KCPUB的AMI水分析员，负责进行每日泄漏检测报告并致电客户，称几乎每位客户的反应都相同：先是十分惊讶，之后表示感激。

鼓励实践

无论设定的整体技术目标如何，若不能正确规划、部署和管理这些目标，就不能完全实现智慧城市愿景。这也就是为何我们倡导城市在设计其未来航程时，要考虑进行支持实践的原因。这些支持实践均取决于人们为最大化其技术投资价值而制定的智慧决策。

我们之前已对市民的参与做出了大量说明，因此我们将重点关注其他两个支持实践。

1. 政策与领导层包括城市用于规划和支持ICT投资使用的管理政策和领导层能力。举例来说，当创建出全面的智慧城市规划时，ICT将使城市、其居民和商业受益最大。

2. 金融与采购实践将帮助城市购买和支付他们所需的技术。采用久经验证的技巧能够帮助城市在恰当的时间以适当的价格获得适当的技术。其中一个示例就是开发出一个跨各城市部门的综合技术采购计划。

在下表中，你将看到能够帮助城市实现之前章节探讨的技术目标的支持实践。除非另有说明，这些支持实践适用于本指南涉及的各个城市职责领域。

在本章之后，我们将探讨城市要如何发布这些政策以最充分地实现技术目标并成为智慧城市。

鼓励实践

政策与领导层	采用自下而上的城市规划与决策方法
	推进全面的智慧城市规划
	鼓励共享基础设施
	培养智慧劳动力
	鼓励发展革新性文化
金融与采购	坚持采用合乎规定的综合技术采购计划
	仔细考量各种筹资机制
市民参与度	在部署前后就ICT策略和益处不断与市民进行双向沟通
	提供者服务的综合个性化市民门户网站
	及时公布影响公众的，与公共安全、公共健康、运输和其他服务有关的信息

图 3.19

城市领导层的职责

如果市民能够设置议程并制定解决方案那城市领导层还有什么可做吗？答案是：很多。为推动城市向前发展，城市领导层和员工需要与利益相关者形成合作伙伴关系——包括市民、商业界、学术界、非盈利机构其他公共机构等。智慧城市项目，可能意味着，通过告知利益相关者实现的可能性并鼓励其参与其中的各利益相关者。也意味着引导项目的实施，确保其正确地以合理成本按时执行。

为与您的团体圆满达成合作伙伴关系目标，您需要有一份全面的计划。该计划绝不能是一成不变的；应在通往智慧城市的道路上不断对计划进行评估和更新。计划中应包括本准备指南中讨论到的各项职责和驱动因素的工作流。计划中应整理出跨部门的城市工作内容与资源，确定并清楚说明城市为实现建议目标所要优先考虑的事项和计划行动步骤。

全面的智慧城市计划需要：

1. 合理的目标
针对宜居性、宜业性和可持续发展，制定合理的目标。

2. 及时报告目标的进展情况
应采用市民和其他利益相关者能理解的方式表述计划，因其看重的是该计划与其生活的关联。

这可以说是整个准备指南中最重要的一部分内容了，因为通过定义，一个完整的定义可以将ICT驱动的智慧城市所有其他方面考虑在内。全面的计划通过下列方式设定各个阶段：

最大化协同效应并最小化成本。以大局为出发点进行考量能够帮助城市找到共享基础设施和成本的方式，避免不必要地重复进行ICT投资。

确定出最佳起始点。挑选出"容易实现的目标"，即回馈大但金钱和时间投资相对较小的项目，通常能够实现最大价值。如果城市以"重大变革型"项目为起点，则其能造势并取得公共支持，还可能产生用于未来项目的税收收益。

使城市能够建立独立项目。若计划恰当，因为你所遵照的是能够确保可操作性和协同性的原则和标准，因此你也能确信一切事物最终都能共同作用达到期望的结果。

图 3.20
◗ **与利益相关者形成合作伙伴关系**
智慧城市项目，可能意味着，通过告知利益相关者实现的可能性并鼓励其参与其中来鼓舞各利益相关者。

在这种框架下，城市能每次不断向其目标迈进一步，即使各项目是在不同时间分别创建的，城市也知道各单独项目间是相互兼容的。

增加公共支持率。由于全面的计划能够促进未来利益实现，描绘出一幅未来宜居、宜业和可持续发展且不断改进的蓝图，能够极大地增进公众理解与支持。同时帮助重整来自私营部门的支持和筹集资金。

吸引优秀人才和商业。智慧城市希望能够招揽到现今的移动领域专家和易于重置的高科技商业，但这两者在选择其安置地的要求逐渐提高。他们都会为那些有着强大而引人注目的良好前景和未来道路的城市所吸引，而这正是综合计划所能展现的内容。

突出强调需要进行改变和改变管理。智慧城市是一种愿景式项目。像许多这种项目一样，实施项目的组织若擅长清晰表达和促进改变，则这些组织就能取得成功。综合智慧城市计划推进"改变管理"策略是为了确保在其追寻智慧城市的过程中能够将消极影响减少到最小，将积极结果扩大到最大。

共享基础设施。无须将某人带去城市预算办公室查看价格，从而降低了不必要的重复和冗余开销。当城市意识到部门同跨部门协作价值之间的依存关系后，就能实现这一点。积极同城市部门间共享ICT基础设施——具备恰当的备用计划的应对问题——仅仅是这样就能行得通。

除了减少冗余开销和工作外，在各部门共享基础设施带来的益处还包括：
- 揭露出不必要的重复性劳动。
- 使潜在协同效应和新的解决机会浮出表面。
- 减少争论和摩擦。
- 在全市范围内发掘和执行最佳实践。

共享基础设施的另一巨大益处是，城市通过将多种想法和多种观点搬到台面上，能够改善整体结果。另外，由于计算和信息资产不再局限于不同"小集体"内，因此在分享基础设施时也能快速跟踪未来扩展情况和应用情况。

在某些情况下，智慧城市还能进一步扩大与私营部门共享基础设施带来的益处。

比如，当提到宽带和移动电话连接时，这一点就显得十分重要。通常而言，私营部门操作员出于可靠性、安全性和覆盖性高，因此最适合部署和保养这些网络。

图 3.21

→ **共享基础设施**

智慧城市积极寻求方式让城市部门间共享ICT基础设施。

更智慧地工作

影响你兑现智慧城市承诺能力的一个关键因素是你的劳动力水平。其中要注意两方面：（1）确保你的员工具备部署智能基础设施所需的技能。（2）确保其看到大局并能够抛弃小集体共同高效地完成工作。

更智慧地工作方式不是一蹴而就的。这需要人们从今天起就下一年或未来几年做出严格的长期规划，仔细考量所需资源。ICT项目有其生命周期，是否能够在恰当的时间以恰当的知识具备恰当的资源显得尤为重要。因为会需要大量训练有素的工人，因此现在就制定计划会起到重要作用，让你在需要时具备所需的资源。提升智慧城市劳动力的选择有很多，城市应找到那些最适合其自身需求和情况的人。比如，你可能要选择：

培养智慧劳动力

为获得熟练的ICT工人，你不仅要与其他城市和政府机构竞争，还要与私营单位竞争。为确保你具备智慧城市所需的熟练劳动力，制定政策和计划以培养劳动力将会有很大帮助。应优先考虑塑造安装、保养和优化智慧城市技术所必需的技能。

图 3.22

➲ **城市需要在恰当的时间以恰当的知识具备恰当的资源**

高熟练工人的需求量很大，因此提前进行培训与招募规划十分重要。

- 组织专家团队或与专家团队形成合作伙伴关系以确定出所需技能。
- 推进相关许可考试的实施并继续开展教育课程。
- 针对专业人士，指派其进行"力所能及的"工作。
- 发布指南或设立奖励措施，将智能技术主题纳入公共与私人教育和劳动力培训中。

鼓励城市创新

除了能够在市政厅内积极进行培训并培养熟练ICT劳动力外，拥有鼓励创新的城市文化的城市也会吸引商业和人才涌入这种环境中。

在稍大型城市中，首席创新官和首席数据官已越来越普遍，能够在拥护城市的"开放变革"准则中扮演重要角色。无论是像纽约一样自2009年起代管黑客马拉松，还是像旧金山一样建立创业合伙人项目，这些重点人群，能够帮助培养遍及城市各部门和整个社会的创新协作精神。

比如，我们将在下页读到，一个重要的韩国零售商是如何与运输机构合作，在繁忙的地铁站开设革新性虚拟零售店的。

鼓励城市实施变革：

韩国的移动购物——为消费者带来便利

韩国的重要零售商设定了一项具有挑战性的目标：成为第一家不需额外新增实体店的食品杂货零售商。取而代之的是，创建一种"虚拟"商店，并首先开设在城市地铁站里。

虚拟商店的显示屏与实体店的一样。站内装有与墙同长的广告牌，外观设计的同货架类似，能够显示常见产品的图像和价格。各标志均含一个QR代码，消费者通过扫描产品进行购物。他们的订单之后会在当天交付。

韩国的工人通常工作时间都很长，这一策略在积极利用消费者等待时间的同时，也省去了消费者走去超市的时间。这种革新能够帮助城市吸引和留住有才能且精于数码技术的劳动力，也向企业展示其支持那些能够惠及市民的新想法。

此零售商通过将商店带给消费者，不仅帮助消费者利用闲置的通勤时间，还使其自身成为第一家在线市场玩家和第二大实体店。

图 3.23

◆ **鼓励城市实施变革**

该韩国地铁站内的购物者并不是在观看实物。而是在观看一墙逼真的图片。他们可以扫描需要的产品，这些产品之后会送至他们家。

第三章 智慧市民 | 智慧城市筹备指南 55

你使用哪一种语言？

沟通是本章的主题。我们之前已谈论过城市领导使社会参与谈话的多种方式以及你应沟通的内容分。但你所选择的词语也非常重要。如果人们误解了城市计划或进展，则你的语言会使得沟通缺乏创建、非常令人失望或两者都有。

开发者APQC在委员会成员微软公司的支持下推进了通用语言的使用，以消除词不达意的现象。城市政府流程分类框架是根据APQC在过去30年间与750个组织机构进行的讨论内容得出的。Excel工作表中定义了政府服务过程中要使用的流程和语言，包括立法、执法与司法事项以及相关城市服务的提供，如公共安全、健康、划区和许可。

APQC称通用框架帮助人们掌握那些难于理解或清楚发音的内容，使这些内容更为明显易懂。有了这一客观标准，其能够帮助减少潜在冲突的发生。

微软公司补充道，使城市在改进工作中先人一步，明确说明了机遇所在之处、设置基准、更清楚地与各参与方交流，包括帮助实现整个愿景的供应商。

图3.24

➲ **使用统一语言**

通用语言框架帮助减少可能出现的冲突。

讲述故事

我们大多数人都能记住许多我们在孩提时听到的故事。你也许会将这些故事讲给自己的孩子。相比之下，你又记住了多少大学里的演讲呢？故事在抓取注意力和想象力上有超乎寻常的力量。

如果你在呈现理念时能够结合使用故事元素，那么你的智慧城市愿景也许会更多地与公众和城市员工产生共鸣。为你的愿景设置好各个阶段。

可以改善的内容是什么以及为何需要改善？情节就是能够用于处理和解决挑战的方法。高潮就是你描绘一幅未来城市图景，其中的各项事务都流畅地运行。各个故事都需要人物；不要忘掉你自己。主角是城市里生活和工作的人。

但在你忙于讲故事时，不要忘记聆听那些讲述自己故事的人。

你将如何实现城市转型？请教其他城市市长

这正是委员会成员美国国际商用机器公司连同其"智慧城市挑战"大项目所做的事。这是一个历经多年、涉及100多个城市的倡议，使各城市开始野心勃勃。美国国际商用机器公司捐赠了上百万美元，雇员在工作时间内同城市领导人一起工作。

在工作中，美国国际商用机器公司还从参加项目的市长处收集观点并将其写入报告——如何彻底改造城市，其中包含各领导人学到的经验教训。

站在CEO的角度思考。 当城市领导人想要克服惯性，智慧城市项目帮助从根本上重新考虑城市是什么又做了什么。传统上来讲，市长会在政策参数和传统公共服务领域内定义其城市及其领导层职责。这种观点如今略显狭隘。如今，一些更具创新精神的领导人将他们的城市看作商业贸易，将自身看作首席执行官。

使市民和商业贸易根据其自身的情况参与进来。 城市领导人理解到，市民参与对理解各成分成员愿望起到重要作用，更不必说还要通过他们进行选举。但一些传统方法却会产生不太令人满意的结果。公众需要能够轻松、开放和持续地使用大量的数据和规划信息，人们也要尽早开始项目使公众能够参与其中进行设计。

大胆而勇敢。 能够使用充足的数据可帮助城市领导人理解事件的进展方式以及如何发展的更好，但除非市长足够大胆，否则难以成就大事业。政策不会形成阻碍。因此市长不仅要提出大胆的计划，还要清楚传达给周围的人，使其能够更坚定地实施计划，这一点十分重要。

图 3.25

⊙ **政策和领导层支持实践**

如今，一些更具创新精神的领导人将他们的城市看作商业贸易，并将自身看作首席执行官。

财务和采购支持实践

让我们面对事实：当大部分城市都出现预算拮据时，落实智慧城市技术将对财政方面提出挑战。但这并不是不能克服的难题。城市需要创造力。本节我们将讨论如何制定可靠的采购计划以及城市如何超越传统的筹资机制来满足城市的技术需求。

遵守严格和全面的技术采购计划。这里面有两个关键词：严格和全面。第一，适用于智慧城市技术的城市采购计划应包括严格的商业案例，这种商业案例能够用于识别和量化在整个项目生命周期内的成本和利益。第二，所有城市部门都需整合到采购计划中，从而确保规模经济、最佳实践、消除多余的采购、操作兼容性。

同时，将您的采购计划视为动态文件也非常重要，该文件中包括（并定期更新）技术路线图，能够识别投资和实现的最优序列。当然，城市应以城市所需的任何项目作为开始，灵活执行新项目，并根据需要改变计划。

重要的是对智慧城市项目进行部署，以便其一起发挥作用。

您的采购计划应支持来自不同供应商的硬件和软件，且具有可替换性，以便模拟创新和竞争，并考虑到操作兼容系统。同时，该计划还应确立刚好超出"最低价格"的选择标准。它将解决方案按优先顺序排序，分别为：

- 最不易淘汰
- 最易于扩展，以满足未来需求
- 最具有弹性
- 最高的性价比
- 最容易引入和使用
- 与实现目标最为相关

遵守严格的采购计划能够显著降低总成本。同时，由于计划中包括相关规定确保操作性和开放标准，因此严格的采购计划能够大幅延长采购技术的使用寿命并提升其价值。

考虑所有筹资机制。城市通常仅考虑使用单一的"传统"方法来负担所需技术的经费。在一些地区，该方法可能为中央政府提供的资金。在世界的其他地区，该方法可能为市政债券。但是，现在大部分市政预算已经收紧，您将需要探索最广泛的筹资机制，其可能会产生意想不到的结果。

有许多不同的方法能够为基础设施提供资金。其中包括：

- 公共/私人合作关系
- 绩效合同
- 慈善捐款
- 开发银行贷款
- 现收现付
- 销售/售后回租
- 周转资金
- 担保计划
- 公用事业激励
- 通过当地公用事业的票据还款
- 地方激励和信贷计划
- 缩短许可时间
- 密度奖金
- 绩效薪酬

为提高议价能力，城市还应考虑与其他城市、州、地区、联邦机构和军队进行联合采购并形成购买联盟。相比于考虑更多的传统方法，通过考虑所有融资方案，与采用传统融资方法相比，城市能够更早地负担智慧城市发展的费用。引入技术越早，城市实现回报就越早。更多融资方案，请下载委员会的智慧城市融资指南。该指南能够为未来投资的城市领导人提供关于28种市政财务工具的详细专家分析。

附加资源

追求与市民进行双向沟通
智慧人员为智慧城市背后的真正大脑。尽管智慧城市由技术提供支持，但真正的力量来自市民如何使用技术和技术如何使市民生活得更好。阅读并了解施耐德电气的执行官认为"开放数据和市民为先意识是任何智慧城市行动倡议成功的关键原因"。

吸引人才和业务
埃及世界遗产启用移动门户网站，加强和振兴当地旅游业，埃及卢克索希望其每天大约1.2万位游客能够轻松地找到导游、酒店、饭店、交通和其他服务设施，以促进旅游业的发展。在2012年，埃及交通和信息技术部启用了由微软云服务提供支持的卢克索移动门户网站。

为服务设施提供全面个性化的市民门户网站
波兰的城市基于云的网络聊天促进市民访问服务设施通过与委员会成员美国国际商用机器公司合作，波兰的八个城市已采用虚拟网络聊天程序，促进为市民提供服务。由InteliWISE公司研发的程序能够在市政网站上运行，并使用基于云的虚拟代理，能够帮助市民立即访问有关政府服务的信息，市民无须在网络上进行搜索或去一趟市政厅。

让市民按条件参与
在大型购物中心中的虚拟市政厅，法国尼斯的居民能够秘密远程访问城市服务设施和远超出正常市政厅营业时间的服务设施——来源于流行大型购物中心的所有服务设施。尼斯蔚蓝海岸大都会区和尼斯市与委员会成员思科公司合作，启用了在世界范围内的"虚拟市政厅小屋"的试点。

促进智慧城市的劳动力
迈阿密社区为意义深远的复兴创造条件。
在经济陷入低迷后通过与微软合作，迈阿密市迈阿密-戴德县的当地官员和当地的公立学校意识到即将降临到市民身上的机会和提供先进技术、培训和工作机会方面的业务机会。

传播适时信息
警察局发现出现社会化的更多原因。当大城市媒体忽略来自郊区警察局的新闻时，让市民获得适时信息就会转变成为社会媒体的责任。学习Johns Creek（佐治亚州警官如何使用金仕达公共部门平台），就大规模暴风雪的一切有关内容与社区进行更好地沟通，以警告防止宠物丢失。

第四章
通用目标

当今世界，一些大城市因为梦想家而受益良多。他们早在几个世纪前就预见了让市民生活得更好的可能性，并把它变成了现实。一则有关19世纪城市领导人的案例引人注目。早在"城市扩张"进入人们的视野前，他们曾承诺将保留大量开放型区域作公共使用。如伦敦的海德公园，贯穿曼哈顿的中央公园，或者东京的上野公园。这些都是早前领导人"异想天开"的最佳例证。

这种方式促进了几个世纪的迅速发展。该是您促进城市持续发展的时候了。本章将帮助您开始。在许多方面，由于本章中给出了通用原则，而这种普遍原则构成了各个城市责任的基础，范围涉及从水到电力，再到公共安全及所有其他一切事物，因此本章为指南中最重要的章节。搞定这一切，您就已经为城市未来几十年的成功奠定了基础。

本章包括 17 个目标，我们称为"目标"，这些目标为推动您朝着智慧城市道路前进的动力。由于每一个目标均适用于各个城市的责任，因此我们将这 17 个目标称为"通用目标"。

这里面有一些示例：其中一个目标为通过分析来实现全面的态势感知。这意味着规定系统运营商能够实时重点查看正在发生的事件，以便能够尽早发现问题，并迅速行动缓解问题。其中一个示例可能为堵塞主要通道的交通事故。实时了解事故能够促进公共交通运营商改变公共汽车的路线。

同时，由于态势感知对公共安全、水、能源及实际的各个城市责任具有重大意义，因此本通用章节中包含了其相关内容。（在随后章节中，您能够阅读仅适用于特定责任目标的内容，例如，能源或交通。）

在我们深度探讨 17 个通用目标前，简单回顾一下关键词：

- **ICT**：信息和通信技术。适用于能够使城市变智能的设备、软件、标准和通信设施的概括性词语。
- **仪器**：收集关于城市条件的数据所使用的设备。其示例包括智能仪表、占位传感器、温度传感器、光探测器及压力传感器等。
- **责任**：日常必要功能和城市能够提供的服务，例如水、公共安全和交通等。
- **驱动力**：旨在确保"提供电力、方法、资格或能力"。从这个意义上说，驱动力为单一的允许城市变得智能的ICT构成要件。其示例包括计算资源、数据分析和类似功能。
- **目标**：适用于智慧城市成果的目标。一系列的目标汇合在一起，形成ICT有效智慧城市的基础。

在我们进一步深入前，若您开始核对本指南中建议使用的智慧城市目标，则让我们来检查一下一些令人吃惊的市民已获得的效益。

图 4.1

➜ **城市远见者**

幸亏那些有远见的规划师在19世纪所进行的工作，使得在伦敦中部的海德公园至今还保存着流行的集会点。

实现通用目标的利益

我们已经讨论了城市在智慧城市旅途中所面临的障碍及实现目标需要如何承诺、规划和执行。现在，让我们讨论回报！

由于本文所述的 17 个通用目标适用于各种城市职能，因此下文突出强调的利益也适用于全市。我们已根据三个核心智慧城市目标：增强宜居、宜业和可持续发展，对利益进行了组织。

宜居性

由于我们以不同的方法定义了生活质量，因此对于不同的人来说，宜居性可能意味着不同的内容。但这里面突出强调的智慧城市利益能够潜在地帮助每一个人：

革新人们与政府的关系。通过实时电子访问人们所需的信息、人们所需的服务及人们期望与官员进行的互动，城市能够取得市民的信任或使市民满意。

通过共享数据，改善城市服务。很多极大地调动人们积极性的城市应用程序均来自部门间的数据共享。或以类似的方式，通过与能够创新应用程序的外部研发者共享数据。例如，有城市已经设立"开放数据"程序，包括阿姆斯特丹、伦敦、费城和旧金山。这些城市已经设立了成百上千种创新性应用程序，包括 tripplanner 应用程序、停车位寻检器、公共汽车定位器、犯罪报告和警报器及业务规划工具等。

确保实时警报和实时监测。在警告市民小心火灾、洪水、空气质量问题、公共骚乱、管线泄漏、电线坠落、化学品溢漏、暴风雪、地铁线路及总线位置时，已改善了市民体质并提高了公共安全。

创设全面态势感知。当您能够充分设想出城市交通、能源、燃气和水网的状况时，您就能够确保这些必要服务设施的可靠性和可恢复性。

保护个人隐私。当您开始朝着智慧城市的道路前进时，人们有权且万分希望保护隐私，且这种问题必然会出现。指南的普遍原则包括关于隐私的建议。

图 4.2

➲ **革新人们与政府的关系**

通过随时随地的实时电子访问人们所需的信息，城市能够与市民建立新的信任。

宜业性

宜业性意味着加速经济发展。

创设世界一流的基础设施。在城市进行投资时，城市业务能够突出强调城市基础设施的效率和可靠性。城市有多种选择。当附近城市 B 拥有更高效的交通网络时，定位城市 A 处为什么会更可靠，且能够拥有性价比更高的能源网或先进的执法程序？已最优化城市基础设施的城市是更具吸引力的投资区域。

保护业务，防止网络犯罪。黑客和盗窃给业务增加严重风险。根据一份 2012 年的研究报道，网络犯罪事件较过去三年增长了一倍，同时财务影响上升了 40%。根据本指南所述，加强网络安全将有助于市政府实现安全性和弹性，加强考虑搬迁到您所在城市的公司对市政度的信任。

释放创新。通过开放数据或类似程序开放数据的城市将授予人们关于数据集的权利，并使人们从新思想中受益。数据为有价值且有益的资源，能够推动创新和发明，进而创造出新业务、收入流和就业机会。

为吸引人才和就业，创设"招聘工具"。在未来具有强烈说服力愿景的城市吸引了大量的移动业务和专业人员。

支持技能发展。根据 2012 年的研究，尽管美国具有相对较高的失业率，但 49% 的雇主提到，科学、技术、工程和数学（STEM）等方面的工作岗位依然很难填补。对于寻求专业人才的业务来说，城市支持技能发展可能为最具吸引力的一方面内容。

可持续性

可持续性为智慧城市如何以不会耗尽资源的方式提供必要且受欢迎的服务设施。

通过最优化，减少资源使用。从分析和经改进的规划中受益的最优化意味着，城市、城市业务和城市居民将消耗更少的资源。利用 ICT 的力量，智慧城市能够控制资源盗窃现象，并能够为后续的几代人提供更好的未来。

确保技术选择的广泛选择性。从最广泛的解决方案中进行挑选，在智慧城市投资中，追求互操作性的城市能够省钱。

图 4.3

➲ **创设世界一流的基础设施**

已最优化城市基础设施的城市，如交通和能源等，对业务更具吸引力。

通过最优化，减少资源使用：

使用LED信号，包鲁取得了实质性胜利

包鲁，一个巴西最著名的城镇，足球巨星贝利在这里长大，包鲁是一座繁忙的大学城，其交通枢纽位于圣保罗中心。但贝利并不是了解这座城镇的唯一出发点。这座城镇安装了2000多盏由委员会成员美国通用电气公司提供的交通灯，对市政交通产生了深远影响，并以非常直接的方式对国库产生了影响。

"当我们开始注重这个方面时，我们对能够最大化节能和保持灯质量的解决方案具有高标准。"圣保罗公共设施供应商，CPFL的商务总监马尼·塔德乌·安图内斯说。

在节省成本方面，通过使用80%以上的优质白炽灯泡，新型GTxTM LED 信号灯能够降低能耗，且其使用寿命是其他信号灯的10倍。在10年的寿命期间，在这方面节省的成本和在维修费用方面的大幅度降低预计节省超过200美元，这使城市管理者凭他们本身的实力成为交通信号灯领域的巨星。

维修次数少和高节能仅为更高质量照片的一部分优势。选择美国通用电气公司的 LED 信号灯的关键原因为降低"太阳幻象效应"——一种使人错认绿灯或红灯（向驾驶员发送错误信号并造成交通事故）的常见现象。

在包鲁有一条坡度很陡的大道，有时在中午之前很难区分开信号灯的指示颜色或信号灯是否亮起。使用新型 GTxTM LED 信号灯，能够很容易区分颜色。

图 4.4

➲ **通过最优化，减少资源使用**

通过使用80%以上的优质白炽灯泡，新型GTxTM LED信号灯能够降低能耗，且其使用寿命是其他信号灯的10倍。

减少重复劳动。当智慧城市成果仅局限于部门内时，就会不必要地重复其功能。这种不必要的重复可能涉及从市场研究到社区外展、再到技术设计、到安全规划、到员工培训、到采购过程，最后到设计用户界面等。为在所有部门内使用智慧城市成果，就普遍原则事先达成的一致意见将会注意这些问题。

通过基础设施共享，降低成本。一些早期的智慧城市成果已经忽视了共享成本的潜能。这里面仅涉及一些可经常采购或仅可设计一次或可反复利用多次的元素：地理信息系统（GIS）；通信网络；网络安全设计和实现；数据库管理系统；企业服务总线；劳动力和现场工作人员管理体系及运营中心。此外，在某些情况下，通过与已部署网络和服务设施的私营部门供应商（运营商）合作，能够降低成本。

通过反复利用软件模块，降低成本。通过实现本指南中的目标，城市能够以创建协作和安全环境的方式构建应用程序，使在不同应用程序间共享编码模块更容易，最大限度上减少编程费用。

扩大规模经济。通过就通用标准和规范达成一致意见，城市通常能够减少采购成本，同时提高互操作性。此外，各个城市部门可以制定少数略微不同的规则，削弱议价能力。

嵌入最佳实践。例如，考虑与网络安全同样重要的事物。现在，假定各个部门独自负责研究、规划和确保安全。不难发现的是，一些部门并不具备进行最佳可能工作的技能和资源。相反，若城市采用通用的安全框架，则个别部门使用尖端技术实施最佳实践就能够获得保证。

确保更好的财务预测。财务预测是一种非常重要的准则，在从智慧城市产生的数据的帮助下，能够大大促进财务预测。结合并关联增长预测，折旧和历史经营模式能够促进城市的5年、10年和20年计划。通过监测关键绩效指标，城市能够对进度和投资回报情况进行衡量。

从城市资产中获取最大价值。时刻电子监测资产的实际状况有助于预测及时进行维修的时间，从而防止发生故障。在管理设备和优化资产的条件下，城市能够省钱，同时仍然能够确保技术部署的可靠性。

以较高精度使用计算机模拟。使用计算机建模和模拟，城市能够测试假设，尝试不同的场景并能够在模拟中犯错误，而非现实

图 4.5

⊃ **从资产中获取最大价值**

电子监测资产状况有助于预测需要进行维修的时间。

生活中的代价高昂的错误。很多专家预测，智慧城市技术将会改变规划的本质，其范围涉及从基于估计的十年一次的活动到基于实时数据不间断的过程。

第四章　通用目标｜智慧城市筹备指南　　65

如何操作本章内容
（遵守以下内容）

本准备指南旨在帮助您做出两个关键决定：(1)您最终想要在何处结束；(2)您应在何处开始。

本章和应遵守的内容将有助于您解决首要问题。其暗示您应针对的目标。您的唯一工作就是审查那些目标并确定：(1)其是否适用于您的城市；(2)您已经进展到何种程度。

当提到哪种目标适用时，我们怀有偏见，我们认为本指南中的各个目标对于智慧城市的长期成功均发挥着必要作用。尽管没有过分夸张，但您忽略这些目标，尤其是通用目标，就是在忽略您自己的危险。

在下页能够看到的检查清单中突出强调了通用目标（并在本章结束处再次强调）。在下页中对各个目标进行了详细解释。当提到您已经进展到何种程度时，您能使用检查清单最右侧的纵队内容记录您的估量。若您安排了优先要完成的事情，则您可使用最后一章，即行动想法中的进程估量。

图 4.6

◗ **通用目标**

首先，了解您的优势和劣势能够帮助您选择在何处强调智慧城市成果。

首先，了解您的优势和劣势能够帮助您选择在何处强调智慧城市成果。

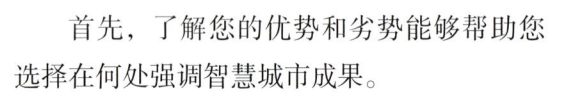

您不必过度考虑过程，您也不必成为各个目标方面的专家。当您已经通过所有章节并完成终章中的综合目标清单时，您能够将其交给专家，制定详细的项目计划。您能够相信专家在详细资料方面的专业知识。

一些大城市会将目标清单交给内部人员。但大多数城市将会使用外部专家。无论哪种方式，您的工作就是向那些专家提交您的"希望清单"——您的优先化目标清单。该清单将会笼统地告诉专家您想要在何处开始和您最终想要在何处结束。因此，当您通读目标时，不要感到不知所措。您的工作并非解决所有这些问题。疑难问题需要专家解决。您的工作就是了解哪些问题需要解决方案及决定首先需要处理哪些问题。

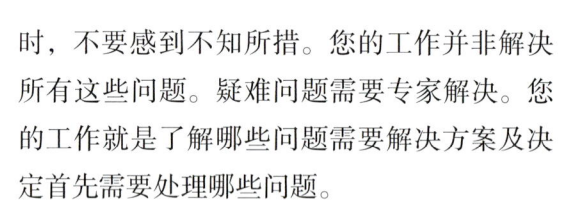

若您对目标和检查清单有更多的问题，请通过网站或附录中的联系信息，请求智慧城市委员会提供帮助。

现在，将话题转向通用目标。当您通读各个目标时，请跳转到检查清单，记录您所在城市进度的评估情况。在完成本章和需要遵守的内容后，使用最后一章中的汇总检查清单将您的结果与文件结合到一起。

通用目标

驱动因素	一般目标	实施进度			
	智慧城市怎样配置和使用 ICT 来提高宜居性、可使用性和可持续性	无	部分	逾半	全部
技术 — 仪表与管控	安装理想仪表	☐	☐	☐	☐
技术 — 连通性	连接设备与全城综合服务通信设备系统	☐	☐	☐	☐
技术 — 互用性	坚持开放标准 使用开放集成架构和松耦合接口 优先采用已有投资	☐	☐	☐	☐
技术 — 安全与隐私	指定隐私法规 创建安全框架 保障网络安全	☐	☐	☐	☐
技术 — 数据管理	制定全城数据管理、公开和共享政策	☐	☐	☐	☐
技术 — 计算资源	考虑云计算框架 使用开放创新平台 创建中央地理信息系统（GIS） 实施综合网络和设备管理	☐	☐	☐	☐
技术 — 目的分析	充分实现态势感知 实现运行优化 实现资产优化 实施预测分析	☐	☐	☐	☐

图 4.7

仪表与管控

仪表是智慧城市的基石。它是数据的关键来源，城市只有依据数据才能抉择如何降低成本、配置资金。对于能源，仪表的使用能够测量出能源的流量。对于交通，安装在马路和高速公路上的仪表能够计量交通数据。

理想仪表的应用。（1）利用仪表收集城市数据；（2）使用管控设备采取远端操作——例如扳动开关或打开阀门。智慧转型必须依赖真实数据，以制定正确的决策。所以，关键的目标在于理想仪表的应用与管控。

"理想"是仪表的关键词。理想的智慧城市就是要在最合适的地点安装最合适的设备。在众多责任区域内，理想，即意味做到各终端设备的连接。以水务为例，"理想"要以每户安装智慧水表为前提。对于其他情况，则需要传感器"实时"生成数据，以供决策者掌控全局。

仪表的应用需注意三件事，这将在后面章节详细介绍。

第一，隐私与安全：数据到位后，城市需要做的就是对隐私的绝对保护和安全措施的实施。

第二，遗留设备：城市已掌握大量数据，故无须立即购置额外仪表装置。例如，您可以通过匿名手机全球定位系统（GPS）数据定位和跟踪行人。关键路口已安装流量传感器。路灯可感应并检测环境光线。水务、电力或天然气（煤气）公司已安装智能仪表。你可决定是否增设额外传感器——尤其正值价格暴跌——然而通常从已有数据开始为宜。

第三，互联互通：在智慧城市中，做到仪表的互联互通。需要人工检查的传感器不是理想的传感器，例如，让技术工人每天检查水泵是不切实际的。

理想仪表的使用能够为智慧城市收集真实数据。连接城市基础设施，以形成物联网的第一步。

图 4.8

➲ **理想仪表的应用**

理想仪表为智慧城市收集真实数据。

理想仪表：

智能废水管理怎样为印第安纳城市节省百万美元

印第安纳州南本德市有一个严重问题：废水涌进圣约瑟河，并在地下室涌出。城市废水管道和处理设施无法处理巨大的废水量。

该市考虑基础设施升级，估算为1.2亿美元，开销巨大。然而，它同圣母大学、当地技术公司艾姆奈特和智慧城市委员会成员美国国际商用机器公司建立了公私合作关系，提出了一种监控和控制废水收集系统的新方式。新方法花费了城市初始估算的1/20——一个更友好的预算，600万美元。

美国国际商用机器公司技术与商业伙伴艾姆奈特的智能阀门和传感器进行组合，帮助城市主动进行废水管理，避免了额外基础设施投资，同时提高了公共卫生。同时，圣母大学的学生提出了使居民能够报告涌水的多个创新应用程序、收集水系统信息的社会媒体工具等。因此，这些技术和研究能够实现手动和劳动密集型数据收集的自动化。

新系统就位后，现在城市能够监控并主动控制废水收集系统，这有助于减少下水道堵塞和溢流。

图4.9

> **实施和控制**
>
> 南本德市超负荷废水系统的创新、价格公道的解决方案是使用智能传感器（仪表）+智能阀门（控制装置）+委员会成员美国国际商用机器公司的智能软件。

第四章 通用目标｜智慧城市筹备指南   69

连通性

40年来，技术正以不可思议的方式改变着我们的生活，仅举几例：微处理器、自动取款机、万维网、电子邮件、谷歌地图、智能手机以及平板电脑。显然，我们的生活早已互联互通，且将不会停滞不前。如今，我们迈入了物联网时代，人们与设备交谈，通过设备与他人交流。这解释了为什么互联互通推动了整个智慧城市发展，以及为什么近来机器通信如此热门。

全城综合服务通信设备。上文我们探讨过利用理想仪表收集数据。一旦仪表开始收集信息，则需要将其连接，以相互联通，实现数据的获取和命令的收发。

因此，目标是连接全城通信系统的所有设备。在极少数情况下，城市使用单一通信网络实现所有设备的互联互通。多数情况下，城市采用多种通信通道，包括蜂窝数据、光纤、无线网络、输电线以及网状射频。

然而，仅有其中一种通信系统是远远不够的。基于开放数据、高数据速率以及提供实时通信的能力，系统的安全性和可靠性更加重要。

大多城市将建立综合通信系统，因为单一网络不可能在当前和未来实现对每个单一应用程序的支持。为了节省开支，城市应重点考虑以下方法：

- **减少城市资金支持网络数量**。在一定程度上，城市或单位有必要使用专用网络，需努力构建多用途网络，而不是集合单一用途的通信网络。
- **调查现有公共网络有效性**。这项工作需在建立专用网络前完成。例如，现有的蜂窝数据应具有支持智能电网、智能交通管理以及智能水网的能力。
- **鼓励跨部门规划与设计**。明确多个部门能否共享一个网络。
- **研究政策与激励措施**。鼓励私营部门投资于全城网络的建设与维护。
- **优先发展技术与工具"混合"网络**。工具可以融合多种通信技术于一体，甚至连类似收音机的传统技术都可以实现融合。

仪表的联通和管控使城市得以将数据用于分析城市，极大改善工作效率，减少资源占用与资金支出，我们将在后面内容详细介绍。

图 4.10

➲ **连通设备**

综合服务通信设备系统能够搭载多个不同来源的应用所需信息。

全市通信：

基于网络运行的三种仪表——水、热、天然气

天津生态城是新加坡和中国的旗舰合作项目。它在 2007 年开工，其愿景为"社会和谐、环境友好和资源节约型的繁荣城市"。社区位于城市的滨海新区，将覆盖大约 30 平方千米的土地面积。这个项目将在 2020 年完工，大约有 35 万居民。

天津有中国最严格的建筑能效标准。每个公寓都有地下停车位，政府官员说已经规划了充电站和电动汽车补贴。在 2013 年 7 月，委员会成员埃创公司（Itron）完成了 2.5 万个水、热和天然气智能仪表的安装。试点项目测量、收集并分析了生产行动情报的仪表数据。例如，居民通过查看图解数据来了解能源和水的使用。这也有助于简化计费流程，并提供减少计费纠纷的详细消费信息。

埃创中国的水热部总经理于敏强说，"在此项目中，埃创公司为中国提供了在一个系统下一起管理水、热量、和天然气数据的统一平台"，"通过这次成功部署，埃创实现了支持中国政府智慧城市规划的承诺"。新加坡和中国都将天津视为实现可持续发展承诺的一种方式。

图 4.11

⊙ **将网络数量降到最低**

埃创公司在天津部署了全面方案，使用单一通信系统测量、收集并分析水、热量和天然气仪表数据。

互用性

互用性确保部署的工作能有序协调。互用性的目标有三：

坚持开放标准。若要实现智慧城市目标，必须要做到来自不同供应商的各种技术能够做到协同合作，尤其是信息的交换。坚持标准有助于确保所买到的产品能够通过预定义的机制交换信息。

如若不愿受任何标准局限，那么需要制定"开放"标准，即由产业团体定义并公开发布的标准。与此相反，"专有"标准通常由某一供应商专门制定，对标准的使用者和修改者皆保留支配权。

开放标准有助于城市合理控制开支与风险，使得城市得以混合和匹配来自不同供应商的商品，而避免影响交换数据的能力。换句话说，开放标准有利于互用性、可选性和灵活性的培养。还能够降低维护的难度，因为拥有众多包括委员会顾问在内的专家能够提供帮助。

例如：国际电工委员会（IEC），美国电气和电子工程师协会（IEEE），国际电信联盟（ITU），美国国家标准协会（ANSI）和其他包括实现3G/4G的四三代合作计划和WiFi联盟在内的组织。开放地理空间联盟（OGC），委员会理事之一，提供了共享空间信息（室内和室外）和所有类型传感器通信的开放标准。

虽然开放标准对智慧城市的长期发展至关重要，但要将其付诸实践是极具挑战的。将数以千计的标准应用于城市生活的方方面面。最佳建议是将此类繁重的工作交给专家。当进入项目规划环节时，挑选公开承诺开放标准的供应商。交由他们来选择，并由您的项目经理或系统集成商来负责监管。

谈及好事连连的智能电网产业，国家电工委员会发明了智能电网标准地图，做到更加便捷地查找和选择标准。利用图表或清单，您便能够深入某一特定方面，获取所有相关标准的清单。国家电工委员会的清单上不仅有其内部标准，还有来自其他组织的标准。

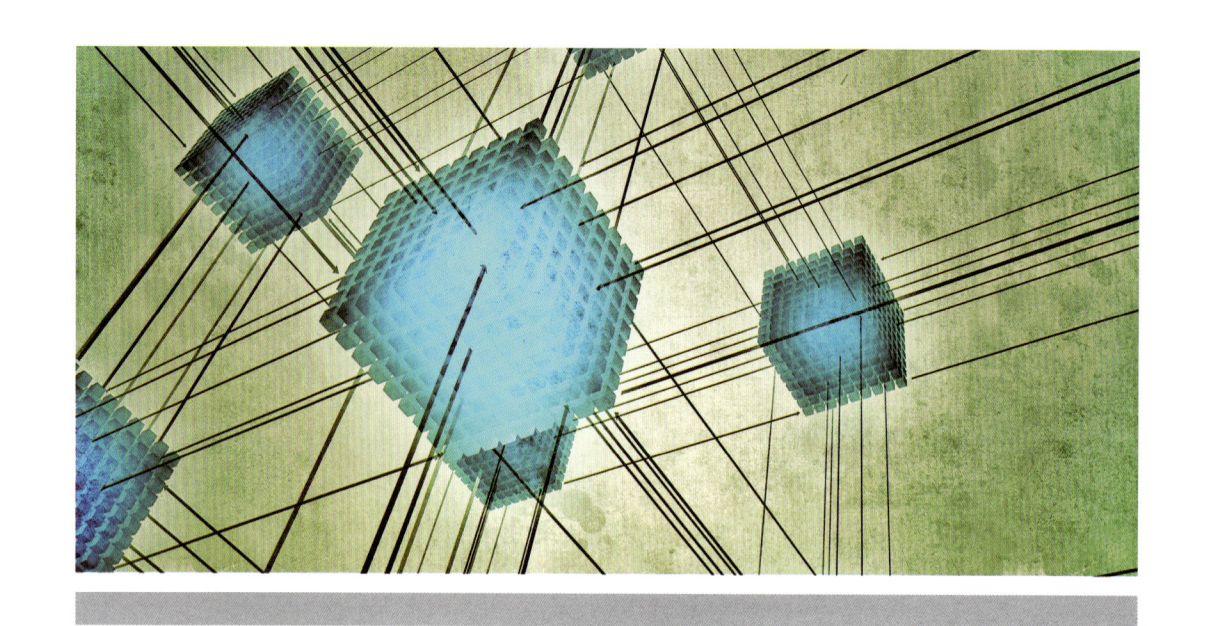

图 4.12

采用开放型集成架构和松散型耦合接口，推动数据共享和代码重用。在技术层面，重要的是要做到应用程序的设计代码"组件"再利用，从而节省时间和开支。松散型耦合系统没有相互依存的组件，因此理论上更换起来更加方便。开放型集成架构通过方法论实现提升，例如服务导向性架构（SOA）和企业服务总线（ESB）。这样做的优势在于：

- **提高软件速度**。城市可采用以往编写的组件进行装配。
- **夯实发展基础**。城市可采用标准化工具并参考模范案例。
- **增强灵活性**。作为开放型集成架构的一部分，松散型耦合拥有三大特质：高可用性、高容错性和负载平衡。系统能够依靠技术处理大量数据。
- **简易更换**。仅需改动相关组件，而不必牵动整个应用程序，因而将对系统的影响降低到最低。

开放型集成架构

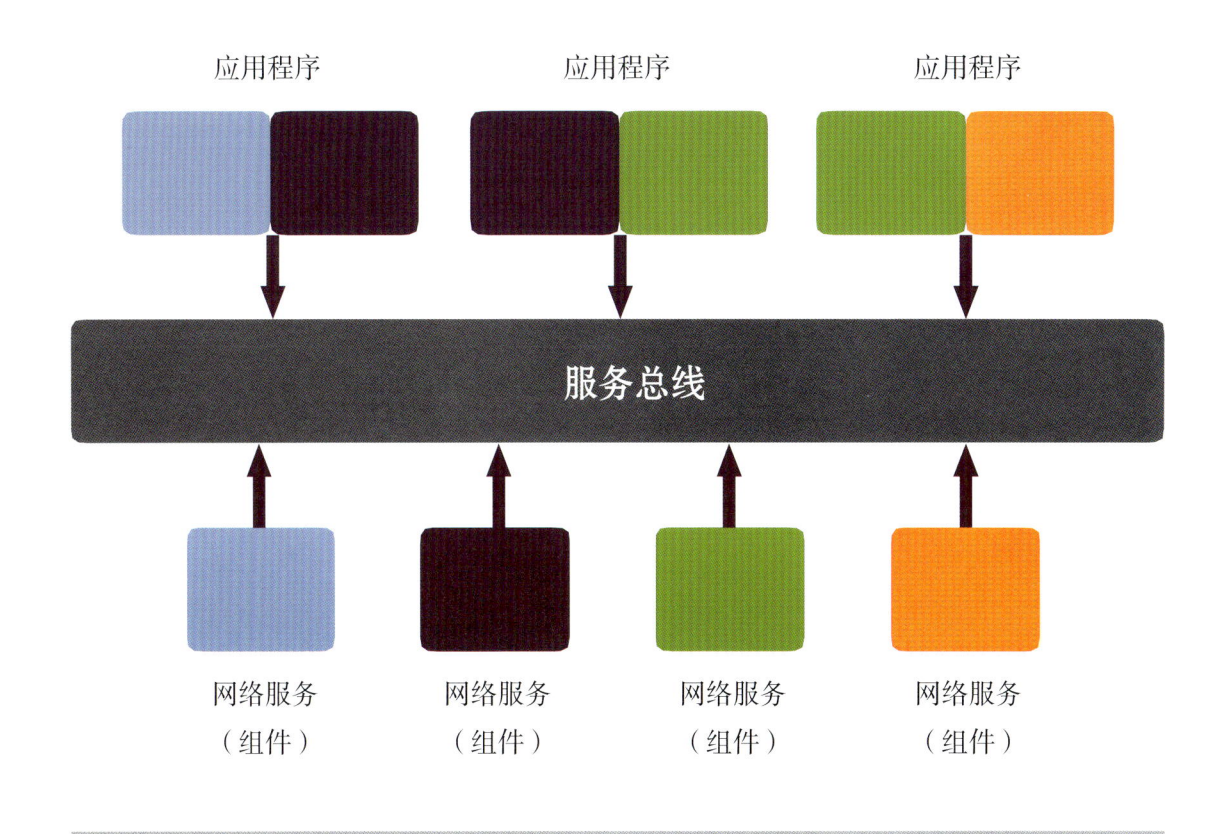

图 4.13

图 4.14

优先处理已有投资。城市的发展不可能一夜间置换所有的基础设施，将一切推倒重来。现有投入资金的使用必须根据轻重缓急评定等级，决定支出，尤其是街道、建筑、传感器及通信设备的改造。

幸运的是，一大波新型低成本的技术涌入，给传统资产的连通带来了可能。如今在应急响应领域，已经能做到将老式收音机与新型基于 IP 技术的通信设备融合，实现无缝连接网络。

同样，城市政府能够寻求途径继续使用旧式软件向新型软件发送数据，提升其使用价值。再比如，电力公司不必更换其原有变压器，只需增设变压器监控装置来报告情况即可。

安全与隐私

对于智慧城市领导者来说，确保市民的权利得到尊重，信息得到保护是最大的挑战之一。本节重点介绍三大攻坚目标。

制定隐私法规。优先制定明晰的隐私政策，确保其被公共知晓。该法规应当均衡居民对隐私的欲望，并控制获取数据的能力，从而提供更好的服务。应当规定：

- 何种数据归利益相关方所有？
- 所有方享受何种权利与保护？
- 何种数据属于隐私范畴（需获当局授权共享）？
- 何种数据可与市民或政府授权第三方共享？
- 若依循匿名信息协议，以何种方式共享数据？

制定隐私规定可以节约时间，节省开支，还能避免许多问题。且有助于激发创新。若企业家能提前了解该法规并将其应用于公平竞争中，那么生产的商品和提供的服务将更加优良。

另外，在确保居民和企业家了解隐私法规后，继而与国家、州/省级政府合作继续推进。

2013年《波士顿环球报》中，一名为"智慧过头的城市"的专栏吸引了广泛的关注。美国公众纷纷将目光转移到智慧城市运动上来。"城市追踪市民的生活，还声称为了你好！殊不知是剥夺了我们在公共场合仅存的自由。"

对于城市与文化来说，所谓隐私各有侧重。正如所见，您不必从零入手起草隐私准则。在此推荐若干辅助案例供参考，包括：

- 欧盟隐私保护指令
- 电子隐私资讯中心（EPIC）
- 国际隐私权专家协会
- 刑事司法咨询服务
- 联邦信息处理标准
- 加拿大安大略省信息和隐私办公室

图 4.15

发布隐私规则：

加利福尼亚公用事业吸取加拿大隐私框架的教训

在2012年，加利福尼亚州圣地亚哥市的市政公用事业与加拿大安大略省隐私事务专员安·卡沃基安（公认的客户隐私保护冠军），一起启动了首创的隐私设计智能电网。

"我们与SDG&E的跨境合作关系、同全球其他组织建造的相似成功联盟，以及我在加拿大安大略省的司法权一起建立隐私设计，"卡沃基安说，"隐私是每个能源客户的基本权利，我很高兴能与SDG&E合作，确保我们的创新隐私框架成为智能电网部署的重要部分。"

由卡沃基安博士研发，隐私设计制定了国际标准，并且是确保让隐私设计成为ICT日益增长的系统性努力和大规模联网数据系统的实际解决方案，并作为默认条件。

图4.16

➡ **发布隐私规则**

城市能变成几个启动的设立制度。例如，最初在加拿大安大略省开发的隐私设计系统，基于七条基本原则。

七条基本原则

（1）**积极主动；预防而非治疗**。隐私设计方法具有主动性而不是一种应对措施。在事情发生前，就预测并阻止隐私侵犯事件。隐私设计不等待隐私风险成型，或者在事后提供隐私侵犯的补救方法，其目的在于阻止它们发生。总之，在事前进行隐私设计，而非事后。

（2）**将隐私作为默认设置**。我们都能确定一件事——默认规则！通过确保在给出的IT系统或商务实践中自动保护私人数据，隐私设计寻求传递最大限度的隐私。如果一个人什么都没做，他们的隐私仍然保持完整。个人部分不需要任何行动来保护隐私，已经默认建在系统中。

（3）**隐私嵌入设计中**。隐私设计嵌入IT系统和商务实践的设计和架构中。并没有在事后将它作为附加组件连接。结果是隐私成为传递的核心功能的重要组成部分。隐私对系统至关重要，并不削弱系统功能。

（4）**全部功能——正和，不是零和**。在进行不必要的交易的情况下，隐私设计寻求将所有的正当利益和目标容纳为一个正和"双赢"方式，而非通过陈旧的零和方法。隐私设计避免虚假两分的伪装，如隐私对安全，证明了可以两者兼有。

（5）**端对端的安全机制——全生命周期保护**。隐私设计，在收集信息的第一要素前就嵌入系统中，在涉及数据的整个生命周期中安全扩充——从始至终，强大的保密措施对隐私至关重要。这确保了数据的安全保存，并在进程的最后及时安全地销毁。因此，隐私设计保证了一生，保护了信息的生命周期管理，首尾相连。

（6）**可见性和透明性——保持开放**。隐私设计追求保证全部利益相关者，不管商业实践或技术涉及什么，实际上，都要根据规定的承诺和目标运行，并服从于独立验证。它的组成部分和运行保持可见和透明，对用户和供应商也一样。记住，信任但是要核实。

（7）**尊重用户隐私——以用户为中心**。最重要的是，隐私设计要求建筑师和操作员通过提供一些方法保持个人利益至上，如强烈的隐私违约、适当的通知和授权的用户通知选择。坚持以客户为中心。

制订安全计划，设置安全智能系统，实时评估风险。智慧城市的安全政策和风险管理框架须面面俱细，从大型基础设备到小型移动设备，都要考虑到网络安全和人身安全。

数据的隐私取决于数据储存系统的安全。高端全系统只能由被授权者经手操作，并生成可靠的结果。"不安全"的系统是极易被攻击，从而造成数据的泄露。

从能源基础设施到联网的移动电话，相比于传统城市，新型智慧城市促进了人与人的沟通、生成了大量的数据，为生活带来美好的憧憬。但是，也同样引发了安全专家口中的"攻击界面扩张"，导致新的网络漏洞。

城市专家需在所有智慧城市系统发展中新制定综合安全计划网络安全贯穿整个系统设计过程，从设计初期开始，而不是中途加入或末尾添补。

该计划应至少涵盖数据、应用程序、设备及通信系统。安装缜密的身份识别管理组件、网络深度防护安全控制组件、人员安全意识训练和强大的计算机基础。

最好不要由城市单位各自制定其安全计划，而是利用城市最佳网络安全资源（内部

图 4.17

➲ **从智能系统设计初期，便将安全理念纳入计划内，并实时评估风险**

重要的是，在设计阶段，安全需求必须不断更新，以应对新的威胁，并保证其合乎法律规定。

和外部）综合各单位需求，制定统一的安全标准。

然而，即使拥有了最精通的专家和最强大的安全计划，仍然无法保证规避网络攻击。因此，监控突发网络威胁和新发网络漏洞显得更为重要，还要预置详细的灾难应急计划和系统恢复计划。

在参与智慧城市建设的单位全部满足安全控制要求的同时，积极的网络安全计划才能够大幅减少被攻击风险，减少不良后果所带来的影响。同时，信任的培养、自信心的树立（及隐私保护）同样能够获得广泛的认同。

编制城市范围的安全政策：

杰克逊维尔如何使其虚拟环境更加安全

杰克逊维尔是美国卡来罗纳州北部的第14大城市，居民超过7万人。杰克逊维尔的信息技术服务（ITS）部门利用拥有500多个终端用户的操作中心为所有计算机、电话、安全和地理信息系统提供城市范围的支持。

由于城市工作者对ITS部门的依赖程度越来越大，杰克逊维尔信息技术部总监厄尔·邦廷与其他城市的高官决定更新部门的基础设施，确保这些基本设施能够随时处于正常运行状态。厄尔·邦廷还希望让雇员能够安全地访问所需材料。

杰克逊维尔决定从委员会成员思科处将虚拟的经验化基础设施（VXI）升级，思科支持杰克逊维尔的操作中心。该方法超越了传统的虚拟工作台，通过统一虚拟工作台、声音和视频实现了新一代虚拟工作空间。

与此同时，杰克逊维尔的市民和雇员已经看到升级后所带来的益处，该解决方案也使杰克逊维尔的虚拟环境变得更为安全。邦廷称："我们的IT部门不再需要耗费大量时间来监测是否存在威胁。""VXI使我们的环境更为安全，防止受日益增多的在线威胁的影响，即大量用户同时在线。"

图 4.18

⮕ **编制一个能够连续评估风险的城市范围安全政策**

升级ICT基本设施为美国卡来罗纳州北部杰克逊维尔带来了很多利益，包括进一步防止受日益增多的在线威胁的影响。

78　智慧城市筹备指南 | 建设未来城市的规划手册

数据管理

智慧城市的数据流为智慧城市创造了巨大的机会，但是同样需要特殊的处理。公共数据是智慧城市的资产。数据需要向其他系统和利益相关方公开，包括帮助社区正确地分析环境问题。毋庸置疑，市民也希望能够访问自己的数据。这些要求都需要一项全城政策来实现。

随着技术的进步，城市数据将被不同单位通过多种应用程序获取。外部开发商能够利用数据为市民提供切实的服务。然而，主数据的误差可能会造成所有相关应用程序出错。同样地，向未授权方泄露数据会导致一连串的问题。

城市管理数据类型多样，许多公司或其他组织以此牟利。例如，"空间数据基础设施"能让市民随意使用，并添加植被和街景，如同三维模型一般。除此之外，还有兴趣点数据、天气数据。

再次强调：智慧城市最宝贵的资源正是其生成的数据。避免因未能定义全面的数据政策，而造成失误。

图 4.19

➲ **制定全城数据管理、交换和共享政策**
城市政策的制定能够简化隐私安全和模范案例的推进工作。

制定全城数据管理、公开和共享政策。 城市拟定总体规划和信息数据模型，规范数据的管理、存储和公开方式。成功的实践需要清晰的政府指令：（1）组建数据资产组织和管理团队；（2）明确决策和责任方。全城数据管理政策为所有单位和资产制定信息模型，有助于其关系的维护、属性的确定和行为的规范。

全城政策应当不仅照顾到私人数据，还应涵盖公共数据，并确保单位间能够获取交互数据。这项工作还需结合前文探讨过的安全和隐私目标。数据需要存储于安全可靠，可张弛的系统，实现图样分析和预测，该内容将在后文的"目的分析"部分深入探讨。

全城数据管理计划能够提升城市的灵活性（根据需求快速开发应用程序）和准确性（确保市民使用正确的数据）。它还能够通过避免错误和减少不必要的重复来节约成本。城市计划的制定能够简化隐私安全和模范案例的推进工作。

计算资源

要在有限的预算中,紧跟先进计算技术的步伐,是一件让城市领导进退两难的事情。但是智慧城市往往能够找到更加有效的解决办法,并且做到经济实惠。

考虑云计算框架。部署电脑的方式有很多种,但是大多数城市应当优先考虑云计算。配套齐全的计算框架能够提高效率、优化服务。

云计算就是利用远程服务网络来存储、管理和处理数据,尤其是通过网络进行操作的服务器。要注意的是,云计算能够作为第三方服务,常被称作"托管方案"或"软件即服务"(一种通过因特网提供软件的模式,用户不用再购买软件,而改用向提供商租用基于万维网的软件,来管理企业经营活动,且无须对软件进行维护,服务提供商会全权管理和维护软件),同时,城市能够使用相同架构原则作为第三方供应方创建和操作云计算。

各个单位和不同计算机系统能够通过云计算建立一个平等、共享的基础。云计算拥有以下属性:

- **身份识别服务**。统一安全的单点登录。
- **虚拟化**。应用程序的无缝移植虚拟化是指创造某个事物的虚拟版本,例如操作系统。一个服务器可以运行多个装载不同系统的"虚拟"计算机。
- **管理功能**。实现全透明管控。
- **延展性**。支持数百万数据收集点。
- **产业标准框架和应用编写语言**。

应用程序和服务存在于云端,以便于其他任何设备都可以直接获取。此外,这些应用程序和服务一般同事件触发的企业服务总线框架同步开发,已提供结构化方法与松散型耦合软件组件结合。正如在互用性目标部分提到的,这些方法使得单位间数据的共享和软件代码的再利用更加简易。

云计算的运用有以下优势:

- **发展**——降低小增量计算能力的难度。
- **力度**——减少计算服务成本,简化服务程序。
- **可靠**——若一台计算机崩溃,其他计算机可接手运行。
- **成本**——混合和匹配不同供应商的硬件,扩大选择范围,进而降低成本。同时,第三方供应商能够向城市"租赁"软件,按月缴费,极大节省前期成本。
- **先进特点**——第三方将数据上传云端后,智慧城市便能够通过下载获取,享受等同服务。供应商将服务出售给不同客户,利用赚得的资金实现技术更新。小型城市无法独自承担大量信息通信技术人员和服务器群完成应用程序的开发。

考虑云计算框架：

巴塞罗纳实现了用云、设备和APP创新方法进行城市管理的愿景

西班牙巴塞罗纳创新方法在全球享有声誉。近几年，巴塞罗纳采用了很多城市管理的技术性解决方案，因此，巴塞罗纳的城市管理处于前沿。

委员会成员微软是其进行城市管理的亲密伙伴。微软帮助巴塞罗纳发展了公民和访问者的新服务，创立并支持新技术型公司和企业家，同时，还通过云计算服务和设备降低了城市管理的成本。

2011年，巴塞罗纳开始使用Windows Azure云服务向其市民开放市政信息，市民可通过因特网轻松访问这些信息。采用公共云的主要驱动因素是能够更好地管理城市市政工作和记录保持时间收集的公共数据。

除了将数据存储在云中以供其他人分析之外，巴塞罗纳市议会还利用此次机会，通过大数据和分析解决方案来显示城市数据。从Windows Azure的可扩展性和安全特性中获益后，市议会开启了一项开放数据倡议活动，旨在使数字格式标准化并使数据分析合理化。

开启这项活动的最终目的是通过城市管理和私营部门之间的数据共享，加速经济发展。

图 4.20

⊃ **考虑云计算**

巴塞罗纳利用微软Windows Azure云平台的功能，推动巴塞罗纳的商业发展，并吸引更多的参观者。

第四章 通用目标 | 智慧城市筹备指南　81

- **建立开放型创新平台——开放型数据**

如今，开放型数据运动意味着拥有最佳机遇的城市需要通过深刻有效的方式同市民沟通。在数据"大爆炸"的今天，此举能够帮助任何有需求的人以合法的手段获取公共数据。美国总统奥巴马将开放型数据称为"政府信息的默认原则"。值得注意的是，开放型数据必须通过开放型数据代码及软件接口做到可查找、易获取和包使用，否则毫无价值。

无论您如何定义它，通过降低原始公共信息获取难度，城市职工、单位、市民和第三方雇主可以设计创新性应用程序，为城市和市民谋福利。

此类信息大多为纳税人的信息，并且运用到公共理论研究中。然而却至今无法付诸实践。（不前往政府大楼并提交书面表格，您无法创建数据应用程序。）

纽约市是2013年9月进行的开放型数据运动的领导者之一。

官员们声称，自2011年开放型数据门户开放以来，城市已有超过60家机构开放了110多项数据。这些数据总计超过8亿行，并且获得280万条回复。纽约市还宣布要在2018年之前公开所有公共数据。

当然，不止纽约一个城市这样做。如果上百种应用程序采用了开放型数据，那么全球的城市便都进入开放型数据时代。所谓的应用程序包括：

- **交通路线规划APP**。设计最优路线。
- **犯罪报告APP**。通知案发地点。
- **路况监控APP**。反映道路情况和问题。
- **地图APP**。服务应急人员。
- **定位APP**。定位自动取款机、日托中心、紧急护理中心、政府办公楼、公园、会议中心，等等。

清晰的开放数据和创新平台有助于提升公共服务质量，还能够提高政府工作质量和效率、获得新的收入来源，进而刺激经济增长。

但是，在开放数据的过程中，面临的困难不言而喻。可能会面临两大挑战：

（1）**治理和隐私问题**。当城市决定向公众开放数据时，数据的归属、控制问题、保障责任都是保护个人信息都要考虑的问题。制定开放数据政策需要在更广泛的数据管理、公开和共享政策中加以明确。

（2）**非标准数据格式**。与其花纳税人的钱在每个城市另起炉灶，不如利用开放型数据在城市间共享应用程序。这要求城市使用相同的数据模式，然而，现实并非如此。目前，美国七座城市：波士顿、芝加哥、洛杉矶、纽约、费城、旧金山和西雅图正在实行一项举措——创建一项标准化的开放数据应用程序数据库。

下一节您将看到，有意愿加入开放型数据运动的城市所能够获得的援助。

开放数据：如何开始

虽然开启开放数据倡议活动并没有捷径可走，但大多数城市还是希望通过以下三个步骤开启该活动：

组建开放数据提倡者团队。你需要一个由多个部门人员组成的团队，包括但不限于：IT、通信部门 / 媒体和包含公民在意数据在内的各个部门的管理者，例如公共安全、交通、公共健康。最重要的可能是团队领导的代表，例如：城市管理者或市长。

编制开放数据政策。首先，编制一个开放数据政策，该政策囊括在城市的广泛数据管理、透明度和共享政策中并与这些政策保持一致。其次，绘制一个开放数据路线图，路线图中包括你的目标概述、以设置的哪个数据为出发点（若你已在几个试验点进行了尝试，可进行扩展）、能够在什么地方以什么方式使用这些数据（既有城市网站上的一个新门户网站等）以及什么时候需要由什么人开展什么工作。再次，智慧城市规划师应着重强调开放软件界面和开放数据编码、实现自由可用整体界面和编码标准的优选开放界面和编码的重要性。以上这些能够实现不同系统间的技术互操作性，进而使开放数据政策发挥作用。

选择第一个项目。通常，最安全的方法是选择一个相对较小且成本较低的试点项目来获取一些经验，解决在该项目中发现的问题，然后利用获取的经验顺利开展后续的项目。你可能想要采用其他城市的成功应用项目，通过竞赛和编程马拉松来接触地方开发者社团。这些开发者知道设置哪些数据有助于该应用。另一种方法是分析公众申请最频繁的是哪种数据。

一旦城市开始公布这一数据，市民和企业会开始依赖于这些数据。依靠这些数据，市民和企业甚至可能会拥有其自己的业务和收益流。

图 4.21

➔ **建立开放革新平台**

意大利电力巨头意大利国家电力公司一直都支持开放数据活动，本着增加透明度的精神，意大利国家电力公司会公开其企业数据，支持技术创新并改善其所处的市场。委员会成员意大利国家电力公司还掌握着Flexiciency，这是欧洲人提倡的一种活动，该活动采用智能电表数据来实现最大的公开可能性。

各个城市应确保其实施的 24×7×365 开放数据能够安全地随时使用。因此，选择开放数据来反映强大信息中框成为城市的核心责任。

有用的开放数据资源。很多地方都在寻求开放数据活动的想法和灵感。

委员会的免费智能城市开放数据指南（http://smartcitiescounci l.com/resources/smart-cities-open-data-guide）是一个好的起点，我们的 APPS 平台展示了多个采用开放数据的城市应用示例。

其他有用的资源包括：

城市发展。是一个免费的网络平台，通过该平台，用户能够浏览并利用与城市和世界各地大都市区相关的公共可用城市数据。实际应用中，该平台是委员会成员美国国际商用机器公司的服务与技术慈善捐赠平台，用户通过城市、主题或来源搜索数据。

美国代码（CfA）。开展了一项利用技术和管理数据使城市更好发展的专项培训计划。CfA 研究人员开发的应用包括波士顿消防栓应用和檀香山海啸警报应用。

数据智慧城市解决方案。哈佛肯尼迪学校 ASH 中心开展的一项活动，由彭博慈善基金会支持。其特点在于市民数据的消息和趋势。

图 4.22

➲ **公开伦敦数据**

伦敦数据存储是由大伦敦市政府（GLA）于2010年建立的，其目标是"公开伦敦数据"，世界各地的城市可酌情使用这些数据。有人认为开放数据是转至高透明度的重要部分。除了那些违反私人或商业机密的信息之外，其认为用公费采集的信息应可归所有人使用。但是伦敦的成功经验表明：公开数据，通常不花费城市费用，也是为政府、商业和普通公民存储一系列有用应用的一种方式。

若想要寻找采用开放数据开展某些工作的其他国家，该解决方案是一个非常有用的资源。

数据管理。显示了致力于改进城市居民生活的城市与开发者示例。

开放数据平台。于 2015 年形成，开启了开放数据项目的后台。开始时，有 12 家以上的公司加入了该协会，包括委员会成员美国国际商用机器公司、CE 和威瑞森。

本协会成员的开放数据解决方案将采用相同的基础平台，为开展开放数据项目的城市提供大量益处。

你可能还想要访问：
- 开放数据基础
- 世界银行数据页
- 开放数据共享

建立开放式数据平台：

埃德蒙顿如何缓解人们在施工季节的不安情绪

街道施工项目对施工区域的商业、需要快速从 A 位置移动到 B 位置的公民以及必须忍受噪声的附近居民而言，是一件大事。

加拿大埃德蒙顿的温暖天气非常短，在此期间，任何指定位置的施工项目都会开工，进展中的项目也非常多。政府委员会技术顾问中心（CTG）称："埃德蒙顿有两个季节，冬天和道路施工季。埃德蒙顿通常利用一个最好的开放数据活动发布街道施工数据。"

而且，埃德蒙顿确实发生过这类事情。城市网站上以静态和交互式地图的形式公布施工项目的信息。用户可点击交互式地图上的蓝色圆点，地图上会显示该位置的项目说明。地方开发商还会采用这些信息，创建智能收集的移动应用程序。

新型工具导致 CTG 报告过的数据集使用次数持续增多。从 2012 年 4 月投入使用至今，月浏览量不断增长，超过了 1200 次，当施工季节即将结束时，即 10 月中旬，浏览量逐渐降低至 250 次以下。

图 4.23

○ **建立一个开放数据平台**

加拿大埃德蒙顿的施工季节时间短、工期紧。开放数据倡议活动帮助公民解决突发事件。

第四章　通用目标 | 智慧城市筹备指南　　85

图 4.24

➲ **创建地理信息系统（GIS）**

得克萨斯州休斯敦公共工程部的地理信息系统上线。图示为城市水务的大致分布情况。一个能够反映城市资产和定位信息的地理信息系统（GIS）对于智慧城市来说意义重大。

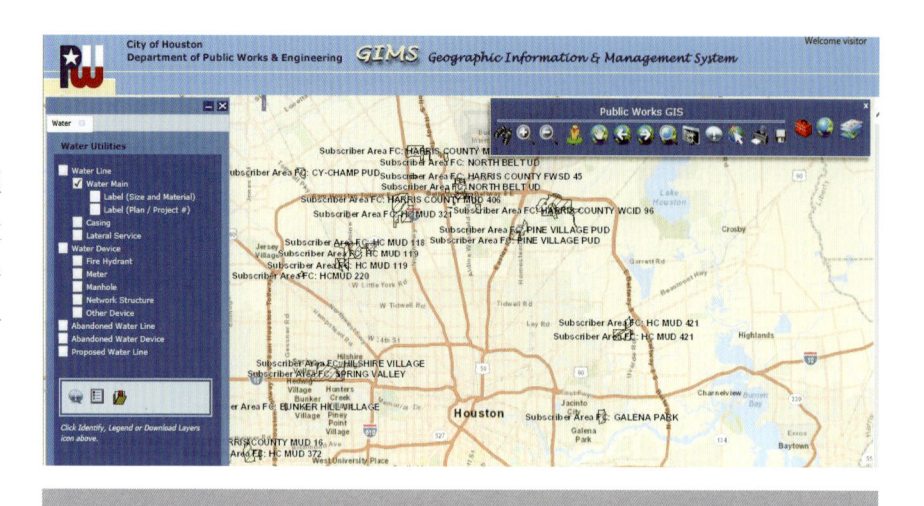

创建地理信息系统(GIS)。一个能够反映城市资产和定位信息的地理信息系统（GIS）对于智慧城市来说意义重大。大多数城市希望实行单一集中的地理信息系统，使得一个单位的数据（例如：交通）能够与其他单位共享（例如：应急救援）。一些城市联合外部组织，如事业单位或通信公司分担地理信息系统的开支。

地理信息系统能够通过地理定位（经纬度坐标）将数据联结起来，客户使用起来更加直观。例如：

将学校设施（建筑）的数据库和专门跟踪运送有害垃圾卡车的（道路）数据库结合，用以重新规划路线，避开此类敏感地带。

再如，委员会成员挪威船级社将客户调查数据应用于设备，要求用户参与其需求响应项目，将不同行政区划内的用电数据与公共服务领域所在的地理位置相结合，用以预测降低特定区域峰值用电量的可能性。

这种数据还能用于实验项目和市场调研。简而言之，地理信息系统采取不同方式将数据的利用最大化，并将结果直观地反映在地图上，以便快速制定解决方案。

地理信息系统是智慧城市专有的产物。列举地理信息技术的现实应：

- **定位犯罪数据**。保证市民公共安全。
- **定位管道、水泵、电缆和其他资产**。监控和分析水务基础设施的功效。

- **增加交通流量**。并与公众共享交通地图。
- **评估**。城内建筑和公园对环境的影响。
  地理信息系统还能给城市带来其他好处：
- **空间决策**。有效提升。
- 通过制定智能检修计划和配送路线，达成**效率增益**。
- **提高主要记录精确度**。例如：产权边界和重要资产的安放区位选择。
- 通过提升事态感知能力，增强**灵活性**。

城市内的所有事物皆可定位。在智慧城市中，定位信息可通过不计其数的系统达成各种目的。城市需要鼓励使用开放型数据，以实现不同系统间地理信息的无缝连接。开放借口和代码标准化可避免厂商锁定，多种系统可共享地理信息。大多地理信息系统实行代码开放化和接口标准化，与其他地理信息系统、多种移动设备、紧急响应系统、智能电网、传感器网、智能车辆等实现互通。

随着城市通过编码和接口实施开放数据标准，3D 城市模型、地址数据、高程数据、分区、公交线路等信息的公开给应用程序开发人员带来了层出不穷的创新机会。

图 4.25

➲ **访问综合网络和设备管理**
通过设备管理，城市可节省时间、提高安全性并便捷快速升级必要软件。

访问综合网络和设备管理。城市将有数以千计乃至数以万计的智能设备接入网络。设备总量不计其数！智慧城市（或其供应商）应建立强大的设备管理平台处理相关任务，例如：设备检测和登记、设备配置、设备连接和切断、设备安全、设备故障诊断以及设备更新和升级。这样的平台可虚拟支持任何类型的设备，其可以跨越多个通信网络。

该平台能够远程管理设备，并结合计算机辅助发挥明显优势。例如：
- **城市可节省时间**。继而优化基础设施安全、便捷地升级必要软件。
- 通过城市集中管理设备，从而减少成本。
- 降低城市数据管理、安全和隐私政策落实的难度。

第四章 通用目标 | 智慧城市筹备指南 87

目的分析

我们并不是要减弱其他手段的重要性。但事实证明，分析的确意义重大。分析需要大量的数据，再将其转化为可行性情报，进而采用多种方法提高生活和工作质量，实现可持续发展。本节我们将探讨三大目标，充分发掘分析的优点。

充分实现态势感知。全面掌握城市发展动态。

我们可以通过多种方式实现态势感知。例如：仪表监控、可视化管理、指挥控制中心以及向计算机和电话发送警报。还有一个办法就是根据所在城市的具体环境制定实际办法。

在大多数城市，对于态势感知的意识并不乐观。纵观当下能源、水务、交通、治安和应急响应领域，很多所谓的操作者都是"盲人摸象"。

他们可能知道基本的参数，但对整个系统并没有全面而细致的认识。例如：某电力公司至今尚未在电网区域内安装智能电表和其他传感技术设备。如果辖区的一家用户停

图 4.26

➲ 充分实现态势感知

为了让单位领导理解大数据如何与现实融合，进而提升态势感知，委员会成员时空透视公司（一家数据挖掘公司）在一次会议上用虚拟现实VR耳机给参会者演示了变电过程，令体验者身临其境。在演示过程中，他们可以"虚拟"检查设备，并立即采取针对性措施。使用实施可视化分析软件能够获取可行性信息，从而在更短时间内制定更明智的决策。

电了，该单位只有接到电话才能知道发生了什么。同理，若一辆公交车出了事故，只有司机打来电话，交通运营公司才能做出反应。

图 4.27

→ **实现运行优化**

智慧城市将数据和传感器、子系统结合通过运算决定最佳发展出路。

势态感知的充分实现能够带来无穷益处。以安全为例，我们都不希望警察或消防员还没弄清险情就被调派到前线。再如可靠性和灵活性，电网的工作人员可以短时间内恢复中断，而不用等着用户打来电话才做出反应。再如效率，掌握整个系统的全局特征能够更加快捷地制定出正确的决策和取舍。除此之外，可以通过移动和远程监控技术减少运营的开支、减少职工的轮班次数。

实现运行优化。一步一个阶梯，按部就班地为整个系统制定最佳决策（包括财务决策）。简单地说，就是尽力做到最好，即折中平衡实现最好的结果。如今，基础设施和系统优化的实现往往并不是以对全局的掌控为前提。然而，在未来的智慧城市中，优化需要综合传感器和子系统生成的大量数据加上运算能力来分析所有的输入数据，进而寻求最佳发展出路。

正如所见，基础设施和系统运行优化给我们带来了很多益处。

例如，能源和水务方面：

- 为提供城市整体和企业/市民个体层面实现高效的资源生产、分配、消费及报告做好准备。
- 落实资产和市民需求之间的最优平衡。
- 将理论运用到实施维护、资产调优和调试实践中。

总而言之，运行优化为城市和市民带来了实惠、绿色和更优质的生活。

实现操作优化：

内华达山脚下的一个智慧城市

卡森城是内华达州的首府。其公共事业部负责管理城市的水、废水、交通、垃圾堆、港湾、环境和可再生能源系统。为实现这一目标，公共事业部建立了一个以委员会成员施耐德电气的人员和技术能力为中心的基础设施。

卡森城已经建立了一个完整的一体化管理系统，用于控制城市水和废水系统。该解决方案还包括公共事业部太阳能发电厂的管理，每年最多提供74.8万千瓦时的清洁能源。公共事业部甚至还维持城市的交通信号灯。"我们创造了一个更加智能的卡森城。一个采用完整解决方案的城市，即在虚拟机器上用 Wonderware® 系统平台运行带有 Smart Glanc 的 Wonderware 的移动报告应用。" 卡森城市公共事业部电气与信号主管詹姆斯·杰克莱特称："该解决方案使我们的团队能够通过无线平台进行通信，包括标准和移动监测与控制通信。"

公共事业部的工程师和操作员能够利用移动设备控制水、废水、能源和运输系统，通过确保人们不断的进步，使卡森城变得更有效率。该解决方案提供了关键性能指标和关键过程信息的管理方法，并可利用移动设备即时访问这些信息。利用虚拟化技术、平板电脑和智能手机，提高了操作员的工作效率，而通过上述管理方法，致使情景意识提高、运算速度加快且工时缩短15%。

图 4.28

实现操作优化

卡森城市公共事业部官员称：利用虚拟化技术、平板电脑和智能手机，提高了操作员的工作效率，而通过上述管理方法，进一步加快了运算速度。

实现资产优化。智慧城市通过对仪器收集来的数据进行高级分析，在其所有资产中获得最大的生命周期价值。换言之，城市资产道路、电杆、变压器、水泵等均配备有能够报告其各自条件的传感器和仪表。资产管理系统能够分析这些传感器和仪表所获得的数据，从而优化资产绩效并使这些资产的生命周期价值最大化。

一个中等规模的城市随着时间的变化，通过资产优化，也能够节约数千万美元的费用。例如，城市可以根据其实际条件而不是通过猜测、平均时间表或固定时间表检修公共汽车，有时可参考"以条件为基础的"维护或"预测性"维护。

同样，不管是水泵或是桥梁，城市可以只维修真正需要维修的设备。开展上述工作延长资产的使用寿命，该使用寿命可能会超过说明书上的设计寿命，但在实际生活中，这些资产仍能够正常工作。

良好的资产管理系统还可以确定资产的"危急程度"，使城市能够准确地优先考虑需要首先注意哪个资产，因为如果该资产发生故障会影响整个系统。

开展预测分析。如上所述，智慧城市将各个数据块整合到一起，实时分析发生了什么并作出可运行的决定。但数据价值不会止步于此。通过预测分析，城市能够大致了解即将发生什么，即从什么位置最有可能发生犯罪、什么位置的街灯会发生故障以及什么位置可能会出现早上班高峰。

通过预测分析，你可以揭开在其他方面可能未尽快发现的模式和关联。例如，学校可能会利用预测分析来确认辍学率的模式，哪些学生存在辍学风险以及哪些维持策略可有效缓解辍学风险。

以下为另一个示例：美国能源部太平洋西北国家实验室的数据科学家（委员会成员），已创建了一个社交媒体分析工具，该工具能够在几秒内分析数以亿计的推文和其他社交媒体信息。该工具旨在发现模式并使数据变得有意义，最终分析能够提高公共安全和健康的表面有用信息。由于社会动荡方面的社交媒体信息数量不断增多，可尽早提供警告，帮助当局保护市民免受暴动或其他动乱干扰。

图 4.29

➲ **开展预测分析**

城市可从由预测分析收集的数据中获得很多信息，利用这些信息能够预测接下来有可能会发生什么。

第四章　通用目标｜智慧城市筹备指南

通用目标

推进因素	一般目标 智慧城市怎样配置和使用ICT来提高宜居性、可使用性和可持续性	实施进度			
		无	部分	逾半	全部
仪表及管控	安装理想仪表	☐	☐	☐	☐
连通性	连接设备与全城综合服务通信设备系统	☐	☐	☐	☐
互用性	坚持开放标准 使用开放集成架构和松耦合接口 优先采用已有投资	☐ ☐ ☐	☐ ☐ ☐	☐ ☐ ☐	☐ ☐ ☐
安全与隐私	指定隐私法规 创建安全框架 保障网络安全	☐ ☐ ☐	☐ ☐ ☐	☐ ☐ ☐	☐ ☐ ☐
数据管理	制定全城数据管理、公开和共享政策	☐	☐	☐	☐
计算资源	考虑云计算框架 使用开放创新平台 创建中央地理信息系统（GIS） 实施综合网络和设备管理	☐ ☐ ☐ ☐	☐ ☐ ☐ ☐	☐ ☐ ☐ ☐	☐ ☐ ☐ ☐
目的分析	充分实现态势感知 实现运行优化 实现资产优化 实施预测分析	☐ ☐ ☐ ☐	☐ ☐ ☐ ☐	☐ ☐ ☐ ☐	☐ ☐ ☐ ☐

图 4.30

其他资源

目标：使用开放式集成架构
阿肯色州集成了30个系统以提供更好的社会和医疗保健服务利用委员会成员美国国际商用机器公司的先进技术，阿肯色州民政部采用以服务为导向的架构，整合了30个不同的系统，这是迈向以现代化方式提供服务的第一步。

目的：增强可使用性
布宜诺斯艾利斯开展了支持投资者、创造就业机会的活动，布宜诺斯艾利斯官员组建了一个专门从事于商业的部门，并与微软合伙人Accendo合作，部署了一个自定义解决方案，帮助简化流程、缩短项目所需时间65%以上，从而满足正规要求。

目标：考虑云计算
云计算如何使韩国港口城市的经济多样化。釜山是韩国第二大城市，也是世界上第五大集装箱装卸港口。其转向委员会成员思科来开发云基平台，用于刺激革新、经济增长和现代人力资源。

目标：实现操作优化
夏洛特市利用事件允许解决方案促进旅游业计划过程。随着大型会议的召开，北卡罗来纳州夏洛特市知道，是时候该更换其事件允许的手动程序了。夏洛特市从委员会成员微软处选择了一个云基解决方案，该解决方案使事件请求、工作流程及类似工作自动化。

目标：实现资产优化
波士顿试着采用资产管理平台，使街灯始终处于亮起状态。利用美国国际商用机器公司的Maximo解决方案，波士顿公共事业部尝试采用具有预测分析能力的资产管理平台，从而更好地协调维修并维护城市中的6万盏街灯。

目的：改变人们与政府的关系
城市利用IT解决方案和计划支持政府、市民和青少年。
通过MicrosoftCityNext倡议，布宜诺斯艾利斯正在开发一项使当地政府现代化、改善信息访问和以人为本的服务、允许青少年构建一个美好未来的计划。本视频会详细解读该项计划的实施方式。

目标：开展预测分析
什么是预测数据科学？预测数据科学是将革新数据资源和现有分析方法整合在一起而提供的更深层的见解。通过该视频，加深对委员会成员TROVE的了解。

第四章　通用目标 | 智慧城市筹备指南　　93

第五章
建成环境

建成环境是城市智慧转型的重要环节和攻坚难题。根据世界可持续发展工商理事会公布的数据显示，建筑是碳排放的最主要来源，占世界碳排放量总量的 40% 左右。建筑还是耗能量最大的产业，消耗美国近一半的能源。致力于打造让市民安居乐业，实现可持续发展的城市必须提高建成环境的智慧程度。

本章将为城市领导者和规划师提供一些工具，布置解决方案中的构建环境部分。首先需要定义术语并对建筑物如何与信息和通信技术（ICT）相互作用进行说明。然后，说明智能建筑物为城市创造利益的方式。最后，列出使城市实现这些利益的技术目标。在此期间，我们会占用一定的时间来研究世界各国的简短案例。

关键定义

术语"建成环境"包含了所有人为基础设施。当然，这些基础设施不仅是指建筑物，还包括公园、体育馆和公共空间。但是，由于对以下构建的环境方面——街道、能源基础设施和水基础设施进行了分章说明，因此，此处不做重点说明。

从民宅到办公室、工厂、商店、学校、旅店、餐馆和剧院，建筑物是每个城市的凸显部分。

"智能建筑物"是 ICT 允许结构的常用缩写。智能建筑物采用传感器、仪表、系统和软件来监测并控制各种建筑物的功能——照明、能源、水、HVAC、通信、视频监测、入侵检测、电梯监控以及消防安全。

为什么要使建筑物更加智能呢？从 2013 年 6 月全球可持续发展角度而言，房地产开发商仲量联行称："智能建筑物的先进技术使建筑物能源效率进入一个新时期成为可能、先进技术能够减少碳排放量并使建筑物所有者的投资在一两年内获得收益。目前，我们可以对建筑物的整个投资组合进行实时远程监测和控制，从而动态提高建筑物性能并节约能源。"

图 5.1

○ **建成环境包含所有人为基础设施**

智能建筑物采用传感器、仪表、系统和软件来监测并控制各种建筑物的功能——照明、能源、水、HVAC、通信、视频监测、入侵检测、电梯监控以及消防安全。

实现操作优化：

阳光生活（SUNLIFE）体育场利用数据分析服务与球迷互动

各地的运动俱乐部利用大屏 HDTV、各种方式的移动设备以及其他场馆广播游戏博得球迷的注意。因此，佛罗里达的阳光生活体育场迈阿密海豚队之家的官员认为为球迷制造比赛当天体验的方法会更好。他们决定借用一些智慧城市的技术。

"借用这些技术的目标是通过减少摩擦点来节约球迷的时间，在金融方面，能够实现更为高效招商引资，即减少提高票价的需求并提供未来投资的资源，"首席税收干事吉姆·拉什顿说，"这是对以新方式进行商业活动的一种明确授权。"阳光生活体育场选定了一种解决方案，即利用数据分析服务来长线条优化经营和交通流量这是拉什顿提到的"摩擦点"之一。

与智慧城市委员会成员美国国际商用机器公司一起，利用美国国际商用机器公司智能运行中心实时提供体育场销售点系统、验票闸门、大门处扫描设备、天气提要和其他来源的数据。体育场指挥中心会将所有数据源整合到常用控制室的控制台中。实时监控与商业规则和智能控制的组合，能够使体育场官员优化经营和交通流量。

图 5.2

实现运行优化

阳光生活体育场的官员采用智慧城市技术来优化经营和交通流量。在其他许多利益之间，大大减少了所有工作。

城市建设连接

在大部分城市，建筑环境是一项修补私有及城市公共建筑。但是即使是城市政府仅拥有很小部分的建筑，该政府仍可对管辖区内的所有建筑掌握很大的决定权。例如，它可以：

以身作则。并确保自有的建筑符合本章所述的目标，从而在公共建筑中发挥信息通信技术的力量。

制定并执行。展现出所需变化的准则和标准。

为业主建立激励机制。使他们的建筑变得智能。

通过公众意识和宣传活动教育居民。通过网络、电话或本人亲自提供建议并接触培训的员工来**提供支持与指导**。当然，城市对建筑环境进行推动变革的方法各有不同，但是追求智慧城市议程的领导会将智能建筑作为一项行动项目。

因此哪些技术与最佳实践目标实现了更智能的建筑环境？本章将探讨概述章节中介绍的目标如何应用于建筑环境的目标。但首先，需要快速浏览建筑环境之间的依赖性以及智能建筑环境所产生的益处。

建筑环境之间的依赖性

需要在理解对于其他城市系统和服务的依赖性的前提下，规划建筑环境的提高。为简单起见，如果我们将我们的依赖性清单限定在三个其他系统范围内，这样就很容易发现建筑物依赖能源、通信和供水系统的服务。

这种连接相当直接。类似的商业、工业与住宅建筑系统均需要电力和/或天然气。未来很多行业会添加电动车辆充电站，这正是一些城市需要考虑的一项问题。建筑居住者需要饮用水并去除废水。而且对于商业、工业及居民来说，目前仍需要进行可靠的沟通。

实现目标的效益

此处说明了一些智能建筑环境可以提高宜居性、宜业性与可持续性。

宜居性

改善居住舒适性。如果具有详细的态势感知并优化了建筑条件，智能建筑可根据每个区域或根据每个个人调整照明、供热与制冷。因为大多数人的全部时间几乎都在室内，因此改善这一环境就可提高他们的舒适度。

提高居住者安全系数。信息通信技术可以通过门禁卡、监控录像、火警与浓烟警报以及相同的手段大幅提高安全性。详细的态势感知意味着建筑运营商可以全面了解他们的建筑及其周围的环境，并且能够及时对事件及威胁做出响应，同时优化日常建筑管理。在某些情况下，这些系统甚至可以远程自动纠正问题。

提高居民卫生。室内空气比室外空气更容易受到污染。智能建筑可监控空气状况以便确保居住者不会接触高浓度的二氧化碳、氡、化学物或其他潜在健康有害物质。

提高居民舒适度：

住房的未来将如何发展？公用事业单位转向采取众包形式以便广征意见

2040 年的住宅将会是什么样？它们应该是什么样？

委员会成员意大利国家电力公司，一家具有前瞻思维的意大利公共事业单位借助于群众的智慧去发现真正可以在现在对未来房屋产生影响的转换思维。

通过其在巴西的附属公司 Ampla，该单位启动了一个众包平台，该平台有助于分享和选择建筑更高效、智能及可持续住房的理念。

意大利国家电力公司为称作 NO.V.A. 的住房征求意见。NO.V.A. 是巴西葡萄牙语的简称，意思是"我们正居住在明天"。关于住房的所有理念来自全世界。该住房会建在尼泰罗伊，横跨里约热内卢海湾。至于如何设计以及应采用何种特色风格将部分采用通过一特定网站提交的观点来制定决策。

当环境影响和能源保护成为重要考虑事项时，他们并不是唯一需要考虑的问题。除了绿色建筑及设计理念，设计房屋的团队还在设法寻求提高可能居住在这些住房中人员的生活质量。现在也为提高城市流动性、健康的生活方式及社会联系提供了一系列建议。

一旦完成，大众设计的房子将成为可研究能源效率以及科技对日常生活影响的一个重大研究实验室。

图 5.3

◉ **提高居民舒适度**

众包方式工作背后的理念在于使人们想到房屋如何能最大限度适应人们真正的居住方式，而不仅仅是通常建筑房屋的方式。

提供便利及"远程控制"功能。谁曾放弃度假仅仅是因为不确定自己是否激活防盗报警器？由于信息与通信技术的进步，远程控制功能可以使用电脑、平板电脑或智能手机实现远程监控和控制安全与能源系统。

宜业性

降低企业的公共设施费用。智能建筑节约了电力、水、汽油并减少了废物，为业主和居住者提供了有竞争力的优势。

提供员工满意度。谁不想在最先进的建筑中工作，建筑中空气清新、可自动感受大自然，同时安全性很高？位于智能建筑中的企业对于潜在的员工来说更具吸引力，这种建筑使企业角逐成为环境最佳和最明亮的企业。

可持续性

建筑环境可对于减少排放物以及降低资源产生巨大影响。毫不夸张地说，不使用智能科技就无法实现可持续性的目标从而改善建筑环境。相关的示例包括：

图 5.4

➲ 提供远程控制功能

本章探讨的很多智能建筑技术适用于商业与工业建筑。但是，同样种类的电力也日益适用于住宅楼。例如，委员会成员微软公司最近与家庭自动化与控制公司ＩＮＳＴＥ ＯＮ共同合作开发出了适用于Windows8.1与WindowsPhone8设备的互联家庭应用程序，用户可通过无线摄像机远程监控并控制他们的家。

减少水资源与能源的浪费:

夏洛特区的设想：将人类与信息和洞察力连接起来

构建更智能、更加可持续发展的城市需要获得公众、个人与公民利益相关者的支持。夏洛特区的设想正描绘了这一新的进程。通过采取整体的综合方法，使这些不同的团体参与其中并证实持续变化的各项优势，包括环境与经济优势，这项举措已经汇集了具有共同愿景及动力的公共及私人相关团体。

这一知名的计划将叫做"市中心"的市中心转变为创新技术解决方案的孵化器。各个方案的目标均不小：能源和水资源的使用效率、减少废物、绿色建筑和场地规划以及一些涉及的企业与市民。

智能城市理事会成员埃创公司正向新的智能水资源项目提供其公司的专业知识，其中会将信息聚集成代表总体使用情况的单个数字，然后调动人们的意识与行为变化来减少使用量。结果会降低操作成本、提高可持续性、使居住者加入进来，且有助于实现在"市中心"工作以及居住的整体价值主张。

意识与知识是可持续性及转变的主要内容。但是信息到达真正需要人员处的最好方法是什么？测量技术，像是埃创的智能仪表和通信设备对实时数据提供了前所未有的了解。通过直观的方式表现数据，趋势分析、根据该领域内其他建筑制定的标准，或与诸如天气的其他数据相关联，项目参与者能够更好地评估他们如何能够更智能地建筑、运营与生活。

图 5.5

减少水资源与能源浪费

中心城市的建筑设计帮助参与者看见他们日常商业与私人活动之间更加直接的连接，以及能源与水资源适用的影响。

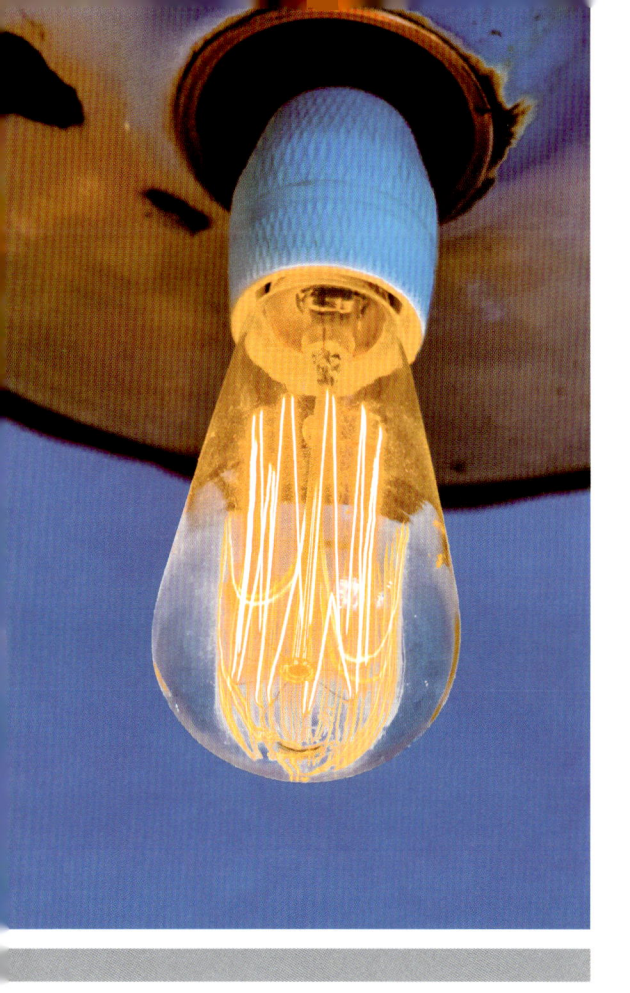

图 5.6

➲ **可持续发展的优势**

大多数建筑可减少10%到30%的能源浪费。

减少能源浪费。大多数建筑仅需通过安装智能建筑管理系统来管理诸如传感器、调光器和智能恒温器等设备，就可节约10%到30%的能源。智能建筑还可通过很多其他的方式来降低总成本。例如，安装有智能仪表或智能恒温器的建筑可加入公共事业单位需求的响应项目。通过在高峰时段稍微降低一些使用量就可使公共事业单位使用越来越少的昂贵备用发电装置。（详细信息参见能源章节）

减少水浪费。信息与通信技术以相同的方式帮助智能建筑节约能源的同时也节约了水源。优化操作有助于智能建筑以精准的效率管理水资源，从而减少浪费，同时降低业主与住户的支付成本。有时仅仅需要制定更好的时间安排。例如，在电价较低时安排在晚上进行抽水与灌溉。

减少碳排放。智能建筑使用更少的能源及水源这一点很重要，因为抽送与处理水源需要大量的能源。因此，在智慧城市中，碳与其他温室气体的排放量应更少。

减少修理工作的频率及费用。当今的建筑管理系统可从最初使用就对关键设备进行检测以发现相关问题，或者，在一些情况下可在问题发生之前进行提前预测。他们可以对工作按照优先顺序进行排列，使维修队优先处理最紧急的问题。而且因为他们能够保持设备始终良好运转，这样就能使其以最大效率进行操作。

实现分布式发电。信息与通信技术不仅可以减少能源浪费，还可以帮助建筑物通过使用本地的太阳能板、风力涡轮机、燃料电池和此类设备进行自主发电。分布式发电不会完全取代发电厂。但是它可以与能源储备和需求响应共同发挥作用，从而减少最高峰时段所需发电厂的数量。（最高峰时段发电厂仅在电力需求量较高的时候运行，在其他时段不运行。并且由于大部分更最高峰发电厂使用矿物燃料运转，因此避免使用可产生减少排放物的益处。）分布式发电也可帮助减少与远距离传送能源相关的环境成本，这一点对于发展中国家的偏远山村尤其重要。

为建筑业主提供投资回报率。智能建筑对于建筑业主来说是一项获利项目。优化操作既能节约成本又可提高每平方英尺的收益。

"智能编码"有助于西非国家提高宜居性

利伯维尔是加蓬的首都，加蓬是西非中一个发展迅猛的国家。最近人口增加到了近 100 万，已经超过了城市适应变化的能力，并且在未产生综合城市规划的情况下大范围出现人口问题。因此，利伯维尔正遭受着无计划的土地使用和不协调的发展。

政府已经在加蓬引进了"智能编码"，并将其用作利伯维尔城市土地开发的主要基础。智能编码为无法进行传统分区的弹性机制提供了框架，使得能够将新理念整合到土地规划以及交通和水源公共单位的智能技术中。

委员会成员贝克特尔公司正在与加蓬政府合作，共同推出几项发展计划，旨在解决与住宅和提高利伯维尔建筑环境有关的紧迫问题。

根据当地文化进行调整并与最新商业服务相互整合的高品质基础设施会显著提高城市生活质量。其中特别关注提高欠发达周边地区，即综合社区，并具有实现更好的住房、交通、水源及卫生系统服务。

图 5.7

➲ **提高宜居性**

高品质的基础设施将提高利伯维尔的生活质量，其中几个发展项目预计会帮助适应西非城市的快速发展情况。

建成环境目标

对于这一点，我们已经定义了建成环境，探讨过城市如何影响他们的建筑，还介绍了智慧建筑的优势。我们将通过检测技术和学习模范城市来助力本市发展。

通过第四章"通用目标"的阅读，您基本上已经对整个城市的目标有了大致的了解。当谈及建成环境，上述的通用目标已经包括在内，不需要其他额外的建筑目标。

为了方便起见，在本章节的最后提供通用目标的"检验清单"。接下来，我们将根据建成环境的具体内容对清单稍作改进。

仪表与管控

采用智能仪表来监控的建筑，如水的用量和温度的变化，可以获取所需数据，以供管理方制定出资源管理的正确决策。

理想仪表的应用。当安装了建筑的理想仪表时，你的生活将开始有所改观。

首先，不要认为建筑仪表仅仅指智能仪表。你可以远程监控几乎所有的建筑情况，包括居住人口、光亮程度、空气质量、温度等。

其次，你将能够分得清传统建筑和新型建筑。在传统建筑中，你希望能够充分利用已有的传感器或开关。幸运的是，有些公司已经开始开发"可对话很多不同制造商传统设备"的软件。往往开发一个新"监督"软件要比置换旧仪表便宜得多。

而对于新型建筑，您还将发现：在新型建筑中安装最先进的仪表要比在传统建筑中进行改造更加划算。因此，在制定城市建筑法规和鼓励措施时，需对新型建筑制定更高的标准。

该领域需要全局的思考、各部门间的合作以及外部利益相关方间的合作。

图 5.8

➲ **理想仪表的应用**

对于建筑管理方来说，他们可以使用从智能设备中获取的数据，制定更合理的资源利用政策。

使用最佳的仪器设备：

为费城海军造船厂的智能电网的未来发展创造条件

纵观当今费城的海军工厂，很难想象这一占地1200英亩且富有活力的多功能园区会成为国家首个海军造船厂，在这里曾建造了很多历史上著名的舰船，海军一些最重大的技术进步也在这里得以实现。但是在20世纪90年代时，转移的要求使得现场几乎所有的海军行动暂时终止，这时费城领导人看到了一个将船厂所有权变为重建展示品以便吸引商业与工作的机遇。

而且他们也确实这么做了。现在，海军造船厂已经成为工业/制造部门和研发部门中1.1万多名员工和145家公司的基地。这也充分证明了能源创新成果符合迈克尔·纳特市长对于费城是美国绿化程度最高城市的愿景。

理事会成员阿尔斯通电网公司在实现这一愿景中发挥了关键性的作用。最近的例子是：2015年6月，阿尔斯通公司和宾夕法尼亚州立大学合作发起了一项卓越微型电网中心，这一全新的机构将会促进微型电网技术发展作为海军造船厂现代化电网项目的一部分。如因极端天气或其他异常事件导致电力中断，园区将能够通过主网进行独立运转。值得注意的是其根源设施，海军造船厂电网将用作各个公司的试验场，在可行的商业环境下试验进行能源控制装置及其他新技术。

图 5.9

◐ 使用理想仪器设备

阿尔斯通公司会将能源管理与变电站综合自动化技术结合在一起，包括先进系统与控制器，以便用于海军工厂微型电网中。

使用理想仪器设备：

用于麦加钟楼酒店公寓的一站式计费解决方案

麦加钟楼酒店，位于沙特阿拉伯的麦加省，是世界上最大的钟楼，同时也是世界上第二高的建筑。这个建筑有76层，高达577米。该建筑是集酒店、购物中心、美食广场与豪华公寓于一身的大型综合建筑。

钟楼豪华公寓的业主们希望承包商制定一项解决方案，使得5000家的商户均能根据水电使用情况单独缴费。这意味着需要找到一家可提供能够测量水、制冷设备与电使用情况的仪器供应商。另一个挑战是能够远程读取每个仪器中的数字。

承包商选择委员会成员声派尔计量技术公司，该公司提供了一项可满足所有要求的特有产品系列。其中第一种声派尔量表可测量5000家单位的水使用值，第二种量表可测量制冷设备的使用情况，第三种设备则可用于测量电力使用情况。

声派尔公司还配备了自动抄表(AMR)软件，可以远程获取读数。

声派尔公司解决方案的最后一部分是计费软件，该软件能够根据实际使用情况对5000家商户收费。

图 5.10

➡ **使用最佳仪器设备**

麦加钟楼酒店豪华公寓的业主可以准确向5000家商户收取水、电和制冷设备实际使用的费用。

图 5.11

⊃ **全城综合服务通信设备**

许多有超前意识的建筑商会选择单一的"综合"IP网络，可以搭载所有交通、气象数据、音频或者视频。

如案例所示，电力公司遵循通信协议，安装智能电表、恒温器和电器。同样，消防部门也需要安装火情报警和烟雾探测装置。这些都表明，城市的建设意见都应与法规的实施兼容。

连通性

一旦在建筑里部署智能传感器和系统，下一步就是要让其连通起来，交换信息。

全城综合服务通信设备。一些情况下，建筑的传感器和系统可直接与全城通信系统交换数据。例如，智能电表或智能温控器可以直接"对话"电力单位。类似地，一些单位直接连通建筑里的负载控制开关，一旦电压过高，即可关闭设备。（由单位补偿业主。）

在大多数情况下，建筑的传感器是与其管理系统进行内部联系的。然后，由软件监控和汇总内部数据，并在业主的授权下共享。

对于新型建筑，甚至于传统建筑，许多有前意识的建筑商会选择单一的"综合"IP网络，可以搭载所有交通、气象数据、音频或者视频。

互用性

互用性目标是为了保证你的城市的建成环境与其他城市能够和谐共存。三个互用性通用目标中，有两个需要加以额外讨论。

坚持开放标准。建筑技术必须坚持遵循和其他城市目标统一的通信标准——即使当建筑业成为城市智慧转型的一大障碍。同时，其必须满足针对建成环境的特定标准。

当涉及建筑与城市其他部分的沟通，您可以参考"通信"章节，尤其是《互联网协议》（IPv6）中的标准。然而，当涉及设备和建筑内的通信，往往面临太多选择。

建筑业已经逐渐采用了开放型标准。在类似于"建筑内部通信"领域，有若干相互牵制的"标准"，例如 BACnet（楼宇自控网，一项用于智能建筑，为嵌入式系统实现楼宇自动化和控制络的专门协议）和 LonWorks（局部操作网络，一种以工厂内的测量和控制机器间的数字通信为主的网络）。

坚持开放标准：

德国城市统一建筑管理并削减能源使用

德国不来梅市计划将1200多个市政财产统一在一个开放式的建筑管理系统（BMS）下，从而提高能源系统的效率并降低能源消耗。

所面临的挑战是穿过城市的六个控制站运行着许多专有建筑控制系统。在分析选项之后，基于智慧城市委员会成员施耐德电气的Wonderware®解决方案，城市物业服务公司选定了与厂商无关的BMS。

此方法允许城市将各种遗留系统合并为单一操作界面。

现在，在任何地点工作的区域主管都能登录系统，并对不来梅市的所有建筑物进行实时故障诊断。Wonderware InTouch®也向单个工作站发送预警，因此操作员能迅速采取正确措施，主管也能看到操作员的行动。建筑物中的能源消耗下降了15%到18%。

图5.12

➲ **坚持开放标准**

选择一个与厂商无关的建筑管理系统，德国不来梅市能够将各种遗留建筑管理系统合并为单一操作界面。

总之，你将需要：（1）专家的帮助以做出正确选择；（2）无论供给了什么样的诱惑去使用相反的专用系统，始终持以开放、坚定的决心。

我们先前提到了一组城市如何在开放数据应用上合作。参加ICT标准化组织也会使城市受益，如万维网联盟（W3C）、开放地理空间联盟（OGC）和建筑智能国际。其成本最低，且投资回报率（ROI）较高。建筑信息模型（BIM）、室内安装、户内/户外信息集成等标准的发展几乎没有城市投入。如果城市不表达它们的互用性要求，不能保证它们得到需要的事物。城市要对标准的发展灵活些，因此它们能知道采购文件要求哪些标准。

优先考虑遗留投资的使用。它可以重复。在用新装置改造建筑前，城市和建筑物业主应尽一切可能接入现有装置和设备。旧装置通常可以与建筑管理系统结合，从而避免不必要的更换。在可能的情况下使用现有设备是获得最大投资价值的明智方法。

示例请见此章节末链接的《88英亩——微软怎样默默建立未来城市》，该研究解释了微软在华盛顿州雷德蒙德市的园区大量生产智能建筑时的杠杆遗产投资方式。

安全与隐私

在三个通用的安全和隐私目标中，一个需要额外讨论。

发布隐私规则。记住来自非常敏感的建筑物的信息很重要。考虑感应传感器，能够揭示高价值商品何时无人守卫。或者考虑是否应该共享能源使用以有助于城市分析能源效率目标？或者考虑使用视频监控的公共建筑，以记录各种事情。在何种情况下何人能够查看视频？总之，计划全市隐私政策时，确保考虑到城市的建筑环境。

数据管理

我们的通用数据管理目标值得强调建筑环境。

创造并坚持全市的数据管理、公开和共享政策。从建筑物收集的信息对城市目标非常宝贵，如能源效率、碳排放量减少、经济发展、交通规划和土地使用规划。建筑环境方案坚持仔细的数据架构很重要，这样信息能够根据需要无缝流动。

计算资源

地方政府通常负责许多建筑物从监狱到公共游泳池、到污水处理设施、到公交车库和自身市政厅的一切事务。此部分的四个通用目标中，有两个值得强调。

考虑云计算框架。几年前，只有最大的建筑物才愿意购买最好的建筑管理系统。到近期，也只有少数大业主能够负担起系统费用，以审查建筑物在不同街区甚至是不同城市的整体组合。

考虑云计算框架：

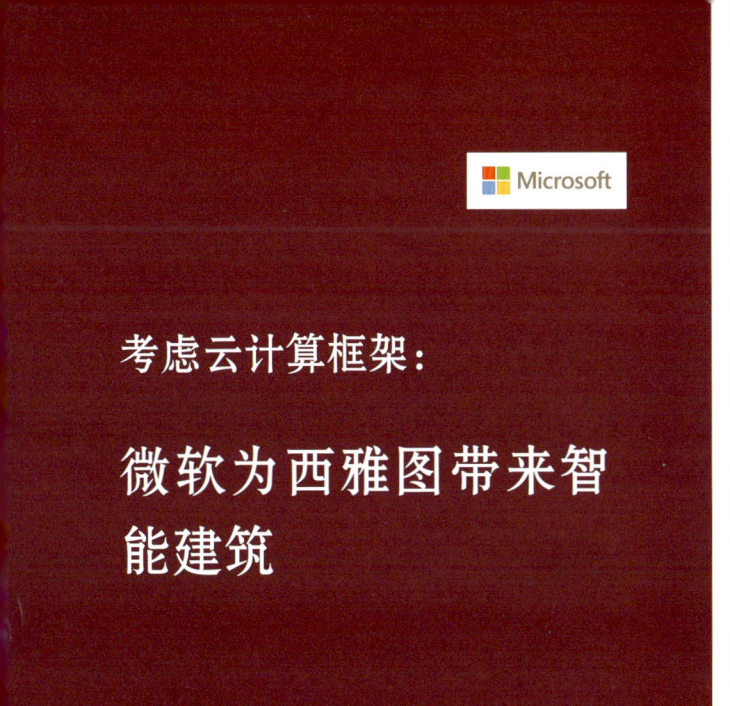

微软为西雅图带来智能建筑

节约能源并发展可持续城市环境的同时，华盛顿州西雅图的目标是更好地理解为城市创造经济机会的方式。

理事会成员微软公司与西雅图市政府经济发展办公室合作，共同开发一种根据城市规模提高能源效率的方法。因此市中心的智能建筑试点受到了雷德蒙德微软工业园区实施的建筑试点启发。该试点使用大数据来提供预期的每年 10% 的能源节约。根据预期，这些节约将被西雅图试点的能源和维护节约超出 10% 到 25%。

与西雅图及其公用单位西雅图电力公司合作，微软公司已加入西雅图 2030 区域，一个西雅图市中心业主和管理者的公私合作组织，该组织制定了到 2030 年降低 50% 能源使用的目标。

试点会提高横穿西雅图市中心的大型商业建筑的能源效率；建筑的初始设置总量大约为 200 万平方英尺。这是独特建筑用途的组合，从西雅图市政大厦和喜来登酒店到波音工厂和华盛顿大学医学院研究大楼。

基于微软 Azure 云技术的云解决方案将从这些建筑物的无数系统中收集数据，并使用数据分析，为如何调整建筑管理系统以提高能源效率制定规定性方法。

图 5.13

➲ **考虑云计算框架**

由于云计算的出现，相比于几年前，现在更能负担得起并广泛使用监控和控制能源使用的建筑管理系统。

如今，多亏了云计算，这些先进的功能才能够被广泛运用。云计算的产生带来了：
- 大功率电脑
- 先进软件
- 专业团队
- 全天候人工监控
- 冗余备份
- 精密安保、网络安全和人身安全

代替冗杂的数据处理中心和配备的专家，如今的城市可以通过云端租赁所有其所需的硬件和软件。

创建地理信息系统 (GIS)。强大的地理信息系统（GIS）对许多涉及建筑的城市功能来说都具有极大价值，包括维修、公共事务、公园、建筑法规、规划等。在地图上，您所能获取到的信息更加全面。

目的分析

以下我们将探讨如何将四大通用目的分析应用到建成环境中。

充分实现态势感知。对于建成环境来说，事态感知有两方面含义。一方面，个体建筑的意识（或者建筑群）。现今的系统能够监控和演示每项重要参数。它们甚至可以在运行出错时，自动提醒操作员。建筑管理方可以快速发现问题所在，进而调度资源，恢复功能。另一方面，在某些情况下，问题的发现和处理已实现自动化，甚至可预测，所以可在造成损失前解决问题。

实现运行优化。智慧建筑的终极目标是尽可能地让所有环节运行得高效、流畅。智慧建筑采用分析确保建筑资源的有效利用。通过分析，建筑能够优化自身条件，保证质量、产值和居民的生活舒适度。

实现运行优化。先进的资产管理软件能够计算出何种建筑在何时进行替换和修整。

实现预测分析。意外的设备故障会造成维护预算紧张；设备故障还会引发停工的可能。预测维护可通过分析来预测哪里的建筑设备接近损坏，需要在此之前置换或维修。

图 5.14

◯ 实现运行优化

智慧建筑采用分析确保建筑资源的有效利用。

实现运行优化：

智能控制系统为废弃建筑带来新的生机

意大利莫利塞的长期废弃建筑的阶段式"干预"已设计达到目前的能效标准，并重新赋予了使用期限。

为此，委员会成员 ABB 公司提供了一个基于国际 KNX 标准的建筑物自动化系统，其功能包括：

- 基于不同设置下的人员存在和自然光水平调整照明亮度。
- 基于不同设置、窗口和日光照射下的人调整空调温度。
- 通过个人电脑和门房安装的触控面板来控制管理。系统管理户内和户外照明、灯控感应、空调、遮阳篷等。也可以通过个人电脑预定开关时间，例如户外照明和走廊照明。

仅是照明系统，预计节电 50—60 瓦时，相当于节约了大约 1 万 欧元（大概为 1.3 万美元）。

图 5.15

实现运行优化

意大利莫利塞的长期废弃建筑作为符合能效要求的智能控制系统试验场。

ISO 37120：城市表现衡量标准

2014 年，国际标准化组织公布了严格适用于城市表现的 ISO 标准。此文件被称为 ISO 37120:2014，确立了一系列开放数据指标，用于衡量城市服务和生活质量。它定义了城市衡量其表现所使用的常用方法，涉及领域包括能源、环境、金融、应急响应、治理、健康、娱乐、安全、固体废物、通信、交通、城市规划、废水、水、卫生等。

在右侧的图表中，我们指出避难所和城市规划的相关标准与下一页确定的委员会建成环境目标交叉的方式。

适当的城市规划和投资很重要，至少会阻止贫民和无家可归的人口占据城市资源，或阻止将许多人设想的光明"未来城市"带入黑暗、反乌托邦的城市景观。

避难所指标

			创造全市数据管理政策	使用中心 GIS	继续预测分析
核心	15.1	居民人均总电能使用（千瓦时/年）	■	■	
次要	15.2	客户每年电气间断平均数	■	■	
	15.3	电气间断平均长度（小时）	■		
核心	19.1	每 10 万 人口绿地面积（公顷）	■	■	
次要	19.2	每 10 万 人口年均植树量	■		
	19.3	非正式定居点实际尺寸占城市区域的百分比	■	■	
	19.4	工作/住房比率	■	■	■

图 5.16

建成环境目标

推进因素		如何部署和利用信息通信技术（ICT），提升建成环境	实施进度			
			无	部分	逾半	全部
技术	仪表与管控	安装理想仪表	☐	☐	☐	☐
	连通性	连接设备与全城综合服务通信设备系统	☐	☐	☐	☐
	互用性	坚持开放标准。采用开放型集成架构和松散型耦合接口优先采用已有投资	☐	☐	☐	☐
	安全与隐私	指定隐私法规 创建安全框架 保障网络安全	☐	☐	☐	☐
	数据管理	制定全城数据管理、公开和共享政策	☐	☐	☐	☐
	计算资源	考虑云计算框架 使用开放创新平台 创建中央地理信息系统（GIS） 实施综合网络和设备管理	☐	☐	☐	☐
	目的分析					

图 5.17

附加资源

目标：优先考虑遗留投资的使用

88英亩——微软怎样默默建立未来城市

为了实现能源节约和其他效率收益，曾有方案提议公司花费6000万美元将500英亩的总部变成智能园区，但微软的工程师团队放弃了该方案。相反，利用"物联网满足大数据"的方法，他们制定了一项数据驱动软件解决方案，为微软节约了数百万美元。现在微软与其合作伙伴正在帮助世界上的房屋管理员部署同样的解决方案。

目标：实现运行优化

教室传感器减少了生病儿童数量并减少成本

在150多个加利福尼亚州教室中分析通风率两年多，劳伦斯伯克利国家实验室的研究人员发现，达到国家要求标准的比率能够减少大约3.4%的学生缺勤率。改善通风设备减少了学生吸入二氧化碳量。

目标：实现资产优化

建筑生命周期成本工具有助于比较替代设计

美国国家标准协会（NIST）开发了建筑生命周期成本（BLCC）项目，该项目为建筑资本投资分析提供了计算支持。该软件能评估联邦、州和地方政府项目的新建和现有建筑物。

目标：使用开放创新平台

电动汽车充电的电力供给

开发特拉斯ModelS电动汽车时，特拉斯公司启动了一个项目沿着全美国的主要出行通道积极推广大功率快速充电——"超级充电桩"。委员会成员博莱克·威奇公司与特拉斯公司合作建造了世上最大的连续电动汽车充电系统。若需了解更多构建信息，请查看相关视频。

目标：连接设备与全城综合服务通信设备系统

城市使用JMap移动程序对抗吉丁虫感染。

科学家估计30多年间，加拿大市政用于治疗、摘除、消灭、更换被吉丁虫感染的树木的费用达到20亿美元。魁北克市通过从K2地理空间使用JMap移动应用程序来清查受感染树木的方式。

第六章
能　源

城市的运作离不开能源。汽车、地铁和火车需要它。加热、冷却和照明需要它。泵送水源，加工食材都不能没有它。能源支配着技术，是智慧城市的基石。要保障一座智慧城市的未来，不论该单位是当地市属部门还是供应城市能源的私营企业，城市及各单位必须通力合作。

因此，很容易理解为什么能源对所有的城市来说必不可少，并深刻地影响宜居性、宜业性和可持续性发展。本章包含智慧城市中能源的关键作用，从授权小规模发电厂在离使用地点很近的地方生产能源，到帮助在断电中保持照明的先进技术。我们一直广泛使用术语"能源"来概括城市用于生产和传送能源的所有基础设施——电力、天然气、蒸汽、可再生能源等。无论城市是否直接提供电力或天然气作为市政服务（如市政公用事业中），你都会想让能源成为智慧城市规划的基础。

能源作为智慧城市的出发点。由于城市领导人充分意识到自己城市的劣势，因此我们不会建议首先处理哪部分的城市智能，而是会给出能源在城市发生事件中的关键作用，不确定在哪里开始智慧城市旅程的领导者应优先考虑智能能源。

那是因为智慧城市的成功依赖于智能能源系统的创建与支持。

该系统能实时了解变压器在何处跳闸，并自动变更电力以维持家庭和企业照明。系统收集并处理来自传感器和智能装置的数据，以给予操作员能源基础设施的完整视图，例如，太阳能装置产生多少电力，或者何时需要发送需求响应调用来帮助平衡电网和输气网的负担。

ICT 在智能能源中的角色。信息和通信技术（ICT）有助于城市优化这些能源系统，使他们更高效更有弹性。实施智能能源系统也有助于保护珍贵的自然资源，并给予居民、企业和城市本身监控和控制能源消耗从而节省开支的多种方式。

智能能源系统有大量组成部分。在接下来的内容中，我们将确定涉及的技术和技术支持实践，以及应用它们时城市获得的一系列好处。

图 6.1

⊃ **ICT在更多可持续城市中的角色**

阿姆斯特丹杠杆公私合伙人为服务交付建立了宽带平台以实现社会、经济和环境的可持续性。

市政公用事业先驱——智能电网典型

作为第一个收到智能电网动力资金和第一个"完全操作智能电网技术"的美国公用事业，位于加利福尼亚南部的格兰岱尔市水电局（GWP）是一个有规模的智能电网典型代表。

在GWP系统中，单一通信系统既处理电力又处理水务。依靠智慧城市委员会成员埃创公司的一系列技术，系统包含了埃创公司的融合了电表和水表的先进无线通信网络。它也以水系统检漏技术和埃创公司的表数据管理解决方案为特色，管理系统产生的大量数据，并启用其他智能电网项目和应用程序。2011年，GWP系统安装完成，系统包括8.3万个埃创智能电表和3.3万个智能水表。整体智能电网系统的组成部分包括提供水、电使用信息和费用的家用显示装置、用户操纵装置、热量储存装置、电动车辆智能充电、需求响应和配电自动化。

安装完成后，GWP总经理格伦·斯泰格尔在会议上发言，谈论了该项目。

图 6.2

➔ **能源作为智慧城市出发点**

依靠埃创公司的一系列技术，GWP系统使用单一通信系统处理电力和水。

第六章　能　源｜智慧城市筹备指南　117

"关键是智能电网真正是一个 IT 通信系统,"他解释说,"系统的核心和正在运行的应用程序是 IT 驱动的。想要成功,你不得不将焦点从硬件和基础设施转移到 IT。"

在水的方面,系统提供了泄漏检测功能,为水资源长期短缺的加利福尼亚南部节约了宝贵的水资源,也节约了水费。提及处理和运送清洁水资源给格兰岱尔市居民的相关能源成本,斯泰格尔说,"我们实际上是用通过电力系统收集的数据来优化水系统"。

斯泰格尔说,对于市政公用事业和客户成本抑制,智能电网技术最终归结为节约钱。他补充说,GWP 系统及其传递的数据使其能够进行流水线操作、改进业务流程并行驶更少的卡车。那意味着保持客户的低成本,并带来强烈的客户支持。

对能源的依附性

城市能源基础设施的改进,例如,智能电网的配置不能在不了解能源与其他城市系统和服务间的依赖关系时出现。三个突出点:通信、交通和建筑环境。

按照定义,智能电网是一种专门通信网络,用于移动电力和数据以平衡供需并保持可靠服务。配电线路和地下电缆是经常沿着城市街道(建筑环境的部分)分布的能源网的一部分,创造了公用服务设施和也依靠街道的不同交通系统之间的依赖性。

建筑环境是电力和天然气的主要消费者,也是潜在的电力生产者。伴随分布式发电的发展和建筑物业主使用太阳能、燃料电池和相关技术,公用事业和市政府将形成更密切的联盟。

实现能源目标的效益

一旦他们走上智能能源之路,智慧城市期盼何种结果?基于他们与宜居性、宜业性和可持续性发展的关联,我们在下文强调了很多。

宜居性

授权客户选择和控制。仪表化、连通性与分析学相组合给予电力和燃气客户更多何时何地使用能源的信息,并增加工具帮助他们控制使用以降低账单。

提高可靠性和恢复力。智能电网能"自动修复"简单问题,使电网更容易从风暴和灾难复原。拥有了停电管理系统,能准确找到问题区域,从而节省几小时甚至几天的复位时间。大部分智能电网很容易将集中的"长距离"供电与当地的分布式发电结合,使系统对供电中断更有抵抗力。

降低市民支出。操作优化意味着消耗小并支付更少的资源。节省的能源会传给市民,导致更低的能源账单。

宜业性

提高竞争优势。美国能源部实验室估计美国每年能源储运损耗的经济损失耗费了 800 亿—1300 亿美元。位于具有现代可靠的能源系统的城市中的企业拥有竞争优势。

创造新工作机会。再生能源和当地能源通常比"传统"能源（能源可能运输自地区外的大型集中工厂）产生更多的本地工作机会。

在城市中产生企业投资。智能电网的关联研究——智慧城市的主要组成部分——经济增长发现，拥有智能电网的城市年 GDP 增长率高出 7%，写字楼租用率高出 2.5%，并且失业率低于欠发达城市 1%。

可持续性

使用更少的能源。智能能源意味着能源更清洁、更高效并对环境产生更小的影响。智能电网更容易利用风、太阳能和其他可再生能源，并在传送和交付中浪费更少的能源。智能能源策略为客户减少能源使用和降低成本提供了工具。智能能源系统的一个主要好处，例如，智能电网 + 分布式发电 + 吸引客户的方式，避免化石燃料发电从而减少碳生产。

降低对不可再生能源的依赖。智能电网使客户更容易在内部产生能源（例如，通过屋顶太阳能），并在电网内反复交换能源。使用正确的设备和仪器，如改良的太阳能计，带领了许多金融家提供 0 美元消耗住宅和商业太阳能项目，减少太阳能发电的障碍。智能能源，在可靠的双向通电的帮助下，使电网对客户需求整体上更灵活。

降低能源运营成本。相比于传统方法，智能能源降低了运营成本。例如，传感器和监视器能够根据昂贵设备的实际情况报告，这样能够根据实际情况而不是推测来提供服务。在不影响安全的情况下，这种资产管理能为资产延长许多额外使用年份。其次，智能系统能够通过暂时减少需求（称为需求响应）来管理高峰时段，而非建造每年只用几次的新备用发电厂，并且能平衡昏暗的 LED 路灯来降低运营成本。

图 6.3

➔ **创造新工作机会**

太阳能装置和其他形式的可再生能源和分布式发电创造了新的绿色就业。

减少能源使用：

使用智能街道照明，8个西班牙城市减少了64%的能源消耗

由于高效的街道照明系统和技术既能够降低了成本，又对环境有益，因此在 2014 年，西班牙的 8 个城市减少了 64% 的电力消耗，并减少了 4300 多公吨二氧化碳。

根据委员会成员意大利国家电力公司，它的两个子公司 Enel Sole 公司和恩德萨国家电力公司降低了塞维利亚王宫（穆尔西亚自治区，如图 6.4 所见）、莫斯托莱斯（马德里）、巴特亚（塔拉戈纳）、马略卡（巴利阿里群岛）和维卢比奥的安达卢西亚小镇（阿尔梅里亚）、普鲁纳（塞维利亚）、埃西哈（塞维利亚）和阿尔莫多瓦尔德尔里奥（科尔多瓦）的能源消耗并削减市政开支。

基于适用于每个照明点并带有智能控制装置的节能灯，公司推出了这项技术。这提高了照明质量并带来了重要的节能。因为每个街道的照明都独立规划，照明网络获得灵活性的同时，发光组件的寿命也延长了 6 万多小时。

这些项目有助于市政委员会提高能源效率、减少二氧化碳排放，并增加实时检测到的故障街道照明的可用性。

照明工程的另一个好处是，项目涉及安装和维护工作的本地劳动力雇用，为区域发展做出贡献。

2009 年到 2014 年，意大利国家电力公司的公共照明项目领导公司在 1600 多个城镇中安装了 183250 个 Archilede 牌 LED 器件，使整体节能达到了大约 111 千兆瓦小时。

图 6.4

➲ **减少能源使用**

除了减少电费，意大利国家电力公司的街道照明项目也涉及安装和维护工作的本地劳动力雇用，为区域发展做出贡献。

仪表与管控

本章我们从理想仪表说起。当一座城市将理想仪表运用到智慧能源中时,便离不开传感器、智能仪表等收集电流量和能源基础设施条件的设备。

理想仪表的应用。有了智能设备提供实时信息,系统运营商能够预测、诊断并规避可能导致断电或停电的潜在问题。能源仪表系统包括智能电表的部署和系统传感器的分布。

用于住宅和商业用途的智能电表是智慧能源网中最常见的仪表,也是最有争议的,因为其涉及对健康和隐私的潜在影响。所有环节中最重要的是要在开始部署之前,制定有效的市民参与策略。

如今,智能电表、气表和水表已经进入市场。它们为用户和负责单位之间提供了双向通信。传统的仪表只能人工读取,而智能仪表能够将用户数据直接传送到负责单位。当智能仪表与智能恒温器、智能家电或能源管理设备结合,用户就能够参与节能减排运动中去。他们可以自愿允许负责单位发送信号至智能仪表或其他设备,以调整能源的使用量。

图 6.5

⊃ **理想仪表的应用**

智能仪表是智慧能源网的组成部分之一,也是城市双向通信系统的一部分。

使用理想仪表：

智能仪表给予FPL用户能源使用的操纵装置

2013年，美国通用电气公司与佛罗里达电力照明公司（FPL）庆祝能源智能佛罗里达（ESF）的完成，实行电网现代化的主动行动，并建立一个可靠有效的电气基础设施。

作为努力的一部分，FPL在35个国家的服务领域安装了450万个美国通用电气公司智能仪表，并授权FPL的客户控制能源使用。

理事会成员美国通用电气公司的智能电网解决方案启用了FPL及其客户间的高效双向通信。例如，FPL的先进计量基础设施为客户提供了每小时能源使用的数据。每个拥有激活的智能仪表的客户都能通过EFL的网页查看自己的"能源仪表板"。

在智能仪表记录数据之后，仪表板显示一天的消耗量和费用信息。客户能查看自己每小时、每天和每月的能源使用，并能收到基于目前使用模式预估的账单。

许多客户是仪表板的老用户，并评论说他们很喜欢FPL。例如，一个FPL客户说："如果人们选择使用客户门户，他们会清楚地看到好处。与区域内的类似家庭比较，我们能源习惯的改变大约每月为家庭节约100美元。"另一个客户写道："我认为门户网站是FPL提供的最好工具。在今天的经济情况下，每一美元都很重要。由于智能电网，我家每月节约了差不多30美元。"

图 6.6

使用理想仪表

佛罗里达电力照明公司的服务领域安装了美国通用电气公司智能仪表和在线仪表板，帮助公用事业客户控制能源使用。

促进能源保障：
技术和创意建筑提高了特区的生活质量

佩科股份需要改进其在华盛顿特区区域的电气系统。将委员会成员博莱克·威奇公司支持的规定电气设施用于改进配电站和地下输电系统。改进工作的目标是提高区域能源保障。它也刺激了区域经济，包括新联邦国有企业和新高密度住宅工程。

对于 212 东北地区配电站，博莱克·威奇公司负责空气绝缘的室内配电站的设计、采购和建造。所有设备都封闭在砌体建筑内。

博莱克·威奇公司与一家特区内的建筑公司 Maiden&Associates 公司合作，创造性地提供了符合项目设计要求的方案。将配电站的外部设计成具有特定性能的砌体建筑，以帮助设备融入周围小区。

博莱克·威奇公司安装了一系列配电站设备，包括电力变压器、开关设备、网络馈线、服务变压器、多余的电池和充电器。配电站也根据大小来处理种种增加的电力设备，从而符合未来电力需求。

地下作业覆盖了 3.7 英里长度的路线。那部分项目要求一系列设备的设计服务，从现有的佩科发电配电站到新设备。安装在混凝土管道组系统中两个 69 千伏地下电缆线路提供了最大的保护。安装了玻璃纤维管道以允许在以后加入电路。

图 6.7

➜ **促进能源保障**

封闭式配电站也根据大小处理各种增加的电力设备，从而符合未来电力需求。

连通性

智能仪表和传感器不仅是智慧能源网的组成部分，还是城市双向通信系统的一部分。

全城综合服务通信设备。连通性让整个智慧能源网的数据皆能够传送至分析和使用环节。例如，连通性可能意味着您的智能仪表、分配系统传感器和公共事业单位都相互连通，实现双向通信。

互用性

全球的许多单位开始建造的智能电网、智能气网，都属于本指南所介绍的智慧能源网。但是，统一标准的缺失是目前智慧能源建设的一大绊脚石。您可以想象，各个领域的智能网络无法通力协作，更做不到相互沟通。幸而有了一系列承担发展任务的标准存在，发展措施得以进行、阻碍智慧能源网的前期问题得到解决。下文将为对互用性目标的快速检验，包括一项针对能源领域的特殊目标。

坚持开放型标准，以增加选择和减少成本。有了开放型标准，来自不同供应商的产品能够相互混合和匹配。光智慧城市能源领域，就有数以千计的标准。如前文在通用目标章节讨论的，标准的选用是专家们的职责。您要做的首先是坚持遵守标准，无论是否必要；其次是聘用一家拥有扎实的专业知识并遵守开放标准的供应商。

然而，能源产业的标准选用过程比其他领域简单得多，这得益于智能电网的标准检索工具，这是由一名国际电工委员会的顾问提出的。你能够轻松找出或点击智能网络中的任何标准。新出台的标准也会定期更新在册，还能检索到开放地理空间联盟的传感器网络实施标准。

针对分散式发电制定互联标准。近几十年来，"分散式发电点"星罗棋布——小型电厂分布在能源集聚点的附近。例如，高层公寓楼顶的太阳能装置，或是为购物中心发电的风力涡轮机。

为了提高分散式发电的效率，需制定简单易行的互联标准，以定义能源资源如何在能源网络中运作。尽管目前有许多已出台或正在拟定的针对分散式发电的协议，但对于公共事业单位来说，这还是相对新颖的商业模式。制定合理的标准能够给予城市和市民更多经济卫生的发电方式的选择，且不影响电网运作的安全。

拥有管理能源或天然气事业单位的城市能够优先制定互联标准。这些非市属的能源供应商需要寻找出路，将其互联标准适应于未来发展潮流。

得益于较高的工作效率、对人为和自然灾害的抵抗力，分散式发电潜力无限。同时，这还有助于减少对化石燃料的依赖。

连接设备：

EV充电技术能降低成本，确保电网稳定性

西门子与杜克能源公司合作，证明了18个月的努力成果降低了成本，并提高了电动车辆充电技术。

委员会成员西门子提供了第一个保险商实验室（UL）批准的居民电动车供电设备（EVSE），证明了监控运行、报告能源使用以及本地控制局域网和云端的能力。

已经证明联网计算机、智能手机和平板电脑能够使用西门子的EVSE，并允许EV业主更好地监控EV充电状态、计划未来充电项目、测定消耗的总千瓦时和充电费用。

同时，公用事业能利用技术来提供有助于管理时间和整个电网EV充电水平的项目，以在将最大需求降到最低的同时，提高电网可靠性和效率。

也证明了自动化需求响应服务器监控并控制电动汽车供电设备的能力。OpenADR是自动需求响应的开放标准，允许设备远程自动管理电网负荷资源。通过使用OpenADR或直接访问西门子云端，公用事业能为EV业主提供比率项目，允许客户以高度吸引速率充电的同时，也允许设备管理电网负荷。通过适时轻微改变每个充电事项，设备能潜在减少电网的最大需求，反过来有助于减少产生的需求总量。

图 6.8

⊃ **连接设备**

西门子提供了第一个保险商实验所批准的居民电动车供电设备，证明了监控运行、报告能源使用和本地控制局域网和云端的能力。

第六章 能 源 | 智慧城市筹备指南　125

启用分布式发电：
监控可再生能源发电厂的广泛网络

9REN 集团利用太阳能光电板、太阳热能和风设计、开发、建立并运行了可再生承包发电厂。主要在西班牙和意大利，西班牙公司运行了 570 个太阳光电设备。除了光伏电站，公司也建立了 183 个太阳能热电厂和迷你风力设备。9REN 电厂每月生产 1 万多兆瓦小时（MWh）的清洁能源。

为了管理和监控光伏电站设备，9REN 建立了 EO 系统，一个基于委员会成员施耐德电气的 Wonderware® 系统平台建立的解决方案。EO 系统是一种实时监控技术，为遍布欧洲和中东的由 9REN 运营的所有光电设备提供即时信息。系统平台为所有的数据采集与监视控制系统（SCADA）和监控人机界面（HMI）需求提供了独立、可扩展的软件解决方案，从而监控 9REN 的可再生能源设备。

从单一控制中心，9REN 能有效地监控每个设备的运行基础设施。9REN 的服务技术经理安东尼奥·帕拉西奥斯·依格拉斯说，"Wonderware® 系统平台让我们实时使用所有设备"，"因此，无论在哪里，我们只需要一个人就可以控制 568 个电厂的运营。我们也降低了每个设计者和项目的重要时间成本"。

图 6.9

➔ **启用分布式发电**

从单一控制中心，9REN 能有效监控每个可再生能源设备的运行基础设施，包括 570 个光电设备。

安全与隐私

接下来,将通过三项目标来解释为什么智慧城市要严抓安全和隐私。

制定隐私法规。智能仪表在全球范围内引发了市民对隐私的担忧。人们担心他们的日常习惯被当地公共事业单位通过智能仪表跟踪,这就是智慧城市不仅要制定并遵循隐私保护规定,还需鼓励市民主动学习、了解遵循的原因。隐私优先有助于缓解市民对安装智能能源仪表的排斥和抵御。

创建安全框架。安全漏洞会产生连锁反应。创建综合安全框架可在造成损失之前,识别和应对威胁,从而降低风险。这对于能源基础设施来说非常重要,对其他重点基础设施来说亦是如此。

实现网络安全。美国的能源公司网络被攻击事件就充分说明了这一点。然而,关闭政府的警告显示以往被认为是企图窃取信息或商业机密的行为集中导致了网络和设备的严重损坏。

城市可以在前期增加网络安全保护力度,以避免网络攻击会带来的巨额损失。

数据管理

大量的数据通过传感器、智能仪表和其他分布在智慧城市各个能源基础设施的智能设备不断输入。

制定并坚持城市数据管理、公开和共享政策。能源使用数据应结合到通用章节详细阐述的政策制定中。如前一节所述,能源使用数据需要结合整体安全和隐私规定。

也就是说,及时获取精确的能源使用数据是建设清洁高效的能源系统的重要组成部分。因此,当前的当务之急是,当地公共事业单位授权城市访问、汇总对城市规划意义重大的数据,比如,碳减排计划、能效优化项目、提升城市表现等。

为了提高能效,智慧城市还应鼓励公共事业单位向电、气用户公开其使用量数据。例如,城市能够提供用于实时查看和管理能源使用的门户网站。通过这种方式,用户能够结合自身使用能源的时间和方式,针对性地地做出选择和取舍,以减少能源的使用和开支。

图 6.10

➲ **制定并坚持城市数据管理、公开和共享政策**

当公共事业单位用户能够获取其使用能源的时间及方式数据,他们便可有针对性地做出选择和取舍,以减少能源的使用和开支。

实现能源安全供应：

在尼斯电网中测试未来

微电网被人们称为"我们未来能源的亟须新贵"。它们是独立的小规模电力系统，用于社区、城镇、校园甚至是个体，传输综合配电的可再生能源、提高电网的可靠性、提供个人能源使用数据并实现自定义控制。

虽然微电网是一个热门话题，但实际上基本没有具有显著发电能力、采用前沿科技的完全商业化微电网建成并投产。尼斯电网，位于法国南部尼斯附近的一个生活实验室，是世界上少有的微电网示范实验室之一。该项目预计耗时四年，汇聚了法国配电网络运营商、电力供应商、委员会成员阿尔斯通电网公司（Alstom Grid）、电池制造商 Saft、其他行业伙伴以及创新型中小企业。该项目已入选欧盟电网 4UE 计划 6 个智能电网示范项目之一。本项目将测试中压和低压配电网络的创新性架构，使智能家庭能够管理其电力需求和被称为虚拟电厂的新型架构。

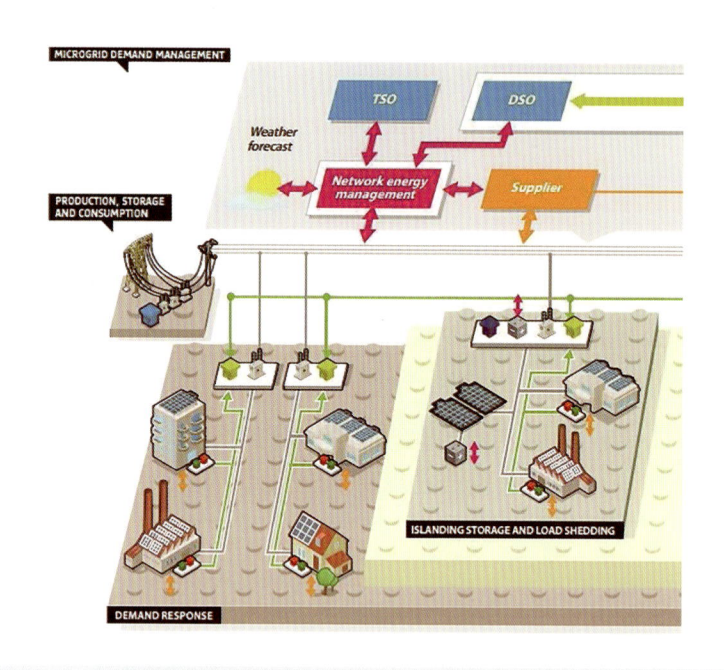

预计共有 1500 名住宅、商业和工业终端用户参与此次实验，将对未来微电网的相关经济、技术和社会问题进行研究并测试。

尼斯电网是阿尔斯通公司积极参与世界各地众多智能电网示范项目中的一个。

图 6.11

实现能源安全供应

尼斯电网有三个目标：测试大规模光电集成；实现安全供电的孤岛效应；提供灵活用电的需求响应。

计算资源

基本上所有城市使用的计算资源都是通过某种方式、外形或者形式依赖于能源，所以城市需在使用、部署和处理资源时，不断监测其效率和成本。如通用目标章节的详细阐述：

考虑云计算框架，以实现延展系统、节约成本及提升可靠性。

采用开放型创新平台，以鼓励创新、加强责任追究、刺激新型收入并促进经济增长。

创建中央地理信息系统（GIS），以提升决策能力，通过更加智能的方式实现效率增益，提高关键记录的准确性和重要资产的回弹性。

访问综合设备管理系统，以提升基础设备安全性和回弹性、实现成本节约并加强城市数据管理、安全和隐私政策的执行力度。由于智慧城市中大量智能设备和计算资源无处不在，该目标在能源讨论环节显得尤为重要。

目的分析

正如我们前文所述，目的分析对于智慧城市建设的成功与否至关重要，没有任何地方比得上智慧城市最能彰显智慧能源网络的强大。我们来快速回顾通用章节讨论过的三大分析目标，并再介绍两大分析目标来充分说明智慧城市能源的重要性。

充分实现态势感知。该目标指的是让运营商全面了解能源系统的规划，以提升其可靠性、回弹性和故障回应速度。完整的操作规划对城市能源系统来说至关重要。举例说明：它能够协助运营商实现能源防窃，进而节约能源。

实现运行优化。尽可能建立最优秀的智慧能源网络正是城市想要通过仪器和能源及基础设施等方面的投资来换取的。

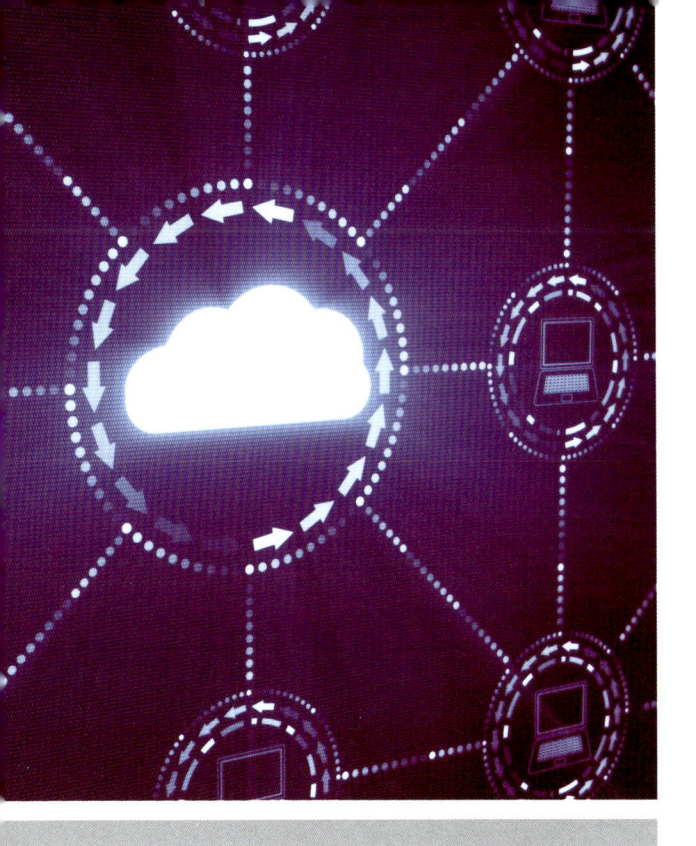

图 6.12

➔ **考虑云计算框架**

因为计算资源依赖于能源，所以监控效率和成本是一个智慧途径。云计算有助于节约成本，并提升可靠性和可延展性。

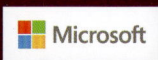

考虑云计算框架：

给出实时数据后，居民的能源使用量降低了20%

一个由多家公司组成的联盟在法国巴黎的周围地区创建了一个完整的环保街区，以进一步节约能源。

IssyGrid 是法国第一片智能电网街区，这是智能电网的一个试验项目，旨在减少法国依西·雷莫里诺城镇的用电量。该项目由公司合作伙伴与当地公共事业部门组成的联盟负责运营，他们将节约能源视为企业的一个机会进行处理。本项目的测试对象为社区中的 200 多户家庭和 4 个商业建筑物，这些测试对象中均配备有能源消耗监测设备，本项目旨在将该项目扩展到整个城镇中去。IssyGrid 采集能源消耗数据并利用 Window Azure，即委员会成员微软的云服务平台实时处理这些数据。该联盟利用微软 SQL Server 2012 数据管理软件对这些数据进行分析。然后，IssyGrid 将分析结果提供给市民，让市民能够了解他们的用电规律。从而使公民能够采取具体的措施关闭电视或将空调调低两度来节约用电。

结果：市民减少了用电量，电费减少了10%—20%。

图 6.13

➔ **考虑云计算框架**

IssyGrid采集能源消耗数据并利用微软云服务平台，即Windows Azure实时处理这些数据。

实现运行优化。该目标在能源领域发挥着相当重要的作用，通过以下方式协助城市将自身资产价值最大化：(1) 计算需修缮或重置的能源资产种类和时间；(2) 设备的预见性维护，在故障产生前维修或置换接近损坏的设备。

追求预测分析。由于测量仪器部署在城市的各个角落，目的分析能够对多变的能源安全系统进行预测和管理。地理信息系统（ICT）帮助城市解释说明需求、气象、资源分配带来的不同影响和其他作业方法。考虑什么是城市要实现节约成本、节省资源和预防极端事件所需要的。

现在，我们将介绍两项针对能源的新目标，对于智慧城市的成功建设非常重要。

故障和断电的自动化管理。即我们之前提到过的"自我修复"网络。这意味着服务城市的公共事业单位需要在能源网络中部署遥控传感器、智能仪表及其他先进智能网络技术，以自动减少断电次数和故障修复时间。例如，传感器能够检测出电网故障，定位故障地点并将其隔离，以免影响其他区域。或者，智能电表能够像公共事业单位的故障管理系统发出警报，令其在事故发生之时或之后快速派遣人员并让用户保持状态更新。在这些先进技术发明之前，公共事业单位往往在用户打来电话后才知道断电的发生。

停电断电所造成的经济损失充分说明了这些技术的重要性。早在 2004 年，伯克利国家实验室的一项研究表明，单在美国，仅一年内断电所造成的经济损失就高达 800 亿—1300 亿美元。超级风暴桑迪曾在 2012 年肆虐美国东北部，美国国会宣称，花费了超过 600 亿美元进行紧急援助，几乎是一个州政府报告的灾害和其他损失的总和。

通过鼓励采取自动修复方式，城市或公共事业单位可以让能源供给更加可靠，提升断电的应对能力，令企业更具竞争力，市民生活更加舒适。

图 6.14

◯ **故障和断电的自动化管理**

自动修复方式有助于让能源供给更加可靠并提升断电应对能力。

自动化故障和停电管理：

美国查特怒加市智能电网为公司节省6亿美元成本

2011年，美国电力委员会（EPB）在美国田纳西州查特怒加市安装了一个智能电网，使停电时间缩短了55%。预计该区域每年的商业用电费用会节省4000万—4500万美元，而且在开始应用智能电网的10年间，预计可节省6亿美元。

本项目包括很多智慧城市的职能：
- 所有居民享受超高速因特网、声音和视频
- 供城市和公共设施使用的城市范围的无线网络
- 路灯控制
- 监控摄像头
- 加快报警和火灾响应

除了智慧城市的特征之外，本项目（视频）还包括源于S&C电气公司的智能开关装置，名为IntelliRupters®，安装在输电线的各个关键位置。IntelliRupters®会自动查明发生故障的位置并将其隔离，然后，除了与故障输电线直接相连的线路之外，立即恢复其他所有用户的用电。由于公共事业单位的维修队会立即发现发生故障的精确位置，而不是需要耗费几小时甚至是几天的时间来搜索输电线的故障，因此所涉用户的停电时间会非常短。

2012年3月，当暴风袭击城镇时，只摧毁了3400家住户的电力，而这个数字仅是安装智能电网前，受到暴风袭击后摧毁数量的1/2。

图 6.15

⊙ **自动化故障和停电管理**

田纳西州查特怒加市安装的智能电网已将停电时间缩短了55%。

创建自愈电网：

中点能源公司如何能在最短时间内恢复供电

中点能源公司正在寻找提高休斯敦电力稳定性并恢复供电的方法。美国能源部花费5000万美元，允许中点能源公司构建一个智能的自愈电网，该电网采用智能仪表、输电线传感器、遥控开关和其他自动设备。

中点能源公司正在构建一个配备有输电线监控设备、遥控开关和其他自动设备的"智能电网"，若发生停电情况，这些设备会定位导致停电的输电线。由于维修人员不再需要查找导致停电的来源，并可迅速开始维修，从而能够更快速地恢复供电。中点能源公司选择智慧城市的附属机构Ventyx，理事会成员ABB公司来实施先进的配电管理系统（ADMS），计算机系统作为该智能电网的"大脑"。在暴风雪天气中，ADMS可使智能电网进行"自我治愈"（视频）来恢复尽可能多的系统供电。

中点能源公司规范操作技术部门的资深副总裁肯尼·梅尔卡多称："利用该项技术，可对停电位置周围的电力进行自动重新布置，帮助我们快速恢复用电。"

图6.16

◯ **创建自愈电网**

利用智能电网的自动化功能可重新布置并恢复供电，在停电响应方面，中点能源公司已改进了21%。

第六章 能 源｜智慧城市筹备指南　133

用户分段式和个性化管理。这是当今智慧能源网络的又一大优势。它们能够同时考虑多个变量，如用户喜好、系统参数、气象及能源成本，以实现优化支出和个性化项目。作为私人订制的一部分，智慧城市公共事业单位，无论是市属单位还是私有企业，都可以定义能源使用模式，然后进行自定义设计，以帮助用户获得最实惠的价格或佐以防诈骗服务。

如今，许多电力、天然气公共事业单位根据每位居民用户每时段的不同用电情况分别收缴费用。具体来说，不同时段能源的费用有很大的区别。特别的是，在夜间电量需求低且风电厂供给足的时候，电费会相对便宜。然而，在夏季家家户户开启空调，需求紧缺时，电费就会相应增高。

智能仪表和智能网络让公共事业单位能够制订不同的计划，以刺激能效和节约成本。例如，分时段收费、高峰时段用费返还、能效刺激及需求响应等。

作为智能网络举措的一部分，得克萨斯州的中点能源公司完成了委员会成员因创公司的220万余只智能仪表的安装工作，用户得以更好地控制能源使用量。

如今，中点能源用户能够登录得克萨斯智能仪表官方网站查看其能源数据，还有无线安装家庭能源管理设备。

"我们的仪表部署非常成功。不仅获得过来自用户和得克萨斯公共事业单位委员会的嘉奖，我们还收到能源部的表彰。"中点能源网络和市场营销副总裁肯尼·梅尔卡多如是说。

该智能网络用户合作联盟是一家专注于建设用户安全，以用户为本的智能网络的非营利组织，其研究用户并发表了关于智能网络用户教育和用户细分的报告。智能网络用户合作联盟的研究表明，用户可划分为五大人群，从绿色环保型（追求清洁能源的人）到独立节约型（期望节省开支，并青睐于加入符合其能源价值观的个性化项目）。

加入类似智能网络用户联盟的组织来获取材料，加强合作并向市民参与的模范单位吸取经验是增加智慧能源用户支持度的方法之一。

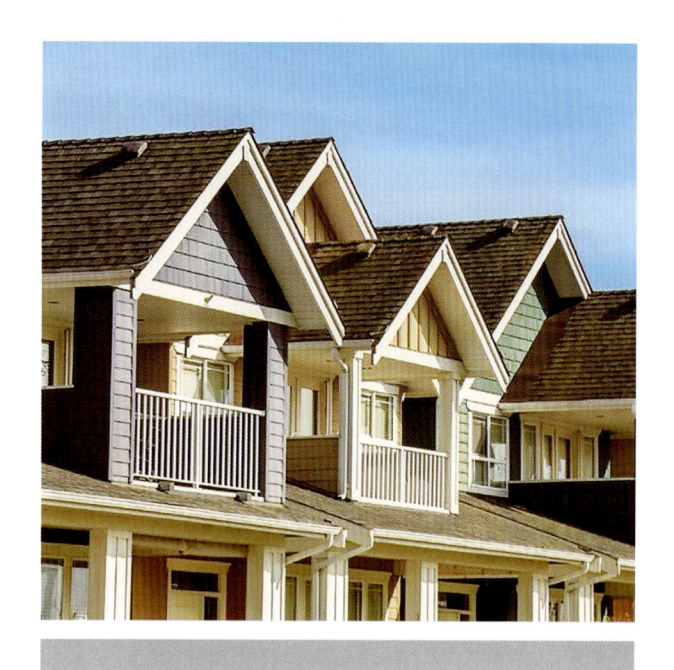

图 6.17

○ **给予用户更多控制权**
中点能源用户更倾向于能够通过登录官方网站查看能源数据。

用户分段计划和个性化计划：

针对更多公司需求实施技术奖励措施

针对能源需求较高但供应不足的情况，加利福尼亚州洛杉矶市的太平洋煤气电力公司（PG&E）采取了财政奖励措施，激励那些为响应能量需求而降低其负荷的公司。

网络器械公司，加利福尼亚州桑尼维尔市的一家公司，创建了存储和数据管理解决方案，签约参与了 PG&E 的需求招标项目，即在有需求的前一日，按照 0.50 美元 / 千瓦时的价格，公共事业部门向网络器械公司支付相应的费用，或在有需求的当日，以 0.60 美元 / 千瓦时的价格，公共事业部门向网络器械公司支付相应的费用。当网络器械公司看到这一机会时，该项目已开始多年，这一项目能够大幅度降低其总部的能源消耗量，其总部约有 10 个建筑物，占地面积约为 120 平方英尺。总部每年使用 5400 万千瓦的电量，最大需求量为 7.6 兆瓦特。2008 年，网络器械公司的年费用共计 770 万美元，其中的 89% 为电费。

图 6.18

用户分段计划和个性化计划

加利福尼亚州的太平洋煤气电力公司为响应需求而减少能量负荷的公司提供财政奖励。网络器械公司安装了思科的"智能互联建筑"，使其能够参与该项目。

第六章 能 源 | 智慧城市筹备指南　　135

节能设备仅是解决方案的一部分。网络器械公司的一名控制工程师大卫·斯洛依称，"在设置设备时，需作出明智的决定，需要整合并分析不同建筑系统的信息，包括计量系统和 PDU（配电单元）"。

帮助公司部署理事会成员思科的"智能互联建筑"，汇集了网络器械公司所有建筑系统，包括多个供应商的照明、供暖、通风、空调、温度传感器和 PDU 信息。

建筑工程师和设施人员能够通过网络界面控制任何建筑物中的系统。PG&E 已支付了系统需求响应费用，网络器械公司已经在欧洲和印度部署了归其所有的自动化需求响应"智能互联建筑"。

在公共设施发送需求响应信号后的 20 分钟内，思科"智能互联建筑"减少了 50% 的照明，并将温度设置点提高了 4 度，使用电量减少 110 万瓦特。

能源系统集成设备可以帮助公营和私营部门研究人员扩展清洁能源技术

图 6.19

新型能源系统集成设备（ESIF）位于科罗拉多州戈尔登市的国家可再生能源实验室园区内，占地 18.25 万平方英尺，是美国首个能源系统集成设备，帮助公营和私营部门研究人员从太阳能组件和风力涡轮机中扩展有希望的清洁能源技术，并应用到电动车辆和高效交互式家用电器中，测试这些家用电器之间以及与效用规模的电网之间如何交互作用。美国国会提供 13500 万美元来建造并装备该设备。

ESIF 于 2013 年开放，涉及 15 个或更多的实验室和多个户外试验台，包括使研究人员和制造商在全功率和实际电网负荷水平下试验其产品的交互式半实物系统。

该设备的特征还在于带有一个千兆级超级计算机，该计算机支持大规模系统建模并在每秒进行一亿次操作的情况下进行模拟。

ISO 37120：城市表现衡量标准

2014 年，国际标准化组织公布了严格适用于城市表现的 ISO 标准。此文件被称为 ISO 37120:2014，确立了一系列开放数据指标，用于衡量城市服务和生活质量。它定义了城市衡量其表现所使用的常用方法，涉及领域包括能源、环境、金融、应急响应、治理、健康、娱乐、安全、固体废物、通信、交通、城市规划、废水、水、卫生等。

右侧图表所示为能源相关标准，符合下一页规定的理事会能源目标。虽然有许多方面的能源考虑，国际标准化组织 37120 主要关注一个城市的能源效率、能源供应和能源结构。

能源指标			使用最佳仪器仪表	启用分布式发电	制定能源数据管理政策	实现操作优化	实现资产优化	进行预测分析	故障和中断管理自动化	实现全面态势分析
核心	7.1	人均住宅用电总量（kWh/年）	■	■	■	■	■	■		
	7.2	授权用电服务的城市人口比例	■	■						
	7.3	每年公共建筑能源消耗（kWh/m²）	■	■	■	■	■	■		
	7.4	来自可再生能源的总能源百分比，作为城市总能源消耗的份额	■	■	■	■	■	■		
配套	7.5	人均总电能利用（kWh/年）	■	■	■	■	■	■		
	7.6	每年每户平均电力中断次数							■	■	■
	7.7	电力中断平均时长（小时）							■	■	■

图 6.20

能源目标

以下清单中，针对能源的具体目标为黑体，通用目标则非黑体。

推进因素	如何部署和利用信息通信技术（ICT），提升能源管	实施进度			
		无	部分	逾半	全部
仪表与管控	**安全理想仪表**	☐	☐	☐	☐
连通性	连接设备与全城综合服务通信设备系统	☐	☐	☐	☐
互用性	坚持开放标准 采用开放型集成架构和松散型耦合接口 优先采用已有投资 **针对分散式发电制定互联标准**	☐	☐	☐	☐
安全与隐私	指定隐私法规 创建安全框架 保障网络安全	☐	☐	☐	☐
数据管理	制定全城数据管理、公开和共享政策 **（补充：包括能源使用数据）**	☐	☐	☐	☐
计算资源	考虑云计算框架 使用开放型创新平台 创建中央地理信息系统（GIS） 实施综合网络和设备管理	☐	☐	☐	☐
目的分析	充分实现态势感知 实现运行优化 实现资产优化 实施预测分析 **故障和断电的自动化管理** **用户分段式和个性化管理**	☐	☐	☐	☐

图 6.21

附加资源

目标：启用互连标准的分布式发电

城市环境中的能源转换：用不断更新的技术应对城市化进程中城市、重点技术和社会创新提出的挑战，需要其有进一步发展。理事会委员阿尔斯通电网公司编写的白皮书提出将分布式可再生能源和公用电网与城市发展进行整合。

目标：故障和中断管理自动化

加拿大首个可在停电期间保持工作的大规模储能系统偏远城镇Field的偏远城镇，依靠一个25伏配电线路供应其300个居民的用电需求。Field提供可靠电力极具挑战性，因此，理事会委员S&C电力公司实施了一项可带来其他好处的解决方案。

目标：实现操作优化

波士顿全市能源效率与可持续性为实现减少温室气体排放的目标，波士顿利用施耐德电气公司的软件实现全市能源、温室气体和可持续性的管理。

目标：建立安全框架

智能电网中的大数据和安全性

在这个短视频中，阿尔斯通电网公司的劳伦·施密特解释了大数据和安全性对阿尔斯通业务和未来智能电网目标的重要性，并阐述了阿尔斯通将如何与理事会委员Intel合作实现这些目标。

目标：建立云计算框架

Donald PI系统与MS Azure智慧城市理事会委员傲时软件的PI系统共享并合作建立了可通过云使用的实用数据。建设管理人员、机场、体育馆的意义等更多信息请观看视频。

目标：故障和中断管理自动化

电网现代化：公用事业如何解决布洛芬工厂最头痛的问题

布洛芬工厂是南卡罗来纳州奥兰治堡的强大经济支柱，但是停电对工厂设施来说是最头痛的问题，当地的公用事业与安理会成员西门子正共同努力解决这一问题。

目标：实现资产优化

连接电网这段视频说明了理事会委员如何实现全部电网相关资产的最佳管理。连接电网对公共事业来说是一个大规模以云为基础的资源。

目标：实现全面态势分析

加快软件定义业务与工业互联网的融合。

理事会委员Bit Stew系统提供了这段视频，展示了其信息处理引擎MIxCore™如何实现复杂事件处理、高级分析和复杂机器智能化。

第七章
通 信

广泛分布的宽带通信对于一座智慧城市来说是必不可少的。本章将阐述通信建设方面的内容。其既是智慧城市建设的基础，亦是在宜居性、宜业性、可持续性发展方面取得进展的前提。

我们首先通过电子通信目前存在状态和未来发展情况对其进行定义。其次将讨论"为什么",为什么电子通信对智慧城市的成功至关重要?最后,我们将讨论电子通信业发展目标,也即努力方向。同时,我们将简要学习世界各地电子通信发展成功的案例。

首先,我们将"电子通信"和"连通性"作为一个术语使用,字典将电子通信定义为信号的电子传输。本指南中该词表示一个城市为实现高质电子通信发展,提供政策环境和鼓励措施的责任。但电力、公共安全和运输等城市责任都有赖于电子通信行业,在这个意义上,电子通信也是一种促成因素。我们谈论科技问题中的电子通信时,使用"连通性"一词加以区分。智慧城市理事会框架中将列出"连通性"与其他仪器仪表和计算资源等促成因素。

21世纪,人类和商业活动将电子通信作为一种资源进行消费,和使用电力照亮房间,喝水解渴是一个道理。因而,城市必须要承担起保证足够电子通信能力的责任,进而让居民之间实现高质量通信。城市并不需要建立、拥有和运营基础设施,但事实上,大多数城市都不会这样做。但是城市至少必须继续提供环境和政策基础,鼓励私营企业建立最先进的远程通信设施。

电子通信还可通过实现连通性,促进城市发展,所有其他的责任水务、电力、交通运输等,需要与收集数据的传感器和设备进行连通。这也就能解释为什么通用章节已经指定一个通用目标:"将设备与全市多业务通信相连接。"换句话说,必须关注电子通信业发展的两个重要原因即:(1)电子通信为其本身发展创造的价值;(2)电子通信对实现其他责任的促进作用。

图 7.1

○ **电子通信是城市的责任**

21世纪,足够充分的电子通信基础设施对商业、工业发展以及居民生活都至关重要。

第七章 通 信 | 智慧城市筹备指南 141

今日与未来的电子通信

在设定未来电子通信目标之前，我们首先应审视电子通信业目前的发展情况。多数城市已经存在通信网络并行运营。一个标准的城市家庭和办公楼均配有多个电缆蜂窝/移动网络、微型、射频网、微波、广播、光纤和无线网络，智能仪表和电器也配有无线个域网（见下页）。但遗憾的是，连接目前网络极具挑战性，因此实现智能城市所需的无缝端对端连通变得尤为困难。

如果现实如此，那么我们下一步应该怎么做？未来智慧城市需要具有底层绕城地铁环线光纤网路，正如环形公路一般，从而城市建筑可与该环路相连。令人难以置信的是，测试已经能够通过一个单一光纤——以100TB/秒的速度下载国会图书馆的全部内容！虽然正常使用中，光纤达不到这个速度，但可以确定的是，光纤性能将持续提升。

可通过 WiFi、射频网、蜂窝/移动技术或其他连接实现该底层网络的无线接入。

一些企业已经采取措施来支持这一"高速光纤骨干网"，这些光纤网络的频宽和速度能够满足数字时代的要求。光纤网络将在网络设备处终止（如光纤网络装置），然后通过本地接入网，展开并发送 IP 及其他通信类型至目的地。但是，一个城市还需要全面的无线覆盖，接入传感器、控制器、笔记本电脑、平板电脑、智能手机及其他移动设备。

最重要的是，未来城市将具有体现在全 IP、包驱动的核心互联网融合式架构，即统一的基础设施，可整合不同有线及无线技术，从而实现所需的无缝连接。我们所说的"融合"或"统一"并不意味一个城市只有一个单一的电子通信系统。反之，这意味着城市有一个单一架构和一套标准，实现多个网络间的信息互通。我们向未来努力的过程中，互操作性将是关键因素。

现代城市中，光纤、无线和融合延时架构是实现高速、高可靠度和高可用性电子通信的三个必要因素。

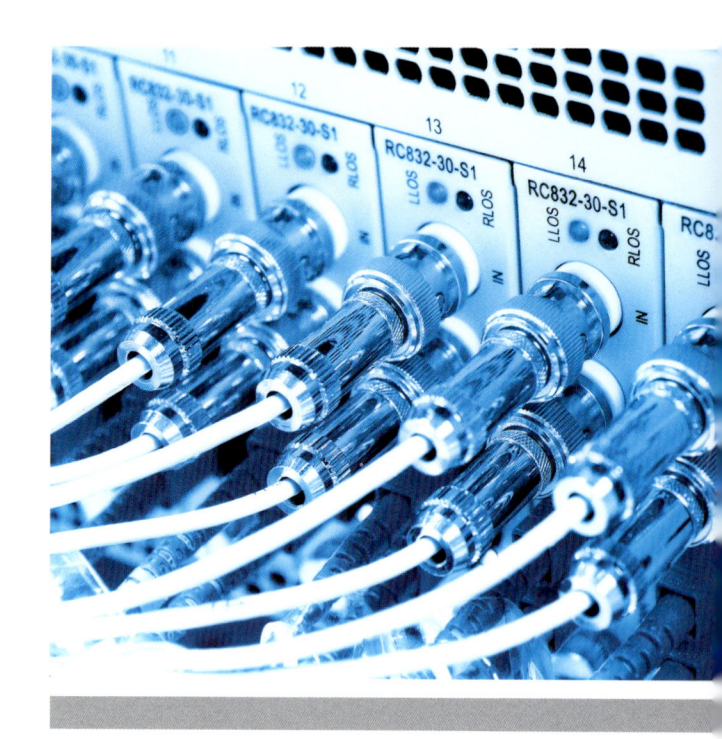

图 7.2

▶ **电子通信基础**

未来智慧城市将配有光纤环路，覆盖所有建筑，在全市范围内进行无线通信，如3G/4G手机、以太网、WiFi、射频网或更多连通。

电子通信术语

许多城市已具有完备的电子通信网络，10个常用电子通信术语和技术如下。

电缆：同轴电缆，是指一种被绝缘和导电屏蔽包围的内导体，最初用于有线电视，但越来越多地应用于语音和数据中。

蜂窝/移动：一种称为基站的收发器，无线网络分布在陆地区域，称为蜂窝。蜂窝/移动使用区域和/或国家频宽数据、语音和文本业务提供的许可的频率和业务。它通常用于移动宽带数据、语音和文本业务中，并且越来越多地应用于机器对机器的应用。例如，收集来自智能电表和其他传感器的数据具有不同形式，如3G（第三代）和4G-LTE（长期演化）。

光纤/光纤到户：光纤以薄而灵活的玻璃纤维形式传播信号，原理同光的传播。频宽使单光纤电缆可轻松传播至少1Gbps（每秒十亿字节）。

光纤到户是指将光纤直接与运营中央分配办公室或家庭连接。

微波：一种视线设备，通常必须放置在高处，使发送者和接收者能够"看见"彼此。这通常用于站到站的中继。

旧式电话服务：或普通传统电话服务，主要通过双绞线连接家庭和企业，是公用开关电话网络（PTSN）的一部分。

电力线：通过家庭（电力猫）内外现有电力线路传输数据，通常用于收集智能电表及其他传感器数据。

射频网：使用网络配置射频（RF）的系统，各节点可一起传递同一个消息，直达收集器或网关，再接入回程网络，通常用于收集智能电表及其他传感器数据。

卫星：通信卫星可以认为是放置于非常高位置的微波中继站（通常在地球上空2.2万英里），通常用于转播全球定位信号或向家庭或企业传递电视信号。

WiFi：一种流行的网络技术，使用无牌无线电波实现短到中等范围内的无线连接。

无线个域网：一种由小、低功耗数字无线电设备创建的"个人区域网络"（个人域网）的通信协议，通常用于在短距离内，连接智能电表和恒温计及各种家用电器。

图7.3

电子通信的重要性

电子通信有两种使用方式：

1. 连接人们间接使用的设备

如传感器和交换器。截至 2020 年，将有 500 多亿设备和传感器连接 M2M（机器对机器）应用。

2. 连接人们直接使用的设备

目前指电脑、平板电脑和智能手机，不久将是智能手表和智能眼镜（见右图）。

不论是哪种方式，电子通信都对城市日常活动至关重要：

- 银行依靠电子通信处理交易
- 网上零售商通过电子通信接收处理订单
- 云计算数据中心通过电子通信与成千上万的计算机进行通信
- 紧急救援人员需要电子通信接收求救警报，并采取救援行动
- 父母依靠电子通信与孩子保持联系
- 家庭使用电子通信看电影、看电视、上网

图 7.4

⊃ **连接到电子通信**

如今，大多数人都使用手机、平板电脑或电脑进行连接

不久，人们都将使用智能手表、智能眼镜进行连接。例如，谷歌眼镜使用户可以看到正常视线上方的事物，通过语音识别接受指令。

图片：温哥华太阳报和约翰·安吉洛

缩小数字鸿沟：

通过快速、免费城市WiFi网络，纽约将重新整合通信基础设施

虽然纽约是世界最先进城市之一，但其通信基础设施陈旧且零碎，五个区有约7500部付费公用电话。如今，纽约已意识到可以利用房地产发展的契机改造成为智慧城市，通过将WiFi遍及千家万户，提供服务，缩小数字鸿沟。为实现这一目标，纽约与CityBridge财团（技术、广告用户服务领先专家财团，拥有理事会委员高通公司）签订了一份合同，共同打造连接纽约。

连接纽约的将是世界上最大最快的免费城市无线网络，通过付费广告提供高达千兆的速度。这些结构成为连接，不仅提供全区无线连接，还提供免费国内长途电话、快速充电站和城市服务入口业务。但这只是个开始，连接纽约还将提供一个开放平台，企业、学术机构和市民都可利用此平台制作原创内容和APP，能够激励数据为中心的新一代创新，还可在平台上输入信息，引导公共政策方向。

为确保始终站在时代前端，连接纽约网络支持软硬件更新。此外，通过定位在特定连接上的广告屏幕，在未来12年中，城市将产生5亿多美元的收益。连接纽约将引导新一代技术发展，并在全球范围内，成为城市环境的标准典范。

图 7.5

缩小数字鸿沟

纽约市正利用广告收入为市民建设新的数字基础设施。

第七章 通 信 | 智慧城市筹备指南　　145

毫无疑问，电子通信将持续在日常生活中发挥作用，电子通信是现代经济繁荣的必备条件，同时是公民日益增长的数字化生活需求的必需品。（2011年路透社的一项调查中，例如，61%的美国人说没有飞机仍可以好好生活，但没有网络则不行。）

我们对电子通信的依赖不只因为更多人连接互联网而日益增加，我们还需要通过平板电脑看新闻、看视频、接视频电话。理事会委员高通公司在3G、4G和新一代无线技术上占领世界领先地位，它预测世界未来需要的移动数据流量将是2012年的1000多倍。

对电子通信的依附性

随着城市对改善电子通信服务的考虑，将需要通过理解对两种资源的依赖性进行规划：电力和射频（RF）频谱，对电力需求不言而喻。RF频谱要求通过雷达进行，只有少数城市已经实现，但重要性会日益增加。

图 7.6

◯ **提供服务的更好方式**

SeeClickFix使得人们可通过电脑或移动设备随时随地报告并记录非紧急问题，使市民、社区团体和政府能够改善社区关系。通过"分布式传感技术"识别在街上慢慢发生的一些模式。市民可以上报正在发生的问题，设置手表区域以监控自己所在区的情况。政府可以看到人行道凹槽和断裂，警察可以监测辖区内上报的犯罪行为。

射频频谱是一种局部固有的有限自然资源，智能城市越来越依赖于这种资源，并最终需对该资源进行管理。来自手机、WiFi、WiMax、定位系统和蓝牙等的射频传输与环境相互作用。由于城市需要优化射频频谱资源的使用，因此我们必须了解射频和射频频谱数据的编码公开标准。

电子通信的效益

电子通信在提高城市宜居性、宜业性和可持续性发展方面发挥重要作用。

宜居性

缩小"数字鸿沟"。不能使用网络的居民在教育和经济上处于劣势，通过确保城市每个角落都覆盖顶尖的电子通信，城市能帮助弱势群体与其他群体达到平等。

促成连通的生活方式。网络访问和移动应用程序提供了惊人的人类知识和联系主体，范围涉及个人兴趣和爱好、娱乐选择、工作搜索、社会媒体、在线课程和更多其他领域。

目前，移动设备正为全世界发展中国家的人们提供使用网络的初体验。

服务交付的更好方式。高速宽带创造了一个全新的服务交付方式。政府可直接将个性化通知和应用程序传递至居民的智能手机。同时还支持 M2M 解决方案。学校可向拥有电脑或移动设备的任何人随时提供教育。医学专家可远程提供建议并进行简单的检查。

确保电子交易安全进行。许多人已经开始依赖在线购物和银行业务。建立网络安全牢固的电子通信基础设施促使市民生活更加便利，更有保障。实现安全便捷的在线和移动支付能够减少地区经济"摩擦"，从而增加销量，提供更多工作机会。

改善获取健康和教育服务的渠道。电子通信是在线教育和远程医疗服务的基础，能够在服务的传统界限以上和以外交付这些服务，让健康和教育专家向更广泛的受众提供服务。

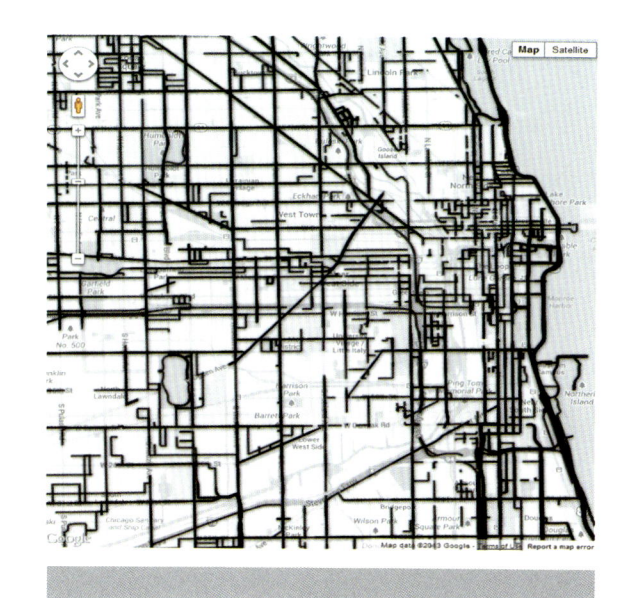

图 7.7

◉ **减少拥堵**

每年冬天芝加哥都会经历多场暴风雪。由于使用一款名为Clear Streets的应用程序，该城市的扫雪车通过电子通信报告其位置，因此居民可即时查看已经清理完毕的街道。居民可以进入自家地址查看扫雪车是否经过。

改善医疗保健服务：

贝尔法斯特健康信托降低通信成本并加快临床决策效率

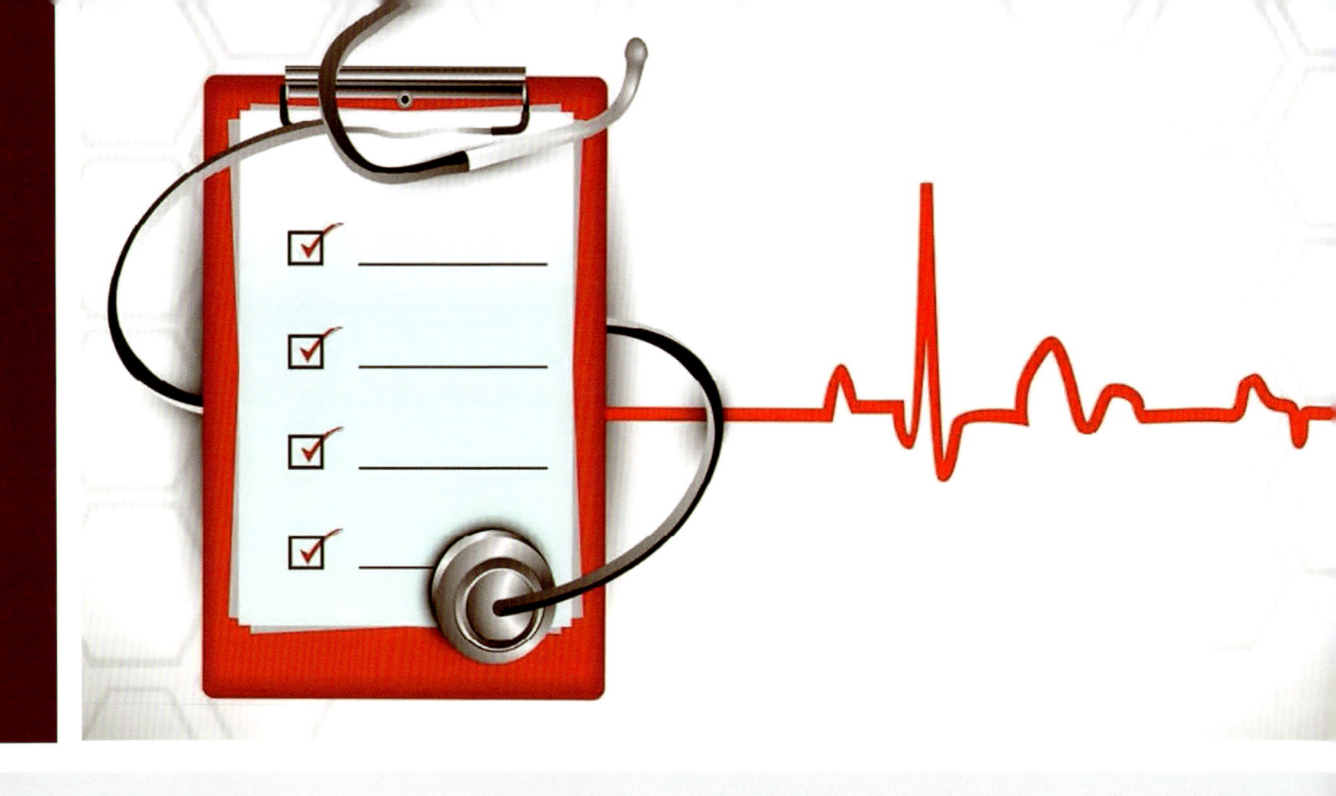

贝尔法斯特健康和社会护理信托在北爱尔兰通过一个由 6 个组织和超过 100 个实体机构组成的网络运营，这些实体机构的年度预算约为 10 亿英镑（15 亿美元），共有员工约 2 万人。该信托机构打算使用统一通信网络取代其之前的网络，让医生、护士和管理者不受地点限制，更快捷地获取信息，并进行有效交流。

贝尔法斯特信托为实施其新的统一通信方案，2010 年选择了微软的 Lync Server。该机构如此选择的一个重要因素在于，其员工已经熟悉协会成员微软的用户界面。一体化也是一个重要关注点，包括一系列已经一体化的通信服务，这意味着贝尔法斯特信托无须花费额外成本或努力增加这些服务。"我们很高兴从一开始就拥有了内置的一体化系统"，斯特健康和社会护理信托的首席信息官贝尔法说道。

贝尔法斯特信托向新系统的转移降低了通信成本，并提高了临床决策的速度。临床医生可以使用微软的 Lync2010 客户端发送即时信息，根据需要创建视频会议，并共享计算机桌面，确保无论他们在任何地点都能看到相同的临床信息或患者记录。

图 7.8

➜ 改善医疗保健服务

贝尔法斯特信托向新系统转移降低了通信成本，并提高了临床决策的速度。

宜业性

增强机动性。移动应用程序正帮助全世界的人们规划路线，提高公共交通利用率，并让人们出行更加方便、快速，减少拥堵和污染。

促进远程办公发展。快速可靠的网络存取促进了远程办公的发展，在创造更具弹性和令人满意生活方式的同时，还提高了生产力。

吸引商业和投资。宽带和高速网络存取不仅意味着便利，还意味着经济和商业要求。在寻求商业投资时，电子通信发达的城市更有优势。世界银行 2011 年的绝佳研究发现了这项优势，发现宽带渗透每增长 10%，GDP 就会上涨 1.3%。移动宽带领域也发现了同样的效果。

房地产开发商和企业所有者将稳定的电子通信基础设施视为一项要求。一个城市的吸引力与其提供支持发展和创造竞争性差异服务的能力有直接关联。此外，全市的电子通信还有助于为那些没有看到这项优势的区域（如低收入的市中心社区）吸引投资。

图 7.9

◯ 增强机动性

使用公共交通具有挑战性，尤其是乘客不知应乘坐哪趟公共汽车以及所要乘坐的公共汽车何时到站。在美国华盛顿的西雅图，Whichbus 是一个导航公共交通的简单方式。该软件综合了路线规划和实时到达信息。该软件可从任何浏览器上下载，包括手机和平板电脑上的浏览器。

第七章 通 信 | 智慧城市筹备指南 149

增强机动性：

通过指挥附近司机，Smart Fleet缓解了卡塔尔的交通拥堵

与许多发达区域一样，卡塔尔的交通拥堵不仅激怒了通勤者，还增加了那些用车队在地区之间运输货物和交付服务公司的开销。

协会成员，卡塔尔电信——坐落于卡塔尔首都多哈的电子通信公司，开发了一个基于云端和传感器的 Smart Fleet 方案，该方案采用 GPS 和 GSM 技术集中并管理与交通有关的信息。任何类型的车队均可使用订阅服务，无论是服务业、运输和物流、旅客运输抑或建筑业。发生交通拥堵时，该系统会为附近司机规划路线。如此一来，不仅节约了系统司机用户的时间，也节约了其他司机的时间。通过减少驶入拥堵区的车辆数量，可快速清除交通拥堵。

除了减少交通拥堵期间的废气排放量外，Smart Fleet 还为司机规划节能路线，节约公司开支并帮助减少污染。通过对资产的实时追踪，该系统还能帮助使用系统的公司减少损失并降低盗窃概率。

图 7.10

➲ **增强机动性**

Smart Fleet将传感器与卡塔尔电信的无线网结合，帮助企业更好地指挥其车队，避免交通拥堵并降低运营成本。

创造工作机会。一项 2010 年的美国通信业工人研究发现，在宽带领域每 50 亿美元投资，可创造 10 万个直接工作岗位和另外 15 万个"附带"岗位。

帮助人们增强专业技能。宽带通道扩展让人们能够更好地获取在线专业培训程序、在线第三教育和城市就业服务。

增加商业与全球经济的接触。智能电子通信网络帮助地区商业获得进入全国和国际市场的渠道，并让乡村地区与世界经济接轨。

可持续性

减少对运输的需求。先进的电子通信可进行视频会议、远程办公、电子医疗和在线教育，所有这些功能都减少了对污染空气的漫长通勤的需要，并推迟了我们对化石燃料的依赖。

从现有资产中获取更多。当我们可以远程监测昂贵设备，如变压器、泵、发电厂、电线时，这些设备便可开到最大功率，而不用担心超载。出于同样的原因，我们也可监测其实际条件，并在设备故障前对其进行维修，从而延长其寿命。

减少能源和水的使用。如果智能电网希望取得成功并减少资源浪费，智能电网需将嵌入式装置与技术员和控制中心相连，对于此项服务，需要依靠电子通信。同样地，电子通信会促使智能建筑报告其状况并优化系统，从而尽可能少地使用水量和电力。

图 7.11

◯ **吸引招商和投资**

协会成员沙特电信是中东和北非地区最大的电信供应商。2015 年 1 月，其与阿拉伯卫星通信组织合作，建立了一个卫星地面站，以满足电子通信服务日渐增长的需求。沙特电信表示，这种需求来自多个领域——政府和与政府有关的商业领域。

减少能源和水的使用：

无线网络帮助北卡罗来纳州的夏洛特实现可持续发展未来

2010年，北卡罗来纳州的夏洛特，以杜克能源为基础，和地区组织夏洛特中心城市伙伴一起开启了名为夏洛特设想的新合作伙伴关系。这种业务领导、业主和管理者、公共事业领导者、城市规划专家和其他人之间的公私合作伙伴关系十分罕见。他们的共同目标是到2016年实现节能20%。

杜克能源邀请协会成员威瑞森在项目开始时承担重要作用，这是一次基于两个公司之间长期存在关系的邀请。从智能能源现状®项目开始的努力，重点关注教育办公室职员所能共同进行的微小、简单的改变，这些改变对城市能源使用具有巨大影响。夏洛特设想的智能电网通过夏洛特市内61栋建筑中的智能量表获取信息。然后将这些数据发送到威瑞森的无线网络，并通过云端传输至威瑞森提供的报刊亭和建筑大堂的显示器上。

这些直播提供了整体项目的集中视图和独立建筑使用的数据。它们使用易于理解的方式显示与能源使用有关的工具、技巧和事实——例如，不使用时请关灯，建筑中无人时降低恒温器温度以及调整卫生方式以减少"照明"时间。这种交付模型让信息得以实践，将房客、工人和访问者的角色变成项目相关人员。

图 7.12

减少能源和水的使用

迄今为止，夏洛特设想已经将能耗降低了8.4%，节约了约1000万美元。该项目还具有智能水资源、浪费管理和空气质量等功能。

进入复杂网络并进行设备管理：

长滨市降低ICT成本并简化网络管理

长滨市位于日本滋贺县。2006年，长滨市、浅井镇和琵琶镇合并成一个城市。2010年，该城市又进一步与六个自治县合并，形成如今的长滨市。

随着长滨市的扩张，其ICT系统的应用范围也经历了重复合并，其员工经历了许多挑战。为确保安全，该城市开始慎重操作独立的主干网、信息和VoIP网络。尽管这种设置能有效保证安全，但由于每3个网络就需要不同的网络设备群，因此相应地成本也很高。为了降低ICT成本、简化网络操作和管理，并建立长期稳定的ICT基础设施，城市领导者打算将信息和IP电话（VoIP）系统合并为单一网络。

该城市选择美国安奈特公司提供新网络方案合并后的网络由安奈特管理框架（AMF）功能开关构成。

通过自动化的开关配置与合并的网络管理，使用AMF极大降低了该城市的网络操作与管理工作负载。

图 7.13

⊙ **进入复杂网络并进行设备管理**

高带宽LAN的附加优势在于，通过在线视频和流媒体网站，有时可提供城市协会委员会会议广播，该服务目前正顺利运行，进行直播，且没有中断。

第七章　通　信｜智慧城市筹备指南　153

图 7.14

➲ **保证宽带全覆盖**
智慧城市保证其范围内全部或大多数建筑能够接入优质、高速的宽带。

通信建设目标

我们已经定义了何为通信,并讨论了通信的重要性。现在,我们探讨具体目标,其将有助于城市获得前文所述的益处。

仪器与管控

"智慧城市"一词,也可理解为"数字城市"。正如本节所述,我们引入了两个通信特定目标:宽带接入和全市无线网。

保证全城高速宽带覆盖。这是通信建设领域特有的第一个目标。智慧城市保证其范围内全部或大多数建筑能够接入优质、高速的宽带。因为不同城市今昔情况各不相同,且技术在未来 20 年里将不断变化,因此我们无法在技术方面给出一个确凿的说明。这一技术在今天特指光纤中枢,融入不断发展的宽带无线技术。最终目标是将所有单位和家庭以虚拟形式连接到光纤圈(或您正在使用的任意一种技术)。

重要提示

这一目标并不意味着城市需要自行承担开支来建设高速宽带。在世界上许多地方,宽带建设费用由私人提供。在其他地方,公私合作也是一种形式。诚然,城市可给予有效的领导、有益的奖励措施、长期的鼓励性政策,确保所有个人、单位都能顺利接入宽带。

确保无处不在的高速宽带通道：

稳定的电子通信帮助阿姆斯特丹进行竞争

阿姆斯特丹，荷兰的经济和文化首都，力求成为欧洲最环保的可持续城市之一，同时保持经济增长态势。过去十年间，该市制定了一个与协调、展望、开发和测试有关的方案，为阿姆斯特丹建设更智能、更环保的城市环境铺平了道路。

其与多个公私伙伴进行合作，旨在创造所需平台和提供服务，帮助实现目标。智慧城市阿姆斯特丹是一个公私合作组织，负责监督涉及 70 多名伙伴在内的项目，参与者包括协会成员思科公司和许多其他组织。

"对于智慧城市项目而言，宽带是必要的基础设施，"智慧城市阿姆斯特丹的通信领导者迈克·奥西克说，"从互相联系的建筑，到交付居民服务的光纤入户，思科公司的路由选择和转换方案促进了核心网络和综合能力的发展，这两者作为项目基础，旨在改善可持续居住与工作、公共场所和机动性。"这些解决方案均符合 IPv7。

阿姆斯特丹的愿景包括思科智能+互相联系的社区创始精神，从而向互相联系的社区过渡。其愿景涉及范围广阔，旨在为互相联系的房产、政府服务、公共设施、交通和医疗保健提供服务，并与私人或商业伙伴的大型生态系统合作。

图 7.15

➔ 确保获取高速宽带的路径

为实现整个城市的宽带通道，阿姆斯特丹已与思科公司和其他公司合作。因此，一名政府官员说道，阿姆斯特丹拥有"完全开放的市场供创新服务和经济发展，以及提供更智能、更经济的交付医疗保健、教育和其他公共服务的快速通道。"

保证无线网络全市覆盖。这是第二个也是最后一个通信建设特有的目标。无论是工作、娱乐或忙于其他事物，全市覆盖的无线网络使人们不必驻守在网络附近。蜂窝移动技术和无线局域网使城市及其市民变得更为"神通广大"，这为城市提供了一大竞争优势和便利。

区域性的无线网络依赖于未经授权的频谱（无线局域网），无法保证将这一服务完全、可靠地传递到所需区域。基于 3G 或 4G 运行的网络（依赖于授权频谱）则是最佳的解决方案。

可通过无线局域网、或在日后通过小型基地台进一步增强，以应对高使用率地区的高数据处理量。城市在技术方面尚有选择余地，所以他们倾向于和私人供应商合作，来寻求最合适的解决方案。

直至今日，全市覆盖的公共无线网已然成为一种享受性需求。但是有关迹象表明，至少对于那些期望引进高收入技术专家人才的城市来说，这渐渐成为必需品。例如，得克萨斯州奥斯汀 2013 年春设计了一份协议，部署"急速谷歌光纤网络"，并宣布至关重要的无线局域网将加入其中。按照 2013 年数字战略中的规划，温哥华已开始部署全市覆盖无线网络，这是任何一座数字城市最基本的要素，市民对此也期待有加。此外许多城市也采用移动蜂窝技术，包括 LTE（长期演进技术）来保证全市范围的网络覆盖。在未来发展中，全市覆盖无线网络将呈现多样化趋势。个人和企业会选择接入多种无线技术，包括授权或未经授权频段，以获得最佳网络体验。

确保全市的无线网络：

硅谷电力公司提供免费的公共无线网络

2013 年，硅谷电力公司（SVP）开放了现有的 Tropos 无线通信网络，该网络由智慧城市协会成员 ABB 公司提供，旨在为整个圣克拉拉市提供免费的公共户外无线网络通道。居民和游客可使用带有标准 WiFi 连接的笔记本电脑、平板和智能手机客户端在圣克拉拉市的户外区域访问网络。新的圣克拉拉免费 WiFi 网服务取代了落伍且受限的系统，并为居民和数以千万的工人接入无线网，这些工人在这座城市通勤，为构成高科技工业基石的公司工作。

SVP MeterConnect 项目包括 Tropos 域区域通信网络，该网络以开放式标准 IP 网络和无线广播为基础。早前其用于读取智能量表，如今该网络已供居民开放使用。

在未来，该城市计划使用同样的网络，为市政领域的工作者（公共安全、建筑和防火检查员、公园和娱乐，以及其他领域）提供移动接入，降低运营成本并提供更优质的网络。

图 7.16

➲ **确保全市的无线网络**

硅谷电力公司的MeterConnect项目包括WiFi通信系统，该系统在智能量表与SVP办公室之间建立联系，并提供其他城市服务的全市接入。这也是一个多重服务通信系统的示例。

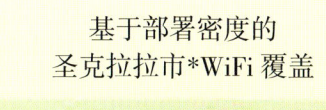

第七章 通 信 | 智慧城市筹备指南 157

连通性

我们已经讨论了通信建设的作用——增强智慧城市功能、保障市民权利。在本节，我们将着重探讨连通在增强智慧城市功能中发挥的巨大作用。

通过全城综合服务通信设备系统连通所有设备。若这一通用目标应用于通信建设，其仍需进一步讨论。

之前我们讨论了高速、全市覆盖的无线网络的重要性。就连通目的而言，连接感应器、交换机、设备，任意一部分都不是严格必需的。理论上，通过低速的电缆也可以实现连通。例如，许多电力公司通过低速电缆连结智能仪表和感应器。

无论你采用何种通信技术来连接设备，请务必将其打造成一个"多服务"综合网络。亦即利用连通实现跨城市部门的多个目标。如果每个部门各自负责其特定目标的网络，那么整个城市的支出将远超实际所需。此外，分散的网络在管理、维护以及部门间数据传递方面都会更加困难。事实上，服务架构应该和网络接入技术相分离。这样一来网络系统在不断升级的过程中将更少受到服务架构的干扰。

从低速、单目标的通信向高速、多服务的网络转变是当今世界的显著趋势。也就是说，可通过现有的高负荷网络实现设备连通：包括3G或4G-LTE(长期演进)移动蜂窝技术、无线局域网及其他如无线电网。这些网络在数据传输速率上存在较大差异。您应该根据贵城市的实际情况、开支要求来决定哪种技术最适合您。

如果您是第一次操作设备连通，则您的技术团队需特别留意这两方面：带宽和延迟度。带宽指单次数据传输量（好比水管宽度，指管内的单次水流量）。延迟度指输入、输出数据的时间差。一个网络可能既是高带宽（单次传输大量数据），同时也具有高延迟度（数据回路缓慢）。反之亦然。

您的技术团队必须谨慎选择网络的带宽和延迟度。比如，街灯控制网络可接受较高的延迟度（数据回路缓慢）。毕竟，街灯早或晚几秒开启或关闭并无大碍。但是变电所控制网络的延迟度必须处于极低水平（数据回路迅速）。其必须实现信号的快速输出和接收，从而避免小范围、短时的电力中断演变为大规模的停电事故。

无论您现在有何需求，请保留未来的发展空间。至少，您得保证所选技术是适应未

图 7.17

来发展的，可根据将来实际情况做扩展。例如，一些先行的公共设施制造方在智慧电网建设初期，为节约成本，选择低效能的连通方案。但他们的后期花费则更多。许多制造方不得不在几年后回过头对当初的网络进行重新升级。其他的则添置与原系统相符的新系统，以保证效能。

一旦你开始建设，这些问题终会到来。所以请在预算范围内尽可能采用高效能系统。

与多重服务通信系统连接的设备：

市政厅为统一通信提供大量存款

莱斯特郡市政厅为英国东中部最大的城市提供了通用公共服务，该城市的人口数量超过 30 万。

面对资金削减、消费者期望值上升和不得不进行搬迁的挑战，市政厅实施了企业转型战略。该战略需控制该城市的数据、增强消费者体验并对其 ICT 基础设置进行现代化，以支持灵活协调的工作。作为现代化项目的一部分，市政厅希望更换网威的电子邮件、日志、文档和打印方案，以及现有的专用交换分机（PBX）电话系统，为超过 8000 个独有号码提供支持。其部署的解决方案中使用了市政厅成员的微软台式机、服务器、协同机制、统一通信、业务情报和绘图技术——使用微软平台取代网威的系统。

结果，市政厅通过调整新的工作方式，并向微软技术过渡的方式提高其整体效率。电子表格形式的文件帮助员工快速安全地获取关键信息，提高服务生产率、改善决策，也让员工感到自身更有价值。通过绿色 ICT 和与其他采用更好数据管理方式获得改进的机构合作，市政厅降低了碳排放量。

图 7.18

> 与多重服务通信系统连接的设备

莱斯特郡市政厅的企业转型战略包括使用微软的台式机、服务器、协同机制、统一通信、业务情报和绘图技术。

互用性

通信网络建设是城市开支的主要部分，必须进行正确的规划和实施。这些互操作性目标保证你所操作的系统不会沦为一个"死胡同"或受限于一家供应商。

坚持开放的标准。开放的标准使来自不同供应商产品的混合搭配，城市将拥有更多选择、减少开支。通信领域有多条相关标准，其中最重要的是互联网协议第六版。因为其拥有巨大的互联网协议地址空间，能够满足成百万上千万入网设备的需求。除建设互联网协议第六版有关核心架构外，城市还应遵循有关公信机构发布的标准，如电气与电子工程师学会、无线局域网联合会、国际电工技术委员会、第三代合作伙伴计划和国际电信联盟。城市可利用具有全球规模和互操作性、具备强大供应商基础和广泛需求的标准，取得自身优势。如果标准不符合城市的要求，城市通信专家可以参与标准发布组织中，以保证标准的制定符合特定的城市要求。

重视已有投资的利用。每一座城市都希望已有的技术投资发挥出最大价值。如果通信网络架构中的现有资产能够被充分利用起来，则用于其他目的的资金开支、闲置资产都将会减少。

在网络公司泡沫时期，大量公司建立起光纤网络，意图垄断市场。然而，"波分复用"技术的出现使单根光纤的传输能力增加了100个系数。这使得那些公司建立起的光纤网络价值不再。从这些公司的不幸遭遇中可以想见，许多城市街道路面下的光缆中有数英里光纤被闲置，这部分光纤可被重新利用，且成本较低。

比如，科罗拉多州朗蒙特将一段光纤圈定位、重置，其长18英里，于1997年耗费110万美元由当地一家电力公司负责建设。早期的合作伙伴——一家宽频公司破产后，这段光纤圈随之被弃。定位、重置光纤可以帮助城市节约成百万上千万美元开支，同时进一步刺激当地经济。

安全与隐私

尽管宽频和无线技术给城市带来了诸多益处，但隐私与安全方面的考量亦需引起重视。尤其是：

创建安全框架。这一通用目标对于通信工程来说尤其重要，因为通信工程网络是数字犯罪的一大"潜入口"。如果通信系统没锁住大门，则其他方面安保措施是无意义的。贵城市所采用的全市安全框架应当为所有应用中的通信网络明确地列出最低安全标准。

图 7.19

→ **优先使用已有投资**

科罗拉多州朗蒙特将一段在1997年被弃置的光纤圈定位、重置。城市可以通过多种方式利用现有资产建设通信网络从而减少支出。

160　智慧城市筹备指南｜建设未来城市的规划手册

保障网络安全。对于通用目标来说也是如此。城市建设越多通信工程，其所面临的受网络攻击可能性也越大。尽早重视网络安全措施将使保护效果最大化、成本降到最低。

计算资源

先进的通信系统包含了高速宽带和全市覆盖无线网络，不仅让城市居民和各单位无论何时何地都能接入互联网，也促成了以下目标的实现。

开放地理信息系统。全市覆盖无线网络的意义在于当市民在城市范围内行动时，他们的权利得到充分实现。当市民在城市中行动时，他们自然会想要获取、利用全球定位和地理信息。例如，市政工作人员希望交通信号、街灯、自来水管、停车设备等城市的区域资产显示在地图上，并附以描述。

综合网络和设备管理。当城市配备了高速接入口及全市覆盖无线网，与网络连通的设备数量将急剧上升。此时需要设备管理软件来为这些设备提供支持、进行管理。运营维护部门需对接入网络的移动电话、平板电脑、笔记本电脑进行管理。市政水电部门可能需对成千上万甚至成百上千万的智能仪表和感应器进行管理。同理，若一座城市运行其通信网络，亦需网络管理软件。例如，一些市政电力系统设施需要"集成"管理软件，通过一座控制台监控多个网络。（许多设施拥有多个网络，紧密相邻、合理有序。）同时不要忘记，综合设备管理项目的重要性在于，其不得有违城市数据管理、安全及隐私政策。与供应商、运营者及服务提供商合作是开展网络和设备管理的典型方式。

目的分析

我们在前文中提到，智慧手机充当感应器通过通信网络收集、广播数据。这给城市提供了更多的信息流来分析模型和趋势，提高城市服务水平。通用目标中分析一节将进一步展开讨论。

实现资产优化。该通用目标主要指利用成熟复杂的软件：（1）使设备在保证安全的前提下运转到最大限度；（2）为造价昂贵的设备需修理时提供预警；（3）在选择替换或升级过程中计算哪个设备最为关键。就通信而言，这就成了一个"手动"过程——综合服

图 7.20

● **实现资产最优化**
在通信系统中，综合服务网络可以将投资回报最大化。

务网络——利用单一通信网络、实现多个目标，从而实现投资价值的最大化。

协同工作帮助在阿曼苏丹国马斯喀特市建立全国宽带网络

位于马斯喀特（海湾地区阿曼苏丹国的首都）的这家污水处理公司极具远见，其计划安装一套覆盖马斯喀特节省70%地区的新型排水系统。

当该公司意识到需在街道上挖掘巨大壕沟时，他们进行了一项研究，旨在考虑同时创建FTTH网络的益处。尽管挖沟和相关土木工程的成本高达FTTH网络总成本的80%，但由于能在现有的开放式沟渠中安装管道，且回填和恢复工作的成本已由主要排水项目支付，因此该设想十分具有吸引力。

该项目结束时，马斯喀特将花费远低于正常所需经费建成一个FTTH网络，并拥有一套项目开始时规划的开放式管道。

据MENA光纤入户协会的协会顾问透露，Haya供水公司的团队、顾问、交通部、财务部和电信监管机构合作，致力于为开发工作落实适当的条件和投资。事实上，覆盖全省70%网络的吸引力是指，政府和有关机构决定为其他30%地区的棕色地带部署投资。由于这部分部署无法搭上为其他目的挖掘沟渠的"便车"，因此其成本极高，却表明了各相关方共同创建世界级网络的决心。

图 7.21

协同工作能降低成本并减少破坏

令居民和商家感到懊恼的一件事情是，一个公司完成街道挖掘工作并修复，一个月后另一个公司又将该街道挖开。马斯喀特的项目是远见和协同工作创造成果的一个示例。

ISO 37120：城市表现衡量标准

2014 年，国际标准化组织公布了严格适用于城市表现的 ISO 标准。此文件被称为 ISO 37120:2014，确立了一系列开放数据指标，用于衡量城市服务和生活质量。它定义了城市衡量其表现所使用的常用方法，涉及领域包括能源、环境、金融、应急响应、治理、健康、娱乐、安全、固体废物、通信、交通、城市规划、废水、水、卫生等。

右侧图表所示为电子通信相关标准，符合下一页规定的理事会通信目标。

此 ISO 37120 指标适用于测量人均手机、固网电子通信及网络连接，从而可反映一个城市的通信强度，通过代理服务器反映城市的创新倾向。

电子通信和创新指标

			确定宽带普遍覆盖	确定宽带普遍覆盖	确定宽带普遍覆盖政策
核心	17.1	每 10 万人的互联网连接数	■	■	■
核心	17.2	每 10 万人的手机连接数			■
支持	17.3	每 10 万人的固定电话连接数			■

图 7.22

通信建设目标

以下清单中，针对通信建设的具体目标为黑体，通用目标则非黑体。

推进因素	通信建设目标 如何部署和利用信息通信技术（ICT），提升通信建成环境	实施进度			
		无	部分	逾半	全部
仪表及管控	安装理想仪表 **保证高速宽带无死角接入** **保证无线网络全市覆盖**	☐	☐	☐	☐
连通性	连接设备与全城综合服务通信设备系统	☐	☐	☐	☐
互用性	坚持开放标准 采用开放型集成架构和松散型耦合接口 优先采用已有投资	☐	☐	☐	☐
安全和隐私	制定隐私法规 创建安全框架 保障网络安全	☐	☐	☐	☐
数据管理	制定全城数据管理、公开和共享政策	☐	☐	☐	☐
计算资源	考虑云计算框架 创建开放型创新平台 创建中央地理信息系统（GIS） 实施综合网络和设备管理	☐	☐	☐	☐
目的分析	充分实现态势感知 实现运行优化 实现资产优化 采用预测分析	☐	☐	☐	☐

图 7.23

附加资源

目标：确保高速宽带全面覆盖

国际电信联盟（ITU）访谈：谢赫·阿卜杜拉·默罕默德·沙特·艾尔塔尼，卡塔尔电信主席为什么宽带对紧迫问题较多的国家如此重要？在由国际电信联盟理事会顾问进行访谈的视频中，卡塔尔电信理事会主席谢赫·阿卜杜拉·默罕默德·沙特·艾尔塔尼回答了这一问题，并对居民与网络的连接问题做出了回答。

提供无缝宽带连接

通过思科WiFi使马耳他成为智慧岛屿

作为欧洲最古老的有线电视运营商，梅丽塔与理事会委员思科通用WiFi合作提供无缝宽带服务，共同努力将马耳他变成一个智慧岛屿。更多信息请观看视频。

目标：考虑云计算平台

随时随地获取所需信息

这段视频说明在建设智慧政府过程中，CivicConnect™移动如何实现动态手机网站和应用的快速发展。通过使用城市资源集团国际（理事会委员）的手机功能云平台，无论何时何地，组织都可通过无线网络向用户提供公共和私人数据、信息以及强大的工具。

第八章
交 通

本章所述"交通"指实现人们在城市内移动的所有系统。城市中的街道、汽车、铁路、地铁、巴士、自行车、有轨电车、渡船等,无不在如今喧嚣匆忙的城市生活中扮演着重要角色——乘车上下班、出差、上课、晚上外出消遣、寄收货品、派送比萨等。我们有赖于城市中巨大的交通网络。这使我们凭合理的费用便可快速、安全地到达目的地。

然而，情况并非总是如此。世界各地城市的交通网络都面临着交通拥堵等严重的问题。根据因瑞克斯的研究，2013 年，交通拥堵给美国造成的经济损失达 1240 亿美元。如果不采取有力的措施来缓解交通堵塞，到 2030 年，这项成本预计将增加 50%，达到 1860 亿美元。另一项研究预测，到 2020 年，在美国交通堵塞中车辆怠速运行排放的废气将导致 1600 人过早死亡，并带来 130 亿美元的"总体社会成本"损失。

当然并不仅仅是美国面临这样的问题。从 2014 年拥堵指数来看，对比 2014 年和 2013 年的拥堵水平，在超过 200 个城市中前十位最拥堵城市分别为：

1. 伊斯坦布尔　　6. 累西腓
2. 墨西哥城　　　7. 圣彼得堡
3. 里约热内卢　　8. 布加勒斯特
4. 莫斯科　　　　9. 华沙
5. 萨尔瓦多　　　10. 洛杉矶

幸运的是，通过部署信息和通信技术（ICT），城市有很多解决方法可以应对交通拥堵问题，正如下文所述。

智慧交通的前景以及城市拥堵的现状都预示着这个市场子类将要迅猛发展。

法维翰咨询公司（Navigant Research）的研究表明，全球智慧城市交通基础设施和服务市场预计将从 2015 年的 51 亿美元增长到 2024 年的 251 亿美元。

当你读完这一章时，你会发现城市要实现智慧交通的全面运作，需要实现四个目标。我们还将简单讨论这四个通用目标如何应用到交通中。但首先我们要简略了解一下交通依赖性，之后我们将会重点强调智慧交通网络能够给人们带来的空前好处，比如宜居性、宜业性和可持续性发展。

图 8.1

> **智慧交通的前景**
>
> 世界各地城市都面临着交通拥堵的问题。幸运的是，通过部署信息和通信技术（ICT），有很多方法来疏通城市交通。

实现运行优化：

快速、准确的交通数据给富川市带来了哪些变化

富川市坐落在韩国西部，地处首尔和仁川十字路口，是一个富有吸引力的繁华地区，已经成为大都市首尔的文化中心。

这个城市缺乏一种洞察力，无法及时处理交通拥堵并减少交通事故应急响应时间。从现有的解决方案中得到的交通数据是非常不准确的（准确率≤50%）。对于那些没有安装车辆检测监控的区域，城市交通流量和手动计数都是从闭路电视录像中获得，这种耗时的任务往往得不出准确可靠的交通数据。没有一个更好的交通监控系统，这个城市很难减少交通拥堵并满足市民出行的需要。

为了解决这个问题，富川市提供了一个方案，即提供实时交通信息和警报，来帮助司机避免拥塞。

利用智能远景套件交通扩展以及智慧城市委员会成员的其他解决方案，富川市：

- **提高交通数据准确性**：交通数据的准确性从50%（或更少）增加到90%，这能确保司机收到更为准确的交通情况报告，得到更可靠的路线变更建议等。
- **提高了收集交通数据的速度**：收集交通数据速度增加了1200%，这使城市实现了向司机、执法部门和紧急救援人员提供实时交通信息的目标。
- **节约成本**：通过使用现有的闭路电视而并没有额外安装车辆检测系统，这节省了成本。
- **节约人工成本**：降低了人工监视交通数据和计数车辆的成本。

图 8.2

⊙ **实现运行优化**

富川市将收集交通数据速度增加了1200%，这使城市实现了向司机、执法部门和紧急救援人员提供实时交通信息的目标。

城市交通管理

对于很多城市，改善交通基础设施和服务是至关重要的事情。正如他们计划改进已经认识到了的交通运输系统、能源和通信系统以及建筑环境之间的相互依存关系一样。跨国运输和建筑环境有直接联系的，道路、铁路和港口通常是智慧交通的重要组成部分，但同样也代表大量的建设投资。

除了考虑成本因素，在智慧交通环境中，各种运输方式都需要电力和通信以保证正常运行，尤其是因为城市已经进入电气化轻轨和公交，并致力于为电动车辆提供的充电设施的时代。

智慧交通的优势

在下文的主体部分中，你会针对智慧交通如何给人们带来宜居性、宜业性和可持续性发展有一个更好的了解：

宜居性

减少交通拥挤。先进的分析学和仪器能够为城市减少交通拥堵提供所需的信息。为了优化交通流动，可以对信号灯进行同步和调整。车辆碰撞避免系统可以发挥作用来防止拥塞引起的事故。事件延迟和通知系统可以从相机和车辆中来分析信息，以检测交通问题，警示司机并建议替代路线，可以通过使用仪器和移动应用程序，解决停车难的问题。

减少行程时间。在分析学和信息通信技术的帮助下，出行者信息系统和实时航迹规划可以为出行者绘制多条路线。智慧城市交通网络指导人们何时何地从公共汽车换乘地铁，例如，如何以最低的成本和最快的时间到达目的地。对交通和天气的预告可以通过智能手机应用程序传递给出行者，以减轻通勤时间。

赋予人们选择权和控制权。智慧交通让人们有更好的交通决策能力。在智慧城市多使用多模态的票价卡来支付各种形式的城市交通或停车。数据采集仪器和开放的数据政策为他们提供更多自己的运输信息。人们创造了共享交通情况的应用程序，对司机和乘客进行最优组合，提供最近的停车地点和交通地图以及公布停车场等待时间等。

改善公共安全。智慧交通和公共安全之间有着紧密的联系。急救人员需要灵活地来完成救生工作，在必要时通过优化交通灯来

图 8.3

➲ **赋予人们选择权和控制权**
智慧交通使人们做出更好的出行决定。

使他们的工作更加容易，并能让他们实时看到潜在的交通堵塞，从而选择最有效的行驶路线。

减少出行时间：

横贯铁路工程连接伦敦最大商业中心

在伦敦，为了实现提高铁路承载力、降低交通堵塞、提升公共交通运行速度的目标，负责伦敦货物运送和铁路运输的伦敦铁路公司运输（TFL）开始建设一条新的118公里长的东西横贯铁路线。这条线路将首次直接连接伦敦主要商业中心、希思罗机场、帕丁顿、伦敦西区和金丝雀码头。

高峰时期，每小时有高达24班列车穿梭于帕丁顿和怀特查培尔之间，每辆列车可承载1500名乘客。据估计，每年有两亿人乘坐横贯铁路出行。

到2018年横贯铁路开通之时，伦敦铁路出行率将提升10%，并大幅缩减城际出行时间。据估计，横贯铁路将会产生420亿英镑的经济效益。

理事会成员贝克特尔是这项工程核心项目的运输合作伙伴，其中核心项目主要包括修筑隧道和地铁。

通过改变工作流程，在这项巨大建筑项目中，贝克特尔开启了大幅降低温室气体排放的工程。

图 8.4

➲ 减少出行时间

到2018年横贯铁路开通之时，伦敦铁路出行率将提升10%，并大幅缩减城际出行时间。以上图片展示了从金丝雀码头向东到伍利奇的俯视图。

赋予人们选择权和控制权：

迈阿密支付卡系统为乘客的出行提供便捷

迈阿密－戴德交通（MDT）卡取代了使用25年的售检票系统与智能卡系统，这个卡被命名悠游卡。它成功地吸引该区超过两个代理商加入。其中包括海厄利亚运输（公共汽车）和佛罗里达南部交通局（通勤铁路），立方交通系统委员会成员提供的"一卡通"为人们带来了更多的便利。

悠游卡是以立方开放平台中心系统为基础的后台收入管理系统。Nextfare 为交通运营者提供有助于他们更好管理数据的工具，从而使他们根据顾客的需要调整自己的服务，同时管理运营费用。例如，系统跟踪交通运营所有重要方面，包括客流量、财务绩效、媒体分发以及票价故障。迈阿密－戴德的主管辛格·卡普尔说："从这个项目一开始我们就是合作伙伴，我们对于我们的项目团队以及立方交通的成功报有极大的信心，我们的顾客也为悠游卡带来的便利感到高兴。"

这个系统就像游客在迈阿密公共场合使用公共交通一样容易。这种可重复利用的纸质票，它能够为人们带来像悠游卡一样的便利。

图 8.5

➲ **赋予人们选择权和控制权**

迈阿密支付卡系统为乘客的出行提供方便。
迈阿密-戴德官员说他们的顾客也为悠游卡带来的便利感到开心。

第八章 交 通｜智慧城市筹备指南 171

提高交通预算：
赫尔辛基巴士公司削减燃料使用，改进运输

与其他一些大城市不同，赫尔辛基是多个供应商运营的运输系统，而不是由单个民营公司或市经营部运营的运输系统。所以，虽然赫尔辛基巴士公司（HelB）归城市完全所有，但是它必须与私营公交运营商在招标投标中竞争得到城市公交路线使用权。因此，赫尔辛基巴士公司需要找到降低成本的途径，以便更有效地运作，从而在商务运营中取胜。

赫尔辛基巴士公司与微软委员会成员和技术合作伙伴CGI合作来扩展其现有的数据库系统，以收集和分析数据，这些数据是由赫尔辛基巴士公司安装在公共汽车上的传感器得来的。这些传感器每天产生超过四百万行的数据，因此，这是一个具有高度可行性的方案。

自从实施这个解决方案后，对总线传感器数据的仔细分析给赫尔辛基巴士公司带来了很多益处：

- 公共汽车车队的整体燃料消耗量下降了5%，这一点有助于减少城市的碳足迹。
- 据该城市两年一度的调查得知，客户对赫尔辛基巴士公司的满意度上升了7%。
- 赫尔辛基巴士公司监视公交司机的表现，其中包括速度和紧急刹车，并把这项消息与司机们分享，来提高他们的驾驶效率和安全性。
- 燃料消费和发动机温度的传感器数据帮助赫尔辛基巴士公司识别有机械故障的车辆，并提前解决问题。

为了进一步提高其性能，赫尔辛基巴士公司开始了一个试点项目，利用微软电子表格软件，对城市紧急刹车常出现地区的数据进行分析和形象化。这样赫尔辛基巴士公司就能找到故障点，并找到解决方案，使司机更加顺利地在这一区域行驶。

图 8.6

➲ **提高交通预算**
燃料消费和发动机温度的传感器数据帮助赫尔辛基巴士公司识别有机械故障的车辆，并提前解决问题。

宜业性

增加城市的竞争优势。城市交通基础设施的质量是商业和工业投资决策的一个重要因素。商业和工业往往依赖可靠的员工出行和货物运输。我们想要获得交通运输网络应具有可靠性。

对人才更具吸引力。一些专业人士，比如商业人士决定在一个地方定居时，会考虑该地交通是否方便。高效的交通运输会让城市商业变得繁荣，从而增加税收，增加就业基地。

可持续性

减少交通污染。无论是在发展中国家还是发达国家，都存在污染问题，而交通因素就是导致污染的一个主要因素。智能技术和实践能够大大减轻交通带来的环境污染。交通管理创造了一个更有效的道路网络，并能够减少出行时间，降低车辆排放量。智慧交通更加容易和便捷，吸引更多的游客，减轻对汽车的依赖。智慧城市也提倡电动汽车的使用。在可能的情况下，在该城市公共的车队中使用电动汽车，并在公共建筑中设置充电站。

提高交通预算。城市在公共交通上花费数十亿美元，但往往是低效的，因为总是供求不对应。智能技术增加了储蓄和交通投资潜在的效益。例如，从嵌入式智能设备得出的信息进行分析，来确定地铁系统运输在优势、前景市场方面的扩展需求，然后以最低的成本运行。

此外，分析学可以充分利用昂贵的运输资产。传感器和监视器能够在基础设施上对交通情况进行实时报道，而不是基于猜测，从而让运营者做出更好的决定。这种资产管理能够增加一项投资的使用年限，而且，这些不会磨损设备，危及乘客人身安全。

图 8.7

➲ **城市交通基础设施的质量是商业和工业投资决策的一个重要因素**

图片所示是上海的一处轻轨站，这是亚洲顶尖级的集商业、金融和交通于一体的交通中心。

仪表与管控

交通方面的目标，第一点当属帮助城市监控交通的各类智能设备，简单举例如道路感应器、智能交通灯、全球定位设备等。

安装理想设备及其他仪表。让设备各归其位、各司其职，覆盖所有交通方式，提供数据供智慧城市对交通进行实时分析。最佳的仪表化方案指"一件智能设备应用于所有交通工具"，比如，所有公共汽车装载的全球定位系统追踪器。有时指临时的智能设备。比如，根据需要，临时安装道路感应器，以获取城市公路和支线道路的交通情况图片。对从城市所有交通方式中获取的数据进行收集、分析，将有助于优化多种交通方式。

连通性

从城市的智能交通网络中收集到的数据往往能对除交通运营者以外的部分产生影响。当消防员驾车赶往火灾现场，他们需要知道途中是否发生了阻碍通行的交通事故，以决定是否改变行进路线。类似地，若城市渡轮码头出现排长龙的情况，交通部门需要实时地掌握现场信息，给出行人群提供相关警示。

连接设备与综合服务通信设备。将智能设备嵌入整个交通网络是不够的。设备收集到的数据需要通过全市运输系统进行传输，从而被用来分析、作为行动的依据。

互用性

虽然城市可能期望对交通系统进行检修、实时更新，但这对城市来说经济负担过重。本章所列的目标为城市点明了一些方法，以确保现在所做的决定能带来一个美好的未来。

坚持开放标准。开放的标准使来自不同供应商的产品混合搭配，城市将拥有更多选择、减少开支。城市可能也想与标准制定组织进行合作，来保证它们特定的需求得到满足。

采用开放型集成架构和松散型耦合接口。采用开放型集成设施的城市将使各应用间的信息分享更加便捷。

优先利用已有投资。众所周知，交通系统是一项巨额投资，大多数城市都不会弃置仍具使用价值的设备。所以，在城市将其交通网络智能化的过程中，当存在避免不必要的开销、弃置现有资产的可能性时，城市应当利用起现有设备和系统。

实现用户综合交通账户的多渠道接入。智能交通系统的目标之一是提高使用率，实现其高度的方便性至关重要。为实现这一目标，智慧城市可通过以下方式：

（1）市民可利用"一个账户支付所有城市交通服务"；（2）实现交通账户多渠道登入，通过集成交通卡、移动电话、网页、车载应答器等。

一个账户，覆盖多种交通方式，提供多渠道登入，有效地提高了用户在使用过程中的方便性。不断增长的账户使用率促进效率的提高和收入的增加，同时改善了道路拥堵状况。虽然一座城市不太可能实现一次集成所有交通方式，但这不失为一个努力的目标。

赋予人们选择权和控制权：

伦敦交通局倡导非接触式支付方式，并且，经证实，这种交通方式在伦敦非常受欢迎

2014年秋季，伦敦交通局在地铁、有轨电车、轻便铁路、伦敦地上铁以及接受牡蛎卡的全国铁路系统中引进了非接触式支付方式。

这就意味着非接触式借记卡、信用卡或者是来自万事达卡的预付卡都能使用，从而能够更加快速、便捷和安全地运送20英镑以下的货物。而且无须个人识别码或是签字，顾客只需简单接触读卡器即可。

伦敦交通局计划节省25%的运营费。通过引入一项万事达卡开环方案，在运作专有的牡蛎卡系统方面，伦敦交通局计划将从每英镑收入的0.14英镑[4.2亿英镑（1.48亿美元）]降低到每英镑收入的0.1英镑以下，每年能够节省1.2亿—1.3亿美元。

客户体验总监沙希·维尔马说："在伦敦非接触式支付对于伦敦交通而言是一项了不起的成就。它为我们的顾客出行提供了最为便捷的方式，并彰显了首都在世界运输票务领域的领先地位。"

2015年3月，英国广播公司报道："在伦敦交通网上，每天会有一百万非接触式刷卡，伦敦交通局声称要在6个月之后，使其成为全欧洲发展最快速的非接触式商业。"

图8.8

○ **赋予人们选择权和控制权**

伦敦是一座游客的主要目的地，非接触式支付方式为游客使用伦敦交通局网络提供方便、快捷和安全地了解周围的城市的机会。

坚持开放标准：

现成的解决方案，帮助管理中国的高速铁路

为了在 2008 年北京奥运会之前，能够及时完成 120 公里里程的北京至天津线路，中国铁道部选择应用施耐德电气委员会成员的解决方案，来运行其乘客信息系统。万维公司系统平台是现成的，标准化的可扩展软件，与以前中国应用的私人系统相比，这个相对昂贵、难以配置和维护。

第一回合完成后，铁道部正在部署贯穿中国的高速铁路线。到 2020 年完工时，这条铁路线将既能够运载乘客又能够运送货物，一天之内的行程能够达到 4000 公里（2500 英里）。但这是一个庞大而复杂的任务，其中会涉及 1.2 万公里的铁路线，800 个车站和 60 多个不同的第三方供应商，来负责每个车站的设备管理系统。实现互操作性很明显是个问题，但由于施耐德电气平台是开放的，所有供应商都可以实现与对方无痕沟通，可以加入新特征并在很短的时间内扩大到新车站。

如今，15 条高速铁路线上超过 220 个车站都由施耐德电气公司管理。一旦完成，会有超过 800 个车站通过铁路网运行这个方案。

图 8.9

⊃ **坚持开放标准**

中国的铁路运营商有一个单一、可行的平台来行驶监管功能，而这些监管功能要求管理全国上百万名乘客设施运营。

安全与隐私

基于其他基础设施建设的安全与隐私方面的考量和公共交通范畴同样重要。

制定隐私法规。如前文所述，交通运输管理部门正在努力建设单账户支付系统，其获得的数据将能够追踪各个用户何时到过何地。用于安全目的，有些交管部门还使用视频监控。以上两则解释了为何隐私发布规则能够帮助城市在引发潜在用户强烈反应前获取到所需信息。

创建安全框架。如今生活现实中，公共汽车司机无从知晓赶着上车的是哪位乘客、其所承载的为何人何物。那么，如果乘客的物件遗落在地铁的座位上又该怎么办呢？通过预先采取措施、使用信息通信技术，在安全隐患产生危害前进行识别、消除，安全框架能够有效减小风险。

保障网络安全。智能交通系统收集所有易成为网络攻击对象的数据——从智能支付卡信息到公共交通工具乘客人数等细节。合理布局有力的网络安全措施将会减少问题的产生。

数据管理

智能感应器、智能支付系统、全球定位系统及其他智能设备不断收集信息，成为智能交通系统的一部分。当有朝一日设计出系统管理计划，则城市及其居民将大大获益。

制定全城数据管理、公开和共享政策。全市范围的数据管理计划将有利于实现前文提到的安全与隐私工作最佳效果。它们也有助于提高数据的准确性、通过避免不必要的重复来降低成本。

计算资源

交通系统涉及大量的数据、物流信息及通过控制信息通信技术帮助城市所获得的大量细节。以下所列目标为其工作提供了参考。

考虑云计算框架。云计算框架使系统具有可扩展性，降低了成本、提高了可靠性。

创建开放型创新平台。基于开放型创新平台，开发者创造出可供城市居民使用的应用，许多城市已见其带来的绝佳成果。比如，智能停车应用就非常受欢迎。可用于同步追踪公共汽车和火车时刻表的应用同样如此。

图 8.10

➲ **创建开放型创新平台**

许多城市在利用开放型创新平台鼓励开发者研发应用方面已取得巨大成功。如图所示的停车应用SFpark非常受欢迎。

开放地理信息系统。中央地理信息系统极大地提高了城市的决策能力。比如，交通运输系统通过更智能的时刻、线路调度提高运行效率。

访问网络和设备综合管理。为做好在整个交通基础设施中庞大、分散的智能设备部署工作，智慧城市依赖于能够提高安全性和弹性，节约成本，合乎城市数据管理、安全与隐私政策的综合设备管理程序。

使用理想设备：

在加州大学校园开拓绿色车队管理

加州大学圣地亚哥分校（UCSD）在能源方面自力更生，有着悠久的历史。

该校园已成为绿色车队管理的先锋，还因电动汽车项目以及在汽车维修和服务中可持续发展的做法赢得过奖项，其舰队由混合动力车、代用燃料汽车以及穿梭巴士组成，其中有超过50%的车使用清洁燃料、超低硫柴油。

校园舰队的一部分使用的是理事会成员傲时软件的PI系统，能够在微结构中使用智能充电基础设施。校园停车场越来越多地使用太阳能，零排放汽车成为日益令人关注的趋势。PI系统也会帮助加州大学超越原来简单的充电方法。随着舰队规模的扩大，围绕车辆充电管理的问题也会增多。

根据智能太阳能的分布，PI系统将会集成太阳能数据、汽车电池状态信息和电网能源定价数据，更多地去支持建模、收费和定价系统。

图8.11

⊃ **使用理想设备**

随着加州大学车队阵容不断扩大，管理车辆充电的问题也会从PI合成数据的能力中受益。

构造云计算框架：
通过使用云技术把交通数据变得有利用价值

作为21世纪最大的趋势，城市化影响了新兴和旧的工业国家。在欧盟，已经有超过70%的人口生活在城市地区。

在德国，城市不间断增长很可能对未来在交通、能源、环境和健康等领域构成巨大的挑战。在达姆施塔特，一个地处德国黑塞州的城市，生活着约15万市民，议会成员已经检测了城市脉动平台，这个平台是一个基于云的应用程序，把城市平时收集的数据，如交通灯传感器数据，集合到一起。以前这样的测量数据已被区别对待，但把这样的数据连接到城市脉动平台上就会实现协同效应。例如，当传感器在一个特定的路上感应到较少的车流时，可以减少路灯在夜间的使用。如果车流增多，路灯可以自动开启。这样，在不危及交通安全的情况下就节省了能源。

一个城市独立测量数据的实时集成，使市政当局为公民和企业提供新的应用和服务。在微软企业的支持下，将城市脉动建立在理事会成员微软的云平台上。

图 8.12

➜ **构想云计算框架**

通过捆绑到一个平台上，数据对于任何基于它们的应用程序都是可用的，这把城市管理或是对市民的增值服务变为可能。

第八章 交 通丨智慧城市筹备指南　179

目的分析

目的分析能对交通运输网络产生重大影响并不令人意外。本节包括几大新的目标，揭示了目的分析如何影响交通运输网络。

充分实现态势感知。通过分布在各种交通方式中的智能设备，智慧城市利用分析法为交通管理者提供了完整的运行调度方案。这提高了基础设施的可靠性和弹性，同时使得应急响应的启动时间缩到最短。完全的态势感知也使得动态、多模式的灾害和恢复方案成为可能。

实现多种交通模式运行优化。说到交通运行最优化，其目标便是根据实际情况，保证所有交通方式能够即时或接近即时地实现最优化。若城市将各种交通方式分别进行优化，则技术投资的回报将会减少。因为某一种交通方式的突变或事故的发生将可能影响到其他方式。以地铁为例，若关闭其一条线路，则大量乘客将涌向附近的公共汽车站。

在许多方面，多模式最优化都改善了交通运行的现状，比如：

提升机动性。尽可能做到快速、高效、安全。经过优化，交通信号灯将消除结构性交通难题。或者寻求到最佳的协调方案，使地面公共汽车的通行尽可能少地受到路面其他车辆的影响。同样地，若公共汽车通过一条特别拥堵的通道，数据分析结果可能会建议其采取一条新的路线。或者智能手机上的应用可以给司机们提供一条最优路线，让他们绕过事故发生地和拥堵路段。更高的机动性对当地居民来说无疑是重要的，对于城市范围内人、物的运送活动来说也是至关重要。

节约成本。除了减少拥堵带来的成本收益，通过更高效的能源使用和更好的客户体验，多种交通方式的优化给城市带来了成本收益。（如前文所述，客户体验越好，人们越乐意使用公共交通。）在有些情况中，系统优化可以通过共享基础设施节约成本，尤其是信息通信技术资源同时更充分地利用现有基础设施。通过优化城市现有资源的使用，新增道路或公共汽车的需求也将得到缓解。

图 8.13

⊃ **实现多种交通方式运行优化**

多种交通方式可供选择，改善了用户体验，引导更多人使用公共交通。

充分实现态势感知：

阿肯色机场用自动恢复系统提高服务可靠性

1998 年，本顿维尔、阿肯色州的卡罗尔电力合作公司在阿肯色西北部地区机场安装了世界上首个 IntelliTeam® 自动恢复系统。委员会成员 S&C 电力公司提供该系统，能够给三个远程监控垫装开关装置提供电源，从而为机场的电气负载供电。每个空间都会配备一个 UtiliNet® WanGate 无线电系统。

正如现在典型的 IntelliTeam® 自动恢复系统的情况下，无线电系统提供跨开关组通信，但是不会向机场 SCADA 系统报告开关组状态。相反，开关组状态将会报告给一个呼机网关。然而，呼机系统的支持不再可用。因此，是时候更新机场的 IntelliTeam® 系统以及它的通信能力了。

卡罗尔电气与 S&C 公司签约。利用新的 6800 系列自动开关控件构成 ontelli-eam® SG 自动恢复系统和 SpeedNe 无线电系统，来升级装置。

因为 IntelliTeam® SG 能够处理线路负载允许数量的开关组，所以现在每个 Scada-Mate 开关都能为所有六个远程监控垫装开关装置供电，从而提高服务的可靠性。现在服务机场的开关组状态被提供到监控系统的综合系统中。

此外，现在卡罗尔电力合作公司能够通过其运营中心从远程对机场的 IntelliTeam® SG 系统进行任何所需的配置更改。

图 8.14

○ **充分实现态势感知**

为提高西北阿肯色地区机场的服务可靠性，卡罗尔电气升级第三代 IntelliTeam® SG 电力恢复系统。

第八章 交 通 | 智慧城市筹备指南 181

实施预测分析：

连接大道：世界最智能街道

理事会成员思科已经与法国城市尼斯合作，来对下一代智能街道尼斯进行试点，他们称这条街道为"新一代智能连接的林荫大道。"

雨果大道，位于尼斯的中心，是主要的概念验证区域，这里有近两百个不同的传感器和检测设备。此外，还安装了"方便行人"的设备，例如，使用手机和平板电脑，在街道上就能连接无线网状网络。

通过这些"东西"捕获的数据正在处理和分析，以为城市和居民提供对停车，交通，路灯，垃圾处理，以及环境质量宝贵的感知，就像身临其境一样。早期关于智能街道服务的试点测试表明，这里可潜在减少 30% 的交通拥堵、严重的空气污染以及停车税收。

同样的好处也表现实现路灯随需开启。例如，路灯强度根据行人和交通高峰以及实时环境情况进行调整，比如大雾和雨天能够节省 20%—80% 的电费。在环境方面，除了空气颗粒外，有很多关于温度和湿度水平的数据正在进行加工，以便更好地了解重要的环境模式。

图 8.15

实施预测分析

雨果大道，位于尼斯的中心，是主要的概念验证区域，这里有近两百个不同的传感器和检测设备。

灵活性。多模式联运最优化可以被用作智慧城市的工具，用来实现某些交通运输方面的目标。如果污染是一座城市所面临的最大问题，则可以立即改良交通系统，提高公共交通方式的使用量，减少私家车的使用。如果一座城市受到高峰期公共汽车负荷大、拥堵的困扰，则可通过优化交通系统，增加高峰期地铁的使用量。

实现资产优化。目标是保证城市可以从其交通基础设施和仪表化工程投资中获得最大价值。这包括精确地计算出哪些交通设施、何时需要被更换或修理，从而获得最大的投资回报。

采用预测分析。使用分析学来预测交通基础设施的部件何时将"下课"的重要性不言而喻。比如，对于关键的基础设施建设比如桥梁、铁路而言，预见性维护的价值可想而知。预见性维护不仅能救"钱"，更能救"命"。

实现动态的、需求导向的定价。智慧城市拥有恰到好处的系统，把动态、需求导向的定价策略作为一种工具，来影响客户行为。因为通过仪表化和分析法，城市能更好地解读人们的交通行为，城市能在一天中通过调整价格来影响人们的行为，从而实现交通管理目标。

比如，若遇上晨雾、存在交通安全隐患，城市可分析得出当时的交通工具使用量，从而根据不同交通工具所行驶的里程数定制出停车费。或者，遇到严重的道路拥堵，城市可征收多个档次的过路费，在目标区域调整公共汽车和地铁的票价来缓解当地的交通压力。不同城市的交通状况、社会优先度、政治环境都各不相同，所以动态定价法的具体实施也会因"城"而异。

提供灵活的交通选择：

法国城市利用智能拼车削减了90%的司机成本

辛迪加混和汽车项目是由巴黎和46个周边大都市联合发起的自助租赁项目，这个项目旨在缓解交通拥堵、减少噪声污染和空气破坏并给人们提供更灵活的交通选择。

这项智能系统由物流公司环境研究所实施，基于微软Windows Embedded，在车载系统、登记处、出租亭、收费站和中心管理系统之间建立联系。该解决方案每年已减少了1.5吨二氧化碳排放量，并取代了2.5万辆私人天然气汽车。通过使用自助租赁项目，原车主每年削减了90%的运输成本。自助租赁项目用户也同样享受升级的GPS定位，免费停车和个性化设置。

灵活的解决方案，简化了安装并将风险最小化，这使得自助租赁项目更加容易增添新的功能和服务。

图8.16

→ 提供灵活的交通选择

微软Windows Embedded系统在自主租赁项目车载系统、登记和出租亭、收费站和中央管理系统之间建立了联系。

ISO 37120：城市表现衡量标准

2014年，国际标准化组织公布了严格适用于城市表现的ISO标准。此文件被称为ISO 37120:2014，确立了一系列开放数据指标，用于衡量城市服务和生活质量。它定义了城市衡量其表现所使用的常用方法，涉及领域包括能源、环境、金融、应急响应、治理、健康、娱乐、安全、固体废物、通信、交通、城市规划、废水、水、卫生等。

在右侧的图表中，我们已经指出这些标准是如何影响交通的，这个问题相当于下一页上所写的如何实现委员会的运输目标。各城市根据这项ISO 37120运输指标，一直报告它们的公共交通、无汽车基础设施、整体运输安全和航班间的关联程度。

交通指标	实现所有模式的最佳仪器	全市范围内，多业务通信	综合账户的多渠道接入	整合优化所有的运输方式	启用动态，需求为基础的定价	实现全面的态势分析	实现优化操作	追求预测分析
18.1 每10万人公共交通系统最高承载量公里数	■	■		■	■			
18.2 每10万人轻客公共交通系统公里数	■	■						
18.3 人均公共交通出行次数	■	■	■	■	■			
18.4 人均个人汽车数量	■	■	■	■	■	■	■	■
18.5 通勤者使用的出行模式代替私家车工作百分比	■	■	■	■				
18.6 人均两轮机动车数量					■			
18.7 每10万人口中自行车道和车道公里数					■			
18.8 每10万人口的交通事故死亡人数	■					■	■	■
18.9 商用航班连接（直达商业航班目的地数量）					■			

图8.17

交通建设目标

以下清单中，针对能源的具体目标为黑体，通用目标则非黑体。

推进因素	交通运输建设目标 如何部署和利用信息通信技术（ICT），提升交通管理	实施进度			
		无	部分	逾半	全部
仪表及管控	安全理想仪表 **（补充：所有交通方式适用）**	☐	☐	☐	☐
连通性	连接设备与全城综合服务通信设备系统	☐	☐	☐	☐
互用性	坚持开放标准 采用开放型集成架构和松散型耦合接口 优先采用已有投资 **实现用户综合交通账户的多渠道接入**	☐	☐	☐	☐
安全和隐私	制定隐私法规 创建安全框架 保障网络安全	☐	☐	☐	☐
数据管理	制定全城数据管理、公开和共享政策	☐	☐	☐	☐
计算资源	考虑云计算框架 创建开放型创新平台 创建中央地理信息系统（GIS） 访问综合网络和设备管理	☐	☐	☐	☐
目的分析	充分实现态势感知 实现运行优化 实施预测分析 **（补充：统筹所有交通方式促进多模式交通最优化）** 实现资产优化 **实现动态、需求导向的定价**	☐	☐	☐	☐

图 8.18

附加资源

目标：实现全面态势感知

态势感知保证都柏林通勤人员的通行

都柏林市和理事会成员国际商业机器公司（IBM）之间合作通过都柏林广泛的道路、电车和公交车道网络帮助120万居民的高效运行。来自全市传感器网络的数据与地理空间数据的整合意味着城市的道路和交通部门能够更好地实时监控和管理交通流量。

目标：使用开放式创新平台

伦敦交通局每天管理着230万个网站中的新数据

伦敦交通局（TfL）决定向合作伙伴和组织开放其实时数据，以便他们可以开发以公民为中心的网页应用程序，以帮助缓解交通拥堵状况并方便大众的通勤。在短短六个星期内，伦敦交通局（TfL）、微软和本地开发商社区创建了一个应用程序编程接口，通过使用微软的云服务将实时数据上传到云数据库上，从而为伦敦交通局（TfL）节省了数百万英镑。

目标：实现运行优化

思科互联火车

理事会成员思科正在帮助轨道交通运营商将其老化和不相关的网络融合到单一的IP架构中。本视频介绍了思科互联列车如何帮助提升乘客体验、提高运营效率、降低成本、开辟全新的商业模式，同时为乘客提供新服务。

为所有交通模式安装理想仪器

梅赛德斯奔驰F015LuxuryinMotion研究车

梅赛德斯奔驰F015LuxuryinMotion研究车明确了未来无人驾驶的革命概念。观看来自理事会成员梅赛德斯–奔驰的视频，了解未来自主驾驶汽车如何发展成为交流和互动的平台。

缩短旅行时间

杜勒斯地铁线建设

本视频带你走进华盛顿特区附近的杜勒斯走廊地铁第一阶段的崭新世界级银线路线的幕后。新的铁路线由理事会成员柏克德领导的杜勒斯交通合作伙伴建设。该工程于2014年7月开始，连接该地区现有的地铁系统。

第九章
水与废水

少部分人还未意识到水的重要性。水与能源一样，对每日生活来说都必不可少。水为我们间接提供了食物，支持工业发展，灌溉了田地。城市管理部门正在努力应对日渐增加的人口带来的不断增长的需求，以及水质、洪涝、干旱、基础设施老化等问题。

本章将给予城市工具采用智能技术以实现经济化、可持续的供水。首先，它指出城市用水的现实。其次，它解释了城市通过增加供水系统的智能化可以实现的好处。最后，它讨论了为获得这些利益目标，城市应取得的技术目标。

当然，人类生活需要消费水资源，也需要用水来生产食品。但不是每个人都意识到我们需要大量的水资源来产生能量。热电厂利用沸水产生蒸汽以驱动产生电力的涡轮机。2005年，美国发电厂的用水量是所有美国居民用水量的四倍，占总用水量的41%。

这种所谓的"能量—水联系"的作用是双向的。需要大量的水来创造电力。也需要大量的电力来泵送和处理水。在世界范围内，我们平均使用总电量的7%来泵送和处理水以及废水，但是该百分比可以更高。也许接下来的统计数据最好地解释这项挑战。根据联合国的数据，世界人口的2/3，即46亿人口，将在未来十年中面临水资源紧张的状态。

图9.1

○ **能量—水联系**

2005年，美国发电厂的用水量是所有美国居民用水量的四倍，占总用水量的41%。

城市供水的风险

您认为真的无须担心您所处地区的水资源吗？再想一想。此处为城市供水所面临问题的部分清单。

海平面上升。对于沿海城市，海平面上升会进一步削弱水质，这可能会增加地下水和河口河流中的盐浓度。

洪水增加。洪水增加将影响生活在海岸线附近、洪泛平原和三角洲的数亿人口。即使是内陆城市也面临着由于降雨或融雪而引发的洪水问题。

暴风增加。飓风、龙卷风和其他极端天气事件将变得更加频繁，许多地区的降雨量更加剧烈。

干旱增加。同时，一些地区的降雨量将比平常少，导致比过去更严重的干旱现象。

淡水量减少。较高的温度使储存在山区雪地中的水量减少。高温也使土壤变得干燥，吸收更多的水量，减少地下含水层的补给。其结果可能是减少饮用水、家庭用水和工业用水。

水质下降。水质将成为一些城市的关注点。降雨模式的变化可能会改变流域，影响水质。工业和农业污染物对水井也将产生污染等不利影响。

基础设施老化。世界各个城市的水和废水处理设施正在老化且必须更换，以保证效率和水产品质量。

来自农业的竞争。根据世界经济论坛的报告，为了满足不断增长的人口需求，2050年之前，我们将需要种植并加工70%以上的食物。然而，到2030年，由于对有毒化合物的需求量增大以及气候变化所驱动的转变，我们将面临约40%的水资源短缺问题。

来自娱乐产业的竞争。在世界的一些地方，当城市试图从主要的湖泊和河流中获得更多的水时，船民、滑雪者、渔民、野营者和其他户外爱好者提出了强烈的抗议。

图9.2

图 9.3

➲ **智能化水系统**

每个城市都必须使用智能技术来保持并增强其供水能力，同时尽可能地保持较低的水成本。

为什么要使水系统智能化？

智慧城市使用信息和通信技术（ICT）实现可持续、高效和清洁的供水。大多数人将 ICT 支持的水系统称为"智能水系统"或"智能水网络"。智能水系统受四个紧迫的现实驱动：

（1）**水资源稀缺**。世界各地的城市都存在水资源短缺的问题。此外，人口增长以及造成干旱和洪水的极端天气模式预计将在未来几十年内增加，这使得水资源成为更宝贵的资源。

（2）**水资源面临风险**。干旱、洪水、盐化以及其他因素会对供水造成严重破坏（见上一页的内容）。

（3）**水价过低**。如今，水资源的价格常常远低于准确反映其稀缺性的水平。随着水资源短缺现象越来越明显，这种价格/价值的不平衡将会得到纠正。其结果是水的价格将在未来显著上涨。

（4）**水处理基础设施昂贵**。缺乏关于水资源的网络状态的实时性信息将导致昂贵的系统故障和次优维护成本。

我们已经了解到水资源周期性稀缺的地区。我们也了解到水资源极其昂贵的地区。由于这些原因和许多其他原因，每个城市都必须使用智能技术来保持并增强其供水能力，同时尽可能地保持较低的水成本。ICT 至少可以在七个方面做出贡献：

（1）**映射并检测物理基础设施**。大多数水公司不知道管道和阀门位于何处。特别注意是，它们不知道基础设施的实际情况。ICT 提供了一个高度准确的位置和"健康"的图片。"对整个基础设施清晰、全面的了解每年可以为一家水公司节省数十万美元或数百万美元的维修费用，"智能水网络论坛（智慧城市理事会顾问的行业论坛）给出了这样的解释。"调查质量的 GPS，有时结合电磁或地面穿透雷达，可以映射管道基础设施，创建三维地图以显示管道的确切位置，纠正现有地图中的广泛错误，并确保维修人员在进行挖掘时可以找到管道位置。"声学技术可以连续监测管道条件和针点泄漏位置。

（2）准确测量消耗的物质。智能水表可以为客户提供高度准确的消费记录，还帮助公用事业单位找到由于设备缺陷、泄漏和盗窃而损失的"无收益水"（NRW）。

（3）监测饮用水水质。智能水系统可以具有在整个网络中横向放置的传感器以检测污染物。这些传感器可以监测酸碱度、监测生物指标、测量氯和其他化学物质、测量重金属，然后在出现问题时提醒操作人员，以便他们能够快速采取行动以减轻威胁。

（4）呈现、完善并预测条件。使用上述前两个例子中的数据，智能水系统可以将当前条件呈现给操作者，为其提供全面的态势感知；通过优化系统使系统完善；并预测泄漏、洪水和设备故障。"通过更好的知识以及对网络的广泛且复杂资产更为严格的控制，公共事业单位可以实现更好的操作，"智能水网络论坛做出这样的解释。现代的"仪表板"和工具可以"通过更好地测量、收集、分析和对广泛事件采取的行动来提高基础物理水网络的效率、寿命和可靠性"。

（5）通过重新捕获、回收和再利用以及更好的规划可以充分利用分散和分布式的非传统水资源。水资源的分布要比管道和处理厂的分布广泛得多。雨到处都是，可在我们的屋顶上；进入我们的土壤、花园和草地中；也在我们行走的道路上。这种水可以全部被捕获并在ICT的帮助下使用。扩散到这些"绿色水系统"中的仪器可以存储水，而高级分析对于管理这种分布式资源至关重要。您可以深入了解绿色水系统的位置、了解它们的执行方式以及如何最佳地应用这些捕获的水。

（6）更好地为防范暴风雨做好准备。世界上的一些地区，例如，北美地区，必须面对水质和暴风雨水管理的挑战。此外，世界上许多地方都面临着达到新极端的洪水灾难。智能水系统不仅可以监测洪水，还可以及时预测事件，为防洪和管理灾害做好准备。

（7）利用水和废水中的能源和营养资源。ICT可帮助我们获得水的全部潜力。除了其自身作为稀有资源的价值外，水系统还容纳着多种营养资源，甚至能量。技术使我们能够减少并重新捕获供水管道中过多的动能，利用这些动能来驱动传感器，回收废水中的能量和营养物，避免将营养物质有害地排泄到精心保持平衡的生态系统中。

图9.4

> **呈现、完善并预测条件**
>
> 智能水系统不仅可以监测洪水，它还可以及时预测以做好准备。

荷兰正很好地利用暴风和洪水

荷兰正在与理事会成员IBM合作，改造防洪系统和整个荷兰水系统。该项工程具有很高的要求。荷兰总人口的66%生活在易发洪水的地区。超过4000平方英里地区的海拔（国家面积的26%）低于海平面。

金融风险也很高。每年管理水资源的持续成本（包括预测洪水、干旱和低水位）高达70亿欧元，预计到2020年将增加10亿—20亿欧元。与IBM合作的项目预计可降低高达15%的成本。

荷兰水利部、当地水利局代尔夫兰科学研究所和荷兰代尔夫特三角洲研究中心和德尔福特大学正在与IBM合作开展"数字三角洲"计划。他们将研究如何整合并分析来自各种数据源的水数据，包括降水测量、水位和水质监测器、堤坝传感器、雷达数据、模型预测以及来自水闸、泵站、水闸和水坝的当前和历史维护数据。该计划将为水利专家提供一个实时智能仪表板。该仪表板将组合、处理和可视化来自多个组织的数据，现今这些数据保存在单独的"数据孤岛"上。

新的管理系统将解决一系列问题，范围从饮用水的质量到极端天气事件的频率和影响的增加以及洪水和干旱的风险。通过对天气事件进行建模，荷兰将能够确定最佳行动方案。

数字三角洲是一种云基系统。"因为洪水对世界的许多地区来水都是日益严重的问题，所以我们希望数字三角洲项目可以作为一个可复制的解决方案，以便在世界上的任何地方都可以更好的进行水管理，"荷兰水利局局长简·亨德里克·多克拉斯这样说道。

图9.5

➲ **更好地利用径流、暴雨、洪水和废水**

该荷兰风暴波浪屏障只是荷兰巨大的防洪系统的一部分。该国正在与理事会成员IBM合作，利用ICT改造防洪管理系统。

水资源现状

在我们研究水资源责任的具体目标之前,让我们快速考虑四个影响城市何时、何地以及如何应对其水系统转型的现实。

(1) **智慧城市在当地流域周围"封闭循环"**。流域是指流入特定河流、湖泊或海洋的区域。"封闭循环"是指减少(或甚至结束)来自其他流域的进水量,同时充分利用循环系统中的可用水。优先考虑当地的可用水可使一个城市对其水计划的可持续性更有信心。

ICT 通过最大化非传统来源的潜力,帮助城市进行封闭循环。该想法是通过捕获雨水径流、灰水和紫水,以及通过挖掘如湿地、河流和湖泊这样的自然系统来补充传统的水源,如水库和含水层。ICT 可以监督和优化来自这些水源的水的捕获。封闭循环系统也可根据不同的需要使用不同等级的水。例如,处理的废水不适合饮用,但可能完全适合灌溉水性作物。

(2) **智能水系统需要协作**。也许比任何其他城市责任都重要,水是一个区域性的问题。城市居民用来解渴的水源可能与工厂使用的水源或一个 100 英里外的农民浇灌农作物的水源相同。水可以流过连接许多人口中心的广大流域。正因为如此,智能水视觉系统需要城市以及长期的利益相关者清单之间的合作。该清单包括可能有监管机构的流域、区域或国家政府实体中的其他城市、公用事业、私营部门、农业组织、公民和社区团体等。在某些必要的情况下,可能需要国际合作。

(3) **智能水系统需要智能政策**。地方、区域和国家政府可以通过许多方式提高智能水系统的前景。举个例子:政策改进可以明确公私伙伴关系帮助融资的方式。另一个例子是要求效率、节约、减少泄漏或水质。还有一个方式是与供应商合作制定一个具体的商业方案,证明投资回报。

图 9.6

⊃ **智慧城市在当地流域周围"封闭循环"**

流域是指所有从该地区排出的水都进入同一个地方的区域。

"封闭循环"意味着优先考虑当地流域的水,这使得一个城市对其水计划的可持续性更有信心。

194 智慧城市筹备指南 | 建设未来城市的规划手册

无论一个城市采取何种步骤，它不应该依托一种特定的技术。相反，应该批准期望的结果，然后与顾问和供应商合作，以确定实现这一结果的最佳方式。

（4）智能水系统可能需要创造性的融资和人员配置。许多城市预算面临巨大压力。即使一个城市可以做出具有快速收益的强有力的商业方案，它也可能没有能力为该项目提供资金。幸运的是，出现了几种替代机制以减轻这种压力。例如，一些供应商将按月付费销售软件即服务（SaaS）。这消除了城市需要自己花费巨大成本购买和安装、维护和更新所有硬件和软件的需求。相反，供应商可处理所有云中的数据，而城市只需按月支付费用。从许多方面而言，这类似于汽车租赁而不是汽车购买。

另外一种选择是风险分担合同。城市向供应商支付少一些的费用，然后将节省的成本或额外收入的一部分返还给供应商。

值得注意的是，一些发展中国家通常因具有来自开发银行的赠款和方案而有用于基础设施项目的资金。这些地区的公用事业有机会通过直接发展最先进的智能水系统而超越发达国家。

即使有足够资金的城市也可能缺乏足够的内部 ICT 技能和人员来运行复杂的智能水系统。同样，SaaS 也为此提供了一个解决方案，供应商提供大部分所需的人员，并通过同时给许多城市提供服务的方式来分散成本。

水和废水的依附性

水和废水基础设施的规划改进需要将对其他城市系统和服务的依赖性考虑在内。仅看看这些依赖关系中的几个，就可以很容易发现智能水服务如何受到地方政府政策的严重影响，以及它们在智能城市环境中与通信和能源系统的紧密关系程度。污染警告系统依赖于通信和能源系统。在城市基础设施中转移水资源的泵需要电力供应。防洪控制系统（如泵或闸门）需要弹性能量系统来操作。

图 9.7

➲ **智能水系统需要智能政策**

政府有许多方法可以增强智能水系统的前景。举个例子：政策改进可以明确公私伙伴关系帮助融资的方式。

水处理厂建立"无边界"基础设施，以改善合作

加利福尼亚自然资源局管理着国家的自然资源，包括水资源。其中一个最大的部门是水资源部门（DWR），拥有约3500名员工。DWR提供并管理输水系统，通过改进堤坝提供防洪保护，检查1200个水坝，并帮助协调国家的综合水管理系统。

为了完成这些任务，部门人员需要访问和操纵大型数据集，以模拟环境对水系统的影响。首席执行官蒂姆·加尔萨说："我们的许多任务需要与其他联邦、州以及地方政府组织、主题专家和加利福尼亚州的人员密切合作。"

但是DWR在其部门外共享数据的能力是有限的，这使其很难及时做出决策。

该机构想要一个新的数据中心基础设施，该基础设施可以轻松适应支持不断变化的业务需求。迫切需要与所有利益相关者，包括地方、州和联邦政府以及私营部门实体进行无边界合作。

该机构选择的解决方案是基于安理会成员思科的数据中心业务优势解决方案以及思科的规划、设计和实施服务的无边界基础设施。

其结果可通过创建20个不同的安全区域，将网络的总体拥有成本降低30%，并将网络性能提升40%，从而实现安全协作。

图9.8

➲ **智慧水务需要智慧协作**

加利福尼亚水资源部需要一种安全的方式与其他水管理机构共享数据。来自思科的新的"无边界基础设施"创建了20个不同的安全区域，使得多个部门能够轻松地进行安全协作。

智慧水务系统的效益

在本节中，我们将重点介绍智慧水务系统可以带来的好处，以及它们对宜居性、可行性和可持续性的影响。

宜居性

提高水质和可靠性。智慧城市使用ICT来保护其供水的安全性和可靠性。远程传感器可以检测杂质，防止供水有意或无意引入的污染物。受影响的区域通常可以自动隔离，防止扩散。与此同时，系统可以警告操作人员，以便他们可以部署维修人员来解决问题。

增加弹性。智能安全措施有助于保护水基础设施免受外部网络威胁。摄像机和访问卡可以提供物理安全。自动故障管理可以确保在对广泛区域造成影响之前发现和处理问题。在灾难现场，分析结果可以立即向城市说明需要更换哪些设备，并可以为维护人员确定优先级任务，以便尽快恢复供水。

增加客户选择和控制。ICT可向客户提供他们在何时何地使用水的信息，并提供工具帮助他们进行控制。这可使客户改变日常行为，做出权衡来降低成本。

减少破坏性的洪水和溢流。由卫星数据提供的全面态势感知可帮助城市准确地了解洪水和溢流发生在哪里。一些系统甚至可以提前预测洪水，因此可以提前派遣紧急船员。技术还使城市能够更有效地计划防洪工作。

节约建筑冷却能源。在用水进入排水量有限的下水道之前，绿色屋顶和其他绿色水系统不仅可收集用水，而且可用于冷却建筑物、街道和其他水流经过的基础设施。这可以节省冷却建筑物的能源，同时减少危险的城市热岛效应。

宜业性

增加经济发展。智能水系统可以在商业和投资竞争中区分一个城市。智能水系统在经济上尤其对工业消费者具有吸引力，因为它们通常是城市供水的最大用户。水密集型企业通常先考虑一个地区的水资源供应，然后决定是否扩大和迁移至那里。

降低运营成本。ICT解决方案可以大大降低供水商和客户的成本。城市可以优化其水基础设施的效率，节省浪费资源的成本并优化维护。使用家庭和企业中智能水表数据的高级分析可以识别客户消耗和节省水费的方式。

可持续性

消除浪费性泄漏。智能水表和传感器可减少水损失。通过态势感知和自动故障管理，水利公共事业可以立即识别并修复泄漏的问题。大多数安装智能水网的城市发现至少减少了10%的泄漏，减耗高达50%的城市也并不罕见。

从现有基础设施中获得最大价值。建造全新的供水系统不是大多数城市的选择。城市可以通过使用ICT使现有系统更高效。

利用水的动能。建立一个节能高效的水系统来供电并使用ICT。

降低运营成本：

贝思佩奇水系统从分析升级中获得多种益处

当纽约长岛的贝思佩奇水区（BWD）开始改善水计量系统时，从触摸读取系统（大约1988年）升级到贝仕托仪表高级计量分析（AMA）的主要动机是提高效率和客户服务以及通过理事会成员贝仕托仪表的读取中心分析软件获得更高级的技术及其可视操作。

"我们升级的驱动力是更好地为我们的客户服务，"BWD的负责人迈克尔·博飞说。"我们希望能够更快地检测潜在的泄漏，以便我们可以更快地对客户进行提醒。我们还希望能够使用更详细的消费信息来回应客户的结算问题，以避免争议。"博飞补充说新系统通过更精确的仪表数据和仪表读取效率提供预先的管理工具和经济效益。

在安装新系统之前，两个读数器需要10个工作日来读取该区的仪表。当计划安装的9300台新仪表中的1500台完成安装时，读取时间便已经缩短，使员工能够专注于其他项目。

总的来说，博飞估计，随着劳动效率的提高以及因更准确计量而导致的收入增加，系统将在五年内自行支付。

图9.9

降低运营成本

劳动效率的提高以及因更准确计量而引起的收入增加，将在五年内抵消贝仕托系统的费用。

提高可持续性：

沙特沙漠地区的工业城的绿化

朱拜勒皇家委员会是一个具有特殊目的的政府机构，有权发展和经营工业城市。理事会成员柏克德自20世纪70年代成立以来便向皇家委员会提供工程和施工管理服务。

朱拜勒的使命主要是通过重工业发展来实现沙特经济的多元化和扩张，同时作为一个"绿色"城市也为城市居民提供高质量的生活。当然，沙特阿拉伯是一个水资源有限的沙漠国家，这使得这个目标变得非常困难。

在过去30年中，朱拜勒已经成为中东地区最大的石化工业综合体，目前拥有约15万常住人口。朱拜勒也成为了沙特王国绿化最大的城市之一，拥有广泛的公园、开放空间和大量的植被。尽管缺乏水资源，但已通过使用最新技术的高效水和废水处理系统实现这一目标。

这个城市似乎已成为沙漠中的绿洲，为城市居民提供了极具吸引力的风景、公园和滨水区。因此，该城市正在成为年轻沙特家庭的一个极具吸引力的目的地，这些家庭都受到了好的工作和绿色环境承诺的吸引。

图 9.10

○ **提高可持续性**

朱拜勒的使命主要是通过重工业发展来实现沙特经济的多元化和扩张，同时作为一个"绿色"城市也为城市居民提供高质量的生活。

用于更加智慧水务系统的引人注目的案例

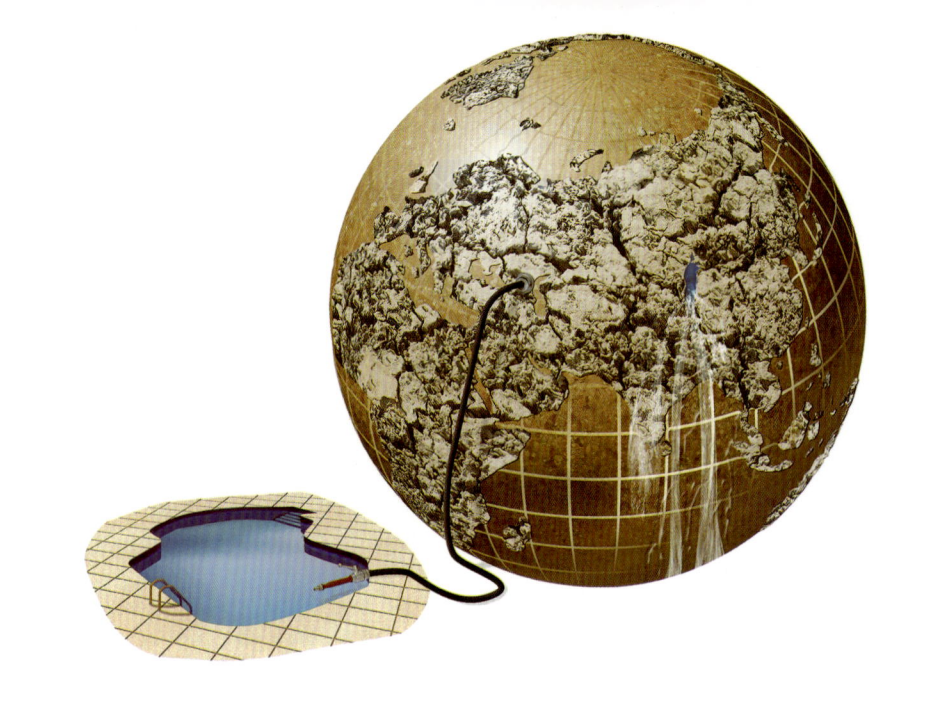

无收益水（NRW），即生产但在到达客户之前损失的水，是世界各地水公共设施所面临的主要挑战。NRW 对公共事业及其客户有重大的经济影响。它也代表珍贵资源的损失。

NRW 发生的原因有很多：
- 未计量的消耗（水表不存在，因此无法准确测量用水量）
- 授权但未计费的消费（例如消防）
- 表观损失（水盗窃和计量不准确）
- 实际损失（泄漏和爆炸）

2011 年，一项由理事会顾问智能水网络论坛（SWAN）进行的研究汇编了世界各地城市中心的 NRW 损失。结果是令人震惊的。厄瓜多尔的瓜亚基尔位于榜首，其 NRW 为 73%，但土耳其的阿达纳差的也并不多，为 69%。NRW 范围为 30%—50% 的城市并不少。相反，新加坡被认为是智能水系统的领导者和创新者，报告表明其 NRW 损失只有 4%。

正如法维翰咨询公司的分析师斯特罗瑟所说："根据世界银行的数据，每年因 NRW 的损失将减少 140 亿美元的收入机会。适用于更好的水计量的经济情况是引人注目的。"

图 9.11

➡ **用于更加智慧水务系统的引人注目的案例**

根据世界银行的数据，无收益水的损失，包括水盗窃、泄漏和计费不规范，每年估计将损失 140 亿美元的收入机会。

水务建设目标

许多技术和最佳的实践操作可以帮助城市建立起智能供水系统。共有五大专门针对水与废水的目标，将在下文详述。我们也会讨论部分应用于智能水务的通用目标。

安装理想仪表和管控装置。我们已在通用目标中额外说明并提醒，大部分城市所需信息超出其城市地理边界。智能供水网络利用感应器获取关于水及相关设备情况的数据。这些设备安装在各水域常规和非常规的部位，包括水管、水泵及花园内的绿色供水系统或收集雨水或灰水（生活用水中污染较轻可再次利用的水）的屋顶。如前文提到的（来自荷兰的案例分析中也提到），城市之间希望能够相互合作，收集到不仅局限于本市内，还有整个流域的数据。

智慧供水网络也是用感应器对水质进行监测。这可能包括追踪不同等级的水质，保证其被准确的输送，实现相应用途。

除了感应器等实体基础设施，一些城市在考虑智能水表。在某些规定受保护区域，智能水表可以为用户提供他们所需要的详细信息，来暂停消耗。配备智能水表也减少了水管、水泵、阀门处额外的感应器的需求量。

安装理想仪器：

约克郡水提高系统的可靠性和可扩展性

水已成为世界各地的重要问题，像约克郡水公司这样的公司则处在管理这种珍贵资源的前沿。

约克郡水公司为英格兰北部的470万人和13万家企业提供清洁水和污水处理服务，通过6.56万公里的管道提供服务。公司还管理650个储水设施，2250个泵站和86个污水处理设施。

为了确保向家庭和企业提供清洁、可靠用水的能力，约克郡水公司依赖于具有大量数据的数据库。当公司的遥测基础设施无法满足其对数据的需求时，约克郡水公司转向安理会成员傲时软件的PI系统寻求帮助，以获得更快、更可扩展的数据管理。在此过程中，通过减少能源使用、改进泄漏检测和更好的化学品管理，每年节省的成本超过100万英镑。

PI系统帮助约克郡水公司支持其计划性增长，因为它允许公共事业以综合方式查看其资产，支持整体的持续改进操作。约克郡水公司的遥测信息团队经理尼克·胡克说："随着网络的发展，我们需要更多的细节和仪器来支持我们的环境计划、各种政策要求和报告要求。" PI系统提供了这个基础。

图9.12

→ **安装理想仪器**

PI系统帮助约克郡水公司支持其计划性增长，因为它允许公共事业以综合方式查看其资产。

连接设备与综合服务通信系统。这一通用目标同样适用于水务建设。然而，需要提醒的是，大部分城市不应该建立仅用于智能水务建设的通信网络。相反，他们应该在现有网络基础上建设捆绑附加的工程。或者与其他部门分担开支，建设一个共用系统。比如，在中国天津，单个通信网络传输着不同种类智能水表所需的信号。

坚持开放标准。众所周知，水文数据收集和感应器装置是互不兼容的。若使用开放型标准，如开放地理信息系统协会新的编码标准WaterML2.0，大量收集到的数据可被快速发现、评估、储存、集聚、比较，和其他空间数据（天气、地质、海拔等）结合使用，在计算机模型间传输。

制定全城数据管理、公开和共享政策，包括用水数据。在通用一章，我们已经讨论了全市数据管理政策的优势。本章将另外给出专门适用于水务建设的规则。

城市可能没有属于自己的市政水务部门，但城市希望获取、使用所有由当地部门提供的数据。但无论数据来自何处，都要保证其符合全市数据管理政策。城市也鼓励部门允许用水客户获取自己的用水数据，这样他们就可以每小时检查一次：如何、何时、何地用水。有了这些信息，他们可以做出选择和权衡来减少用水量和物业费用。

从智慧城市的角度看，用水数据对于长远规划、区域性决策、用水增效项目、低收入救助项目，以及带头减少水资源消耗量具有非常宝贵的价值。

考虑云计算框架。随着云服务成本的降低，这一通用目标对大小城市来说都具有可行性。北美地区的水务部门对此非常熟悉。当地仅有少数水务公司。1.8万多个中小型组织对水资源进行管理。几乎没有组织为大量的信息通信技术工作人员和强大的服务器用地安排预算。然而他们把软件作为服务在云空间运行，获得了和大型组织一样的成果。

开放地理信息系统。中央地理信息系统提高了全市的决策能力，因此配备这一系统成为了一大通用目标。有关水的两点提示：（1）在世界许多地方，供水系统已有远超100年的历史，然而许多水务部门无法确切地知道其管道、阀门所处的位置。（2）如果城市水务部门要从头开始建设地理信息系统，那么应该和其他部门分担成本。中央地理信息系统通过更智能的时间、路线规划提升效率，提高重要记录的准确性，加强关键财产的抗风险恢复能力。

充分实现全流域的态势感知，绑定天气数据。态势感知是一个通用目标。当应用于水务，就意味着对整个流域的情况进行全面的观察。对于想要"完成闭环"、依靠本地水域（而非依靠引进其他地区水源）提升可持续发展能力的城市来说，观察结果至关重要。这一态势感知还应有当地和区域性的天气数据进行扩展、补充。天气数据可以帮助准确观察当前情况及预测未来的难题。

实现运行优化：

长滩水运营商可以全面实时了解进程

加利福尼亚州长滩水利部负责为该市 48.7 万居民提供干净、优质的水源供应。它还负责将污水安全地运送到附近的污水处理厂。它是一个由近 3 万个不同数据点组成的复杂系统。

有效地运行远程设施和处理厂需要长滩水利部利用先进的技术来帮助实时维护整个系统的通信。

为了使控制室工作人员能够有效地监测和管理超过 90 个远程遥测单元及其地下水处理设施，水利部门采用了理事会成员施耐德电气提供的全面的 Wonderware 解决方案。

该系统是基于个人电脑的，并使用微软系统。带有 WonderwareInTouch 人机交互界面（HMI）软件的 Windows 操作系统可提供实时可视化功能来监视和控制不同的站点。

该部门在整个水务系统中平均每分钟调查 40 个远程站点，以确保高效运行。数据存储在 Wonderware Historian 中，这可使水部门的主要办公室可以同时访问整个城市的泵、阀门和设备的多个数据输入。

操作员可以随时了解城市的水务系统处理过程，从而提高整体性能。有了这种水平的可见性，微小的缺陷和任何水质问题都可以立即得到纠正。同时，对操作至关重要的附加数据，如管道上发生泄漏的位置，也可以实时传输回中心站点。

图 9.13

实现运行优化

长滩水利运营商在任何给定时间都可全面了解城市水系统过程。

考虑云计算框架：

圣地亚哥市采用在线水保存系统

圣地亚哥面临着一个重大挑战：它希望通过准确的消费标定、跟踪和计费来促进和支持节水，同时与许多当地机构合作处理许多不同的数据格式和来源，并担负将代理数据导入系统的艰巨任务，同时也面临着接触和教育客户的挑战。

理事会成员国际公民资源集团为圣地亚哥开发了一个基于网络的系统，作为国家资助的创新试点项目的一部分。

解决方案是 CivicConnect™ 水资源，一个全面的在线水保护/干旱管理系统，为圣地亚哥水利机构提供一套综合的在线工具为客户创建、追踪和报告水预算。由系统创建的客户报告是根据公式得出，该公式包括客户景观区域测量、实时和历史参考作物，以及在有需要的情况下包括有效降水数据。每个参与机构定期转移水消耗和计费数据。

圣地亚哥已经利用该工具来监测和管理整个地区的干旱状况。还使用该工具来比较数百个单一家庭网站的实际使用情况和税务评估包，以帮助发展单一家庭住房的公平的利率结构。最重要的是，水管理系统允许圣地亚哥通过使客户意识到他们当前的用水量、历史用水量和推荐/建议用水量来有力地鼓励和促进水的保护。

该项目代表了一种突破性的区域节水方法，并从加州地理信息系统协会获得了年度互联网项目奖。

图 9.14

● **考虑云计算框架**

该系统包括一个在线GIS景观区域测量工具，以使水利机构能够加快对每个客户站点的景观区域的测量，并动态计算该区域中每种指定的植物分类类型的面积（平方英尺），以便实现水预算和追踪目的。

实现运行优化：可持续、高效、清洁、安全。态势感知是一个通用目标。我们已经对其进行扩展，强调了其在智能水务网络中的价值。以下为示例。

- **优化水体来源**。城市可能会发觉，某个源头水体获取过多，另一处又获取得过少。为解决以上问题，我们需要更优的运行方案和更可持续的供水系统。
- **优化水源分配**。分析学可以保证水源在所需时间传输至所需地点。供需平衡之后，水源的分配、消费、水务情况的报告都达到最高效率。根据智能水表客户端提供的耗水数据，水价可以放入一个变数模型来确定，并表明某些季节、一天中的某些时段中水价较高。
- **优化使用方式**。智能设备能监控水体情况并确定不同水体等级。有的等级的水可用于园艺，但不适用于烹饪。

实现故障泄漏管理自动化。智能水务网络可以实现泄漏管理过程中多个部分的自动化。泄漏管理系统使维修工作的优化和工作人员的派遣都实现了自动化。这增强了水务系统应对自然灾害、蓄意破坏的恢复能力。

实施预测分析。这一通用目标应用到水务中影响甚大。通过分析智能水务基础设施的数据，并和天气数据结合，城市可以预测未来险情，如洪涝灾害。在有些城市，包括里约热内卢，智能系统可以监测即将到来的风暴，预测当天晚些时候洪涝灾害的发生地，所以可以提前做好应急措施。

优化能源使用。水能发电机可以实现感应器实时运行，在运行开支上省下一大笔钱。

图 9.15

◯ 实施预测分析

通过分析智能水务基础设施的数据，并和天气数据结合，城市可以预测未来险情，如洪涝灾害。

优化能源使用：

格雷沙姆如何使用生物燃料和太阳能燃烧废水

10年前，位于俄勒冈州格雷沙姆的废水处理厂是该市最大的电力用户。但现在已经发生了很大改变。

该工厂使用来自废水处理的生物固体、脂肪、油和油脂以及太阳能来发力，降低能源成本，现在所产生的电量等于一年中消耗的电量。因此，工厂现在将多余的能量输送到当地公共事业单位。

该工厂成功的秘诀是生物燃料，由废水以甲烷的形式自然产生。通过同时从甲烷产生能量和热量（称为热电联产的过程），格雷沙姆工厂可以产生自己所需的能量，而不必再进行购买。除了其热电联产单元外，该市还在太平洋西北地区安装了最大的陆地太阳能电池阵列之一，每年生产的电量约为电厂总功率的8%。

该城市污水处理厂实现能源平衡状态的成功并非一蹴而就。这是城市的长期和宏伟愿景的直接结果。格雷沙姆相信，凭借正确的专业知识，其废水处理厂可以生产能源，而不是成为该市最大的能源消费者。

该市寻找一个来自私营部门的合作伙伴，可以帮助其减少能源使用，同时保证热电联产项目的最大产出。在为500多个北美社区提供服务的经验以及获得专家和公司承诺，确保热电联产单位90%以上"正常运行时间"的基础上，该市选择了威立雅北美公司。

根据与格雷沙姆签署的合同，威立雅管理城市二级活性污泥废水处理厂的所有运营和维护、有益的生物固体管理计划、工业预处理程序分析、热电联产运行、实验室服务和9个电梯站。

图9.16

◯ **优化能源使用**

格雷沙姆的市长肖恩·比米斯说该市在污水处理厂的做法并不是秘密。这种方式可在数千个处理厂进行复制。

第九章 水与废水 | 智慧城市筹备指南 207

实现资产优化：

系统使拉雷多的读表员不必上门即可读表

1755年，作为新西班牙殖民城市成立的德克萨斯州拉雷多具有多彩的历史，正如其上空飘扬的七彩色旗。今天，这座位于里奥格兰德北岸的城市已成为美国进入墨西哥的主要港口。与作为国际贸易中心日益增长的重要性相匹配，拉雷多正在不断壮大，目前人口为23.5万人。城市范围内越来越多的居民以及周边县1.5万居民使拉雷多市公共事业部疲惫不堪。而这就是问题。

这个城市有67543个水表，包括59138个住宅水表和8405个商业账户水表，如果采用人工读表的方法，为满足每月计费时间表的要求，需要10个工作人员接近一个月的时间上街读表。

丰富的石油和天然气钻井公司吸引了许多城市工人，公共事业部主任托马斯·罗德里格斯决心实施一个更新的自动抄表系统。

他表明"通过自动化系统，我们可以更快地实现账单的输出和收集，当然也变得更准确"。随着先进计量基础设施（AMI）系统的发展，该市发现了一个解决方案。

自2002年以来，该市一直使用理事会成员海王星技术集团的仪表，并决定使用海王星的AMI系统缩短员工的学习曲线。除了其他好处，罗德里格斯说，"我们现在有6个人做这项工作，而以前则需要10个人。没有这个系统，我们将不得不雇用额外的人来帮助我们的计费部门完成工作"。

图9.17

🟠 **实现资产优化**

拉雷多水管理的客户可以从新的AMI系统中获益。现在，部门可以在一个月前提醒他们泄漏，他们会在账单上看到这个问题。这对客户的资金有很大的影响，因为泄漏发生时，客户看不到或听不到——甚至不知道发生了泄漏。

ISO 37120：城市表现衡量标准

2014 年，国际标准化组织公布了严格适用于城市表现的 ISO 标准。此文件被称为 ISO 37120:2014，确立了一系列开放数据指标，用于衡量城市服务和生活质量。它定义了城市衡量其表现所使用的常用方法，涉及领域包括能源、环境、金融、应急响应、治理、健康、娱乐、安全、固体废物、通信、交通、城市规划、废水、水、卫生等。

在右侧的图表中，我们指出了与水和卫生有关的标准以及与下一页理事会确定的水和废水目标相一致的废水的标准。

ISO 智慧城市污水标准试图通过 5 个核心指标来获得所有的供水风险，这 5 个指标旨在衡量污水处理的可用性、获得污水处理的人数以及处理质量。

水和卫生指标

			跨流域的最佳仪器	全市范围内的多业务通信	创建水资源管理策略	实现运营优化	实现资产优化	自动故障和泄漏管理	跨流域的全面态势感知	追求预测分析
核心	21.1	城市人口与饮用水供应服务的百分比	■	■	■					
	21.2	可持续获得改善水源的城市人口的百分比	■	■						
	21.3	获得改善的卫生设施的人口百分比	■	■						
	21.4	人均国内总用水量（升/日）	■	■	■	■	■	■		
支持	21.5	人均总用水量（升/日）	■	■	■	■	■	■		
	21.6	每个家庭的水服务中断的平均年小时数	■	■	■	■		■	■	■
	21.7	失水百分比（未计入水）	■	■	■	■	■	■	■	■

废水指标

核心	20.1	由废水收集服务的城市人口的百分比	■	■	■	■	■	■	■	■
	20.2	未接受处理的城市废水的百分比	■	■	■	■	■		■	■
	20.3	城市污水接受初级处理的百分比	■	■	■	■	■		■	■
	20.4	城市污水接受二级处理的百分比	■	■	■	■	■		■	■
	20.5	城市污水接受三级处理的百分比	■	■	■	■	■		■	■

图 9.18

水与废水

以下清单中，针对能源的具体目标为黑体，通用目标则非黑体。

推进因素	水与废水目标 如何配置、利用信息通信技术来加强水务基础设施建设	实施进度			
		无	部分	逾半	完成
仪表及管控	安装理想仪表（**补充：全流域**）	☐	☐	☐	☐
连通性	连接设备与全城综合服务通信设备系统	☐	☐	☐	☐
互用性	坚持开放标准 采用开放型集成架构和松散型耦合接口 优先采用已有投资	☐	☐	☐	☐
安全和隐私	制定隐私法规 创建安全框架 保障网络安全	☐	☐	☐	☐
数据管理	制定全城数据管理、公开和共享政策 （**补充：包括用水数据**）	☐	☐	☐	☐
计算资源	考虑云计算框架 创建开放型创新平台 创建中央地理信息系统（GIS） 访问综合网络和设备管理	☐	☐	☐	☐
目的分析	充分实现态势感知（**补充：全流域覆盖，同时参考天气数据**） 实现运行优化（**补充：为实现可持续、高效、清洁、安全**） 实现资产优化 **实现故障泄漏管理自动化** 实施预测分析	☐	☐	☐	☐

图 9.19

附加资源

目标：在跨流域中安装理想仪器

智能水计量解决方案减少了澳大利亚城市10%的用水量

澳大利亚的卡尔古利-博尔德是一片干旱的地区，降雨量低。位于珀斯东部，人口约3.5万人，没有当地可用的天然水供应。在安装了理事会成员埃创的智能水计量解决方案后，水利公司能够将卡尔古利的用水量减少10%。

目标：连接城市范围内的多业务通信设备

使用蜂窝技术改善水管理

如果您在水管理系统中应用蜂窝技术（类似于智能手机中使用的技术）来改善水量、水质和成本，结果会如何呢？理事会成员高通和西图已经合作来使这一切成为可能，本视频做出了解释。

目标：考虑云计算框架

云技术如何改变水公共事业管理的未来

云软件服务正在为水资源公司如何运作以及如何使用数据带来快速且多样的变化。由于新系统通常需要新的技术资源来操作和支持，以下来自理事会合作伙伴贝仕托仪表的白皮书解释了为什么公共事业公司正在寻找云计算作为投资额外硬件的可行替代方案。

目标：实现可持续、高效率、清洁和安全的运营优化

全球水质的未来理事会合作伙伴威立雅和国际粮食政策研究所进行的全球研究发现，未来几十年内水质的快速恶化将增加发达国家和发展中经济体的人类健康、经济发展和数千个水生生态系统的威胁。

目标：充分实现跨流域的态势感知

应用于水分布网络的数据技术的分层视图

来自理事会顾问斯旺的简要白皮书强调了与之相连的或服务于水分布网络的整个数据技术系统。出于讨论的目的，它将各种部件分成层，当水网络发展成智能水网时，每个层都可以变得更智能。

目标：实现资产优化

通向R900的射频技术带来更多的实际读取和消费证明

服务于田纳西州麦迪逊的公共事业公司过去每隔一个月进行一次人工读表，以评估中间月份的使用情况。即使如此，这个过程使用8—10个读表员、4—5辆车、20多个小时。自从采用理事会成员海王星技术集团的频射技术后，现在只需要两天的时间、两个读表员和一辆卡车。

第九章　水与废水｜智慧城市筹备指南　211

第十章
废弃物管理

城市人口数量的激增不仅在交通、能源、公共安全及其他市政服务等方面给市领导带来了更多挑战,也导致了垃圾数量的增多。值得庆幸的是,针对固体废弃物的管理已经有了解决方法。技术的发展令城市垃圾的收集和处理工作更加高效,并实现了高价原料的回收利用。

在本章，我们将探讨智能技术如何帮助城市以高效和可持续的方式管理城市固体废弃物（MSW）。与其他的城市责任领域一样，信息和通信技术（ICT）正在驱动许多新的解决方案的产生，特别是在垃圾收集领域。也涉及在生物和工业工程领域的应用范围的扩大。

废弃物数量的增长

城市固体废物是指我们大多数人熟悉的垃圾。固体废物是您的日常家庭垃圾，包装纸、食物垃圾、垃圾邮件、塑料容器，不包括任何危险、有毒、电子或医疗废物。

在较发达的经济体，回收、堆肥和能源回收计划已经使大量的城市垃圾转移到垃圾填埋场。然而，数字表明城市的整体废物流仍在继续增长。

2012年发布的一份地标报告中，世界银行估计，全世界城市居民每年产生13亿吨（或公吨）的城市垃圾。到2025年，预计城市产生的垃圾几乎将增加一倍，为22亿吨。

此外，产生的固体废物的数量超过了城市化进程的速率。这种现象在一定程度上与发展中国家的快速增长有关，发展中国家的收入和富裕正在加速消费现象。例如，中国在十年前就超过了美国成为世界上最大的废物产生国。

管理固体废弃物的重要性

城市需要有效和高效地处理固体废物的原因有多个。让我们快速浏览一下。

保护公众健康。首先，城市管理废物可以减轻对公众健康的影响。细菌、昆虫和寄生虫的滋生地、积累的垃圾长期以来一直与空气和水传染疾病的传播有关。工业革命和工人的群众运动中，城市促进有效地解决和改善城市卫生。这些努力包括通过专用焚烧厂和垃圾填埋处理系统地收集废物。

资料来源：环保局。

图 10.1

→ **废弃物数量的增长**

2012年，美国产生了约2.51亿吨垃圾，回收利用和堆肥约8700万吨，相当于34.5%的垃圾进行了回收。

保护环境。传统废弃物处理方法的环境影响及其对公众健康的影响在第二次世界大战后受到更为严格的审查。在美国,联邦当局通过了关于垃圾填埋场建设和运营的法规,以防止垃圾填埋场的垃圾渗入和污染地下水。

今天,大多数垃圾填埋场都有标准,填埋温室气体(GHG)排放的问题比沥滤更受关注。垃圾填埋气体是由有机物质的分解产生的。这些有机物质含有二氧化碳、甲烷、挥发性有机化合物、有害空气的污染物和恶臭化合物,这些物质可能对公共卫生和环境产生不利影响。

甲烷是特别值得关注的。相比于二氧化碳,甲烷在大气中捕获热量要高25倍。垃圾填埋场产生的甲烷约占全球甲烷排放总量的12%。

还有从城市固体废弃物的运输中释放的显著的碳排放。

控制成本。固体废弃物的管理在市政预算中占很大比例。对于不太富裕国家的城市,垃圾收集和处置往往是最大的单一预算项目。此外,管理垃圾的全球成本正在上升,对于低收入国家的城市最为严重。世界银行预测,到2025年,全球的年度垃圾账单将从目前的2050亿美元跃升至3750亿美元。

更严格的政府法规在更高的废弃物管理成本中发挥着作用。例如,20世纪90年代,美国环境保护局(EPA)要求负责现有城市垃圾填埋场的当局要么安装地下水和气体监测项目,并遵守其他操作标准,要么关闭其垃圾填埋场。对许多社区来说,满足新需求的价格太高。在得克萨斯州,堆填区的数目已经由一千多个下降至今天的一百个。

图 10.2

◉ **英国垃圾填埋量下降**

英国报告称,在过去十年里,由于回收和废弃物转化为能源计划,垃圾填埋场的城市垃圾量下降了60%。

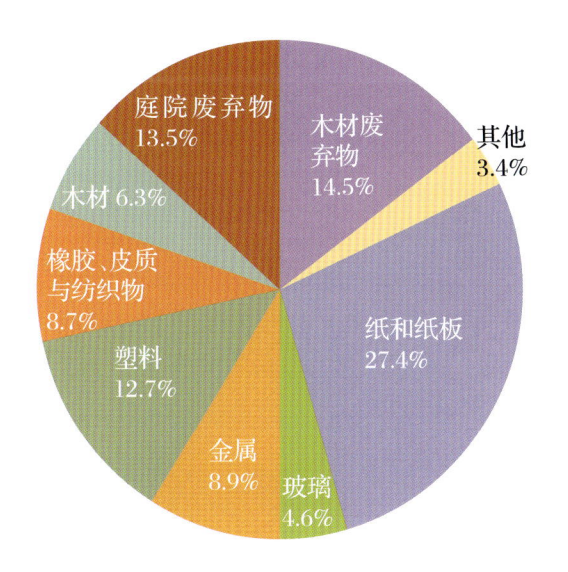

图 10.3

🡢 **废弃物流中包括什么?**

2012年EPA的"废物轮图"表明,纸品和有机物占据美国废物流的主导地位。

类似的限制在欧洲也有效。在德国,自2005年6月以来,未经处理的城市固体废物已经被有效地禁止填埋。

促进可持续性。废弃物管理实践已越来越多地与可持续性目标相联系。促进废弃物防治、回收和材料回收的计划通过减少对资源和能源的需求以及创建更多垃圾填埋场的需求可直接支持新出现的可持续发展目标。

零废弃物运动体现了对可持续性的更广泛的推动。它不仅倡导通过废物预防和回收来消除浪费,还致力于重组生产和分配系统,以重复使用一切废物,理论上完全消除了对垃圾填埋和焚烧的需要。有意设计产品以使其材料能够不断地返回生产过程的概念是所谓循环经济的基本租户。

许多城市,如旧金山、奥斯汀、得克萨斯州和斯洛文尼亚的卢布尔雅那,正式采用零废物作为目标。类似的还有苏格兰。

将废弃物作为一种资产

追求可持续性体现了现代废弃物管理实践思想的转变。另外一个原因是,废弃物代表了一种资产来源,可从中回收材料和能源。这种对回收的强调不同于废弃物管理专家所说的传统的"减少、再利用、回收和处理"的口头禅。

"市政府考虑废弃物管理的最佳实践的第一条信息是,将废弃材料看作浪费、责任转变到将每弃一件废物作为一个潜在的资产回收并返回市场利用。"资源回收顾问和理事会顾问迈克尔·塞洛克斯这样说道。他们在 Teru Talk 网站主张清洁转换能源和原材料。

这种对废物流组分广泛回收的关注正努力减少送往有问题的垃圾填埋场和焚烧炉的垃圾的量。但它也引入了废物代表创收资源的观点。城市现在有机会将废物销售给那些将垃圾分类、转移和加工成具有真正市场价值的产品的公司。

促进可持续性发展：

罗斯托克塑料瓶的第二次生命

德国是回收利用最先进的国家之一，在罗斯托克市，委员会成员威立雅每年将十亿个塑料瓶转化为用于制造新瓶的颗粒。一旦它们被收集并运送到处理中心，瓶子就通过颜色预先分类，并去除其顶盖和任何残留的废物。

然后将瓶子研磨成薄片并进行热洗涤。通过机械化学再循环步骤实现将薄片的食品级加工。在最终步骤中，纯化并装入大袋后，这些PET薄片可以运送至塑料瓶的制造商并制成"新的"PET瓶。

理解废弃物的性质

对于正在开展新的废弃物管理计划的城市，专家建议首先要了解这些垃圾。市政当局必须了解其特定社区中废物产生的性质，包括其包含的材质、来源和每种类型的含量。"你不可能管理不经测量的东西，"废物处理总监泰鲁说。他建议进行废弃物特性研究，包括城市人口、土地利用和商业数据。地理信息系统数据（GIS）的使用可以帮助绘制废弃物产生者的物理位置，而诸如"聚类分析"等有用的分析工具，则有助于城市管理了解某些废弃物类型的大量生产者集中在哪里。

使废弃物管理变得智能

智能解决方案已经进入废弃物管理领域。法维翰咨询公司报告表明，智能废弃物管理技术现在管理着全球43%的固体废物流。更多的融合正在进行中。该研究公司估计，2014年，废弃物技术将管理6.44亿吨废弃物。到2023年，这一数量预计将增加到9.384亿吨。

智慧废弃物解决方案通常包含废弃物管理的四个阶段：
- 废弃物的智能回收
- 材料的智能回收
- 能源的智能回收
- 废弃物智能降解

废弃物的智能回收

收集城市固体废弃物是一个昂贵的且有时会产生污染的建议。需要司机操作一个卡车队，通常会产生燃气里程和气体排放。

废弃物的智能收集解决方案以多种方式提供缓解帮助。它们可以消除收集路线上不必要的拾取，以及收集车辆的相关操作和维护成本。还可以监测废物减少计划的参与率，如回收利用。

垃圾桶传感器。在收集计划中，如果垃圾车收集的大多数垃圾桶为空桶，既浪费时间又浪费燃料。为了帮助更好地确定垃圾桶真正需要清空的时间，废弃物处理公司正在安装微传感器，将其填充水平状态传达给中央数据中心。只有当传感器指示垃圾桶几乎满时，才将垃圾桶添加至收集路线中。

垃圾桶传感器也可以与集成的太阳能压实机结合安装，该压实机向下推动垃圾桶的内容物。这增加了垃圾桶的容量，并进一步减少了所需的收集次数。

垃圾桶和回收箱上的 RFID 标签。一些城市已经开始在垃圾桶和回收箱中嵌入射频识别（RFID）标签。在英国，他们有时被称为"垃圾箱爬虫"。

标签与特定的居住地址或地址相关联，且类似于条形码，可以由收集车上的设备读取。收集的 RFID 信息被发送到城市数据库，在那里可以进行分析，以上几个方面为城市提供帮助。例如，RFID 使得收集车能够记录箱子的重量和填充水平。对数据的历史分析可使废弃物管理者优化收集路线和时间表。其结果可减少卡车数量，使其运行较少路线，也减少了卡车排放和空气污染。

图 10.4

⊙ **垃圾桶传感器**

垃圾桶传感器，如来自 Enevo 的这种无线设备，可告诉废弃物收集商何时安排和何时不安排进行垃圾收集。

欧洲委员会关于在回收行业使用 RFID 的技术研究表明，由于燃料消耗和空气污染的减少，使用 RFID 系统可以将废物收集成本降低高达 40%。

在克利夫兰，该市的固体废弃物部门使用 RFID 垃圾桶标签将垃圾和回收箱与业主进行连接。在分析其垃圾流数据后，该市确定每年城市收集的 22 万吨垃圾中有 42% 是可回收的。通过从废物流中移除这些可回收废弃物计算可回收物的转售价值以及转储费的节省，该市预计将共节省 550 万美元。

RFID 数据的另一个用途是帮助跟踪哪些居民设置了垃圾桶和回收箱。然后，城市可能将针对那些不参与回收的人实施教育计划。

最后，废弃物收集商正在将 RFID 技术纳入到按需付费计划（Pay-As-You-Throw，PAYT）中，居民可根据其扔掉废弃物的数量进行垃圾收费。密歇根州的大急流市已经成功地部署了这样的系统。

GPS 卡车跟踪。全球定位系统（GPS）的使用已证明有助于优化废弃物收集路线、改善驾驶员行为并减少操作费用。这些系统帮助废弃物管理者确保卡车司机遵守路线和时间表，并且没有消耗额外燃料，没有过度的空转或超速现象。

阿伯丁集团的一个研究表明，通过采用 GPS 车辆跟踪技术，燃料成本降低了 13.2%。加班费也减少了 13.4%。

优化废弃物流：
智能传感器在芬兰提供节省成本的解决方案

位于芬兰首都赫尔辛基以东50公里处的波尔沃是一个古老的中世纪小镇，坐落在芬兰群岛风景如画的位置。

2011年夏天，当地回收站不再风景如画，到处是溢满的垃圾桶和愤怒的客户。当地的废弃物管理机构Itä-UudenmaanJätehuolto（东新地区废物管理）在夏季处理许多客户日益增多废弃物方面遇到了巨大的挑战。地方回收站的过度填装越来越普遍，增加了垃圾和清洁费用。客户要求增加收集间隔，而服务的维护成本却太高。

为了解决这个问题，当局决定采用智慧城市解决方案，在回收时安装无线填充液位传感器。由理事会成员芬兰物流解决方案公司Enevo提供的传感器系统可测量和预测垃圾桶何时装满。通过将预测与交通和车辆信息相结合，Enevo的系统可以生成可供选择的数百万种不同的路线，并向用户提供最具成本效益的建议。

通过利用Enevo智能传感器服务，Itä-UudenmaanJätehuolto能够：

- 将收集量减少51%
- 减少不必要的驾驶和排放
- 减少回收站的过度填充问题
- 实现47%的净储蓄率

图10.5

◯ **通过优化减少资源使用**

通过安装Enevo智能传感器，当地废弃物管理部门能够将收集量减少51%，实现47%的净储蓄率。上图显示了波尔沃地区的一个典型的回收站。

基于 GIS 的路线规划

地理信息系统（GIS）可用于构建、记录、分析、操纵和显示地理信息。许多城市已经建立了 GIS 系统很多年了。

GIS 技术现在开始在现代固体废弃物管理操作中发挥着重要作用。它可以帮助规划废弃物收集路线，谨慎选择回收中心的地址、材料回收设施、庭院废弃物堆场和垃圾填埋场。

材料的智能回收

在收集垃圾和可回收物之后，可以开始回收有价值的废弃物流。让我们来看看一些提取废弃物流资产的智能处理解决方案。

先进的材料回收设施

高级材料回收设施通常被称为 MRF（发音为"murf"）。通常为大型建筑物，将收集的废弃物传入传送带，并且当其向前移动时，废弃物可被分离成用于回收市场的各种堆块。

可使用各种机械系统将有用的东西从废弃物流中分选和分离。可用磁铁吸出黑色金属。空气喷嘴用于吸出较轻的塑料和纸，使得较重的产品（如玻璃和有色金属）从废物流中掉落。为了识别和分类有色金属，有时使用红外线甚至 X 射线进行扫描。通常通过人工方式将塑料进行分类，这种做法大大增加了操作 MRF 的费用。

材料回收厂通常分为两类。干净的 MRF 仅接收已在收集点分离的回收物。较脏的 MRF 接收的垃圾包括可回收物、有机废弃物和其他住宅垃圾桶的垃圾。实际上，较脏的 MRF 可以比干净的 MRF 恢复更多材料，因为较脏的 MRF 处理整个废弃物流、针对更大目标数量的材料回收。

图 10.6

◯ **材料的智能回收**

可在MRF中使用自动系统用于分离各种可回收物，但是有时也需要人工分选。

机械生物处理

除了干净和较脏的MRF，第三种类型的恢复系统已经开始使用。机械生物处理（MBT），也称为湿性MRF，可用于机械化和生物化的处理固体废弃物。混合废弃物流进入这些设备和磁体后，粉碎机和其他类型的分离器将去除金属、塑料、玻璃和纸张。一些MBT设施还将从废弃物流中分离可燃元素，例如塑料和有机物，并将其转化为垃圾衍生燃料（RDF）。RDF通常用作发电厂中的燃料。

在从废弃物中机械化地回收可回收物之后，剩余的有机材料将通过使用生物方法进行处理。这些方法包括厌氧消化，即微生物分解废弃物以产生生物气体、土壤改良物和适于堆肥的材料。

因为MRF技术和系统可以根据每个社区的废弃物流概况和管理目标而有所变化，所以没有两个MRF看起来是完全相同的。

然而，主要目标基本一致：

- 减少要填埋的废弃物量
- 通过回收和生产可降解或可燃残留物来改善资源回收
- 稳定所有在垃圾填埋场中产生的废弃物残留物

能源的智能回收

由于城市固体废弃物含有塑料、有机物和其他含碳的材料，废弃物管理者越来越多地将垃圾视为可再生能源的潜在来源。将废弃物转化为能源的方法（废物工业中的WTE）是本节的重点。

WTE转换通常有两种基本方式。一种是焚烧。这通常意味着燃烧固体废物以加热产生电力的蒸汽动力发电机。另一种是通过产生可用于商业热和电量的气体和液体燃料的方式处理废弃物。

在某些方面，WTE解决方案超出了我们的智慧城市的范围，而专注于信息和通信技术。此外，一些人认为，因为焚烧过程会产生排放物，并且对于先前制造的材料是一种相对低价值的使用方式，所以这种方式并不在智慧城市可持续性强调的重点之内。

图 10.7

⊃ **现代焚烧厂**

废弃物能量转换有两种基本的方式。其中一种是在发电厂发生的焚烧，如上图所示的意大利布雷西亚的植发电厂。

考虑到这些注意事项，让我们简要地看一看 WTE 作为废弃物管理策略的目标。

焚烧

焚烧已经且仍将是从废物中回收能源的最常见的方式。焚烧将处理废物的量减少约 90%。

现在，40 个国家运营着 800 多个 WTE 焚烧炉，其中绝大多数在欧洲和亚洲。美国的情况则截然不同，即使联邦和州政府强制执行的空气质量法规不断加强，公众对焚烧炉排放的关注仍然根深蒂固。但是这已经开始发生改变。在佛罗里达州，棕榈滩县的固体废弃物管理局正在完成自 1995 年以来在美国建立的第一个 WTE 工厂。它将燃烧接收的 99% 的城市废弃物，并为 8.5 万个家庭产生足够的电力供应。

今天的 WTE 倡导者认为，现代焚烧设施的工作方式不同于老式的市政焚烧炉。现代 WTE 设施以一种高度控制和高效的燃烧系统燃烧回收的废弃物，这些燃烧系统配有经过验证的空气排放控制部件（如织物过滤器、静电除尘器和洗涤器），以最大限度减少潜在的排放。此外，现代设施焚烧废弃物的过程将通过控制设备、远程传感器和计算机进行密切监测，以确保废弃物的最佳燃烧程度。

其他 WTE 技术

虽然焚烧在 WTE 中占主导地位，但其他技术正在不断出现，这可能吸引那些反对焚烧垃圾的城市居民的关注。

沼气的厌氧消化。在欧洲，由于欧洲和国家立法旨在减少城市垃圾运送至垃圾填埋场，厌氧消化（AD）技术正获得支持。该技术依赖于厌氧消化器，即在细菌的帮助下，在无氧环境中分解有机废物。一旦限制在农场中使用以分解粪便废物，便不再是如今的 AD 情况。AD 的一种天然产物是沼气，通常含有 60%—70% 的甲烷。

气化和热解。一些城市正在使用一种称为气化的过程来提取沼气——一种含有氢气和甲烷的燃料，可用于各种设备。气化包括在高温下加热混合废物或衍生燃料。引入氧气以允许发生部分氧化，但不足以实现完全燃烧。澳大利亚的悉尼市正在推进这种气化方式，目标是生产可以反馈到天然气网格中的合成气体。

图 10.8

◯ **现代焚烧**

WTE 转化有两种基本的方式。一种是焚烧，如上图意大利布雷西亚的发电厂中发生的焚烧。

第十章　废弃物管理｜智慧城市筹备指南

另一种先进的热 WTE 处理是热解。它包括温度控制下但不引入氧气进行废物的能量辅助加热。副产物包括挥发性液体和合成气——二者的相对比例由处理温度决定。

因为气化和热解技术在处理固体废物方面的操作历史有限，所以城市很难得出有关其可行性的结论。

废弃物智能降解

废弃物处理是最不优选的选择，处于废弃物管理层次的最底层。然而，对于许多正在倾倒垃圾的发展中国家来说，将垃圾运往受管理的垃圾填埋场代表着一种低成本、高效且先进的垃圾管理方式。

在本节中，我们将探讨废弃物智能处理的替代品。

卫生填埋场

今天的卫生填埋场是工程监督的废弃物管理地点，以防止环境污染。这些垃圾填埋场将废弃物与环境隔离，同时在生物、化学和物理等层面进行降解。

垃圾填埋场的主要技术挑战是管理由有机材料的自然破坏而引起的富甲烷填埋气的释放。这些气体可以产生大量的温室气体排放。

智能废弃物处理解决方案在废物流送至垃圾填埋场之前，将有机物从废物流中去除并转化。此外，废物管理者可以实施系统来收集和使用填埋产生的气体以生产热能或电力。圣地亚哥的米拉马尔垃圾填埋场捕获的甲烷可为当地大都市生物固体中心和北方城市水回收厂提供90%的燃料进行电力发电机的供电。

生物反应堆填埋场与传统的卫生填埋场不同，生物反应堆填埋场通过有意识地添加液体和空气来加速有机废物的分解，以增强微生物的处理过程。在干燥的垃圾填埋场中进行分解可能需要 30—50 年的时间，而这一过程在生物反应堆填埋场仅需 5—10 年的时间。通过提高分解速率，填埋场中的材料体积迅速减小，可为更多的材料创造空间。因此，仅需要较少的新填埋场。

管理生物反应器填埋场中发生的生物、化学和物理层面的处理过程需要使用远程监测网络、传感器和其他尖端技术。

虽然尚未广泛使用，但是生物反应堆填埋场正在获得关注，因为它们具有提取垃圾填埋气体并将其转化为燃料的潜力。北卡罗来纳州阿什维尔市附近的生物反应堆填埋场最近增加了一个气能转化操作。现在可生产足够的燃料来运行发电机，每年可为 1110 户家庭供电。

图 10.9

➔ **将垃圾运往垃圾填埋场**

对于许多正在倾倒垃圾的发展中国家来说，将垃圾运往受管理的垃圾填埋场代表着一种低成本、高效且先进的垃圾管理方式。

太阳能封顶的垃圾填埋场

当垃圾填埋场关闭时，场地通常用聚乙烯盖密封，然后用几英寸压实土壤覆盖，然后在其上种植草木。

一个可替代性的封盖系统是不用污垢和草覆盖埋没的垃圾，而是采用太阳能电池板。这不仅消除了修剪草木和更换侵蚀土壤的需求，而且可使未充分利用的土地产生可再生能源。

垃圾填埋场的太阳能发电厂已经在几个州建立，包括位于佐治亚州亚特兰大附近的山核山填埋场，该填埋场安装了 7000 个太阳能板。美国环保局和美国能源部正在向填埋场运营商和太阳能开发商提供指导，希望将太阳能项目与退役填埋场结合。

对固体废弃物管理的依赖性

城市固体废弃物管理系统的改进部分程度上取决于其他城市系统。运输系统、计算资源和数据分析能力都可以在废物管理中发挥作用。例如，有效的运输网络对于碎片的收集以及将其运输到材料和能源回收厂和垃圾填埋场是必要的。GIS 系统等计算资源对于规划收集路线、选址处理厂以及为垃圾填埋场选择位置都很有价值。

拥有数据分析工具的城市也可以更好地支持智能废弃物管理计划。通常需要进行数据分析以便从垃圾和回收垃圾桶上的传感器和 RFID 标签获得的数据中获得信息。

图 10.10

○ **太阳能封顶的垃圾填埋场**

48英亩的山核山垃圾填埋场被改造成佐治亚州最大的太阳能发电设施。它是世界上最大的太阳能顶盖，并首次将该技术用作完全允许的垃圾填埋最终封闭系统。

实现固体废弃物目标的效益

智能固体废弃物管理以多样的方式提高城市的宜居性、宜业性和可持续性。

宜居性

为居民降低成本。使用能够产生更有效的废弃物管理的技术（如传感器、RFID 标签和 GPS 来优化收集路线）可以降低操作成本，从而降低或帮助控制居民和企业的垃圾花费。支付市政府从固体废弃物流中回收能源和材料的废弃物回收公司也有助于减少城市和居民的废物管理成本。

保护公众健康。世界上许多发展中地区，开放性的倾倒和垃圾焚烧仍然广泛使用。这些活动会持续地对城市空气和水质产生不利影响。

未收集的垃圾也会对公共健康造成损害。街道上的垃圾吸收水，为昆虫提供繁殖位置，也可能传播疾病。空旷空间的塑料瓶和包装浸出化学品和毒素可能进入土壤和水中。垃圾堵塞和干扰下水道系统的功能。

现代废弃物管理解决方案将向居民保证空气和水资源不会受到污染，也不会对公众健康构成威胁。

图 10.11

→ **清洁的街道提高了宜居性**
智慧废弃物管理可以在视觉上和美学上改善社区环境，确保垃圾可有效、及时且负责任地移除和处理。

增加公民的自豪感和财产价值。智能废弃物管理可以在视觉上和美学上改善社区环境，确保垃圾可有效、及时且负责任地移除和处理。未收集的废弃物和垃圾不仅有碍观瞻，而且放纵人们不负责任的废弃物处理行为。另外，清洁的街道和最小化的垃圾量则会增加居民的自豪感和更高的财产价值。

宜业性

建立一个有吸引力的商业环境。及时有效地收集并清除城市废弃物有助于为公司的工作人员和客户创造一个有吸引力的环境。希望保持强大企业形象的企业会利用先进的废弃物管理实践，例如零废弃物计划，并希望扎根于强大废物管理实践的城市。

创建新工作。促进废弃物管理解决方案的城市（如材料回收设施和废弃物能源厂）为新产业和就业打开大门。

224 智慧城市筹备指南｜建设未来城市的规划手册

创造新的岗位：

使废物更安全、更廉价且更有用

当澳大利亚新南威尔士州的巴拉瑞特市在2014年被选为16个美国国际商用机器公司智慧城市挑战补助金接受者之一时，该城市接待了美国国际商用机器公司的五位顶尖专家，这些专家在那里住了三个星期，投入到城市分析中，并就废弃物管理战略提供咨询意见。

巴拉瑞特市的市长约翰·菲利普说："废弃物管理是城市的一项重要优先事项，我们希望在制定可以与其他市政府和社区共享的最佳实践方法方面处于领先地位。我们希望让我们的社区能够采取行动，以确保废弃物管理能力更高效、更可持续，并探索如何从废物作为资源流中获得更多的经济价值。"

巴拉瑞特从理事会成员美国国际商用机器公司派遣的专家那里得知，技术在城市垃圾的处置和回收方面发挥着重要作用，可以使其对环境更可预测、更高效且更安全。适当的废弃物管理甚至可以创造就业和新产业的机会。

巴拉瑞特获得的主要建议包括：

- 利用现代分拣方法提高资源回收率，减少垃圾填埋
- 探索最大限度利用垃圾填埋场转换的废弃物能源选择
- 与州政府合作，提高废弃物转化为能源投资的吸引力
- 采用数字垃圾信息系统以提高理解和支持废弃物管理过程的优化

图10.12

➲ **创造新的岗位**

巴拉瑞特市从美国国际商用机器公司专家那里得知，适当的废弃物管理创造就业和新产业的机会。

图 10.13

➲ **提高可持续性**
从城市垃圾中分离出金属、玻璃、塑料和纸张能够减少再生产这种材料所需的资源。

可持续性

回收利用废弃物。回收废弃物及转移垃圾填埋是实现可持续的基本。从城市垃圾中分离出金属、玻璃、塑料和纸张能够减少再生产这种材料所需的资源。

减少垃圾填埋气体的排放。将有机废弃物转化为堆肥和燃料能够减少垃圾填埋场中有机物的含量，从而减少甲烷及其他垃圾填埋气体的产生及排放。

创建结能型废弃物回收系统。涉及传感器和射频识别（RFID，俗称电子标签）的新技术能够帮助废弃物管理者更好地分析和优化回收路线。

实现替代能源配置。社区开始使用已封场的垃圾填埋场作为安装太阳能电池板的地点。

固体垃圾目标

本节所描述的技术目标有助于开发固体垃圾智慧管理系统，以高效合理地处理废弃物。

仪表与管控

因为电子设备和管控的参与，如今的废弃物回收、处理和加工等废弃物管理工作变得更加智慧与高效。

理想仪表的应用。在废弃物管理领域，新型仪表层出不穷。垃圾箱上的射频识别（RFID，俗称电子标签）标示可帮助垃圾分类并有助于追踪垃圾分类运动的市民参与度。在市政废弃物回收设施上安装射频识别（RFID，俗称电子标签）标志，可进一步推动垃圾分类。

来自欧洲的数据显示，该项举措能够降低 30% 废弃物回收成本。

安装在公共垃圾箱上的智能无线传感器能够通过实际填充量和历史填充量及时提醒工作人员清空垃圾箱或升级捡装日程表和路线。

传感器成了垃圾处理的关键组件。扫描仪和光学传感器有助于实现可回收物的高效分类。传感器能够用来监测废弃物填埋状况。

连通性

废弃物传感器完成数据收集后，需要将其传送给服务器或网页运营商，以实现存储、查看、检测和分析。

全城综合服务通信设备。通信系统是新型垃圾处理技术的关键组成部分，尤其是射频识别技术（RFID，俗称电子标签）、全球卫星定位系统（GPS）和地理信息系统（GIS）。

废弃物回收传感器和电子标签间的数据传输主要依靠无线和蜂窝（GPRS）网络服务。依靠运营服务商，将这些连接资源将成为全城综合服务通信平台的一部分，或者用于服务商的订阅服务。

计算资源

智慧废弃物管理方法需要城市提升其室内计算能力。运营商们还可以通过网络服务或应用程序编程接口（APIs），将其应用程序同废物处理部门连接起来，从而免去亲临现场部署工作的麻烦。

创建地理信息系统（GIS）。地理信息系统（GIS）可用来定位全城设施，对包括废弃物管理在内的市政管辖领域十分有益。例如：地理信息系统（GIS）软件、废弃物回收方能够根据区域人口密度和收据数据来估算城市各区域的垃圾量。相反，

废弃物管理者可以制定便捷回收途径，以节省时间和燃油。

地理信息系统（GIS）还可以定位废弃物处理设施，进而选择填埋点。

目的分析

得益于电子标签（RFID）、传感器和全球卫星定位系统（GPS）在全球经济发展中的广泛运用，城市得以将数据分析运用于优化废弃物回收、处理和再利用。

充分实现态势感知。如上文所述，废弃物表征研究应作为智慧废弃物管理举措的起点。各城市和直辖市需了解社区生成的废弃物种类、数量及来源。废弃物收集作业、回收设施、城市人口统计学和城市信息系统（GIS）的数据分析便于城市更加清晰地纵观社区废弃物流向图。

实现运行优化。将分析应用于全球定位系统（GPS）和射频识别数据（RFID，俗称电子标签）的数据给废弃物的运输在许多方面得到优化。主要优点在于废弃物运输车队经理能够及时部署最高效的回收路线。

图10.14

➲ **实现运行优化**

伦敦废弃物处理有限责任公司，英国一家处理市内固体废弃物的回收和再利用，并将填埋物转化为能源的公司，正是采用成员委员会戴姆勒的梅赛德斯–奔驰Arocs3240K型卡车。配备了FleetBoard®车队智能管理系统的新型卡车为伦敦废弃物处理有限责任公司收集车辆使用数据、卡车燃油消耗量及评鉴司机表现。伦敦废弃物处理有限责任公司的运营主管，朱利安·阿普比说："废弃物处理作为最后一环，我们都期望废弃物数量减少、实现再利用和能源回收，那些低排放的Euro6车型在材料的运输环节发挥了巨大作用，从而提高其价值和利用率。"

实现运行优化：

休斯敦期待"一个垃圾桶"转移废弃物

尽管几十年来促进回收，休斯敦市的回收仍然远低于全国平均水平。该城市的垃圾填埋场转换率仅为17%，其中只有6%来自回收利用，其余部分则来自回收庭院废物。

为了改变这种情况，休斯敦市长安妮斯·帕克（Annise Parker）领导了城市收费，采用"一个垃圾桶"转移废弃物。这将允许居民在一个垃圾桶中将垃圾、可回收物、庭院剪枝和其他废弃物混合，并让资源回收厂将垃圾分离并处理垃圾。

若执行该计划，预计休斯敦回收率在两年内攀升至75%。还将减少垃圾车的污染，因为收集垃圾所需的行程将减少。

有机能源公司（理事会成员）董事长兼首席执行官乔治·吉特舍尔说，使用一个垃圾桶模型与高级材料回收设施相结合的方式，可以"完全改变全球固体废弃物产业"。建立和运营高级材料回收设施（MRFs）的有机能源公司是与休斯顿合作管理垃圾箱废气流的公司之一。吉特舍尔解释说，有机能源的回收将根据物品的密度、尺寸、光学特性、磁性和其他特点分成20种不同类型的材料，这些材料可以上市，并变成新的制造商品。

阿拉巴马州的蒙哥马利市最近采纳了垃圾箱废弃物收集系统，同时开办了一个价值3500万美元的材料回收厂。该城市的回收率在不到一个月内从1%上升到70%。向回收厂中添加堆肥和甲烷生产时，材料回收率预计将上升到90%。

图 10.15

→ **实现运行优化**

倡导者认为使用一个垃圾桶模型与先进的材料回收设施相结合的方式可以改变固体废弃物工业。

ISO 37120：城市表现衡量标准

2014 年，国际标准化组织公布了严格适用于城市表现的 ISO 标准。此文件被称为 ISO 37120：2014，确立了一系列开放数据指标，用于衡量城市服务和生活质量。它定义了城市衡量其表现所使用的常用方法，涉及领域包括能源、环境、金融、应急响应、治理、健康、娱乐、安全、固体废物、通信、交通、城市规划、废水、水、卫生等。

在右侧的图表中，我们指出了与固体废弃物相关的标准，符合理事会在下一页确定的废物管理目标。

固体废弃物主题在 ISO 37120 中是独一无二的，因为 10 个指标是其他任何主题中最大的，强调了对全球资源进行更有效管理的必要性。该指标指明了具有关于危险废弃物和城市固体废弃物（MSW）（通常被称为垃圾）的生成和回收的城市。

固体废弃物指标

			实施最佳仪器	全市范围内的多业务通信	创建全市数据管理策略	访问中央 GIS	实现全面的态势感知	实现运营优化	实现资产优化
核心	16.1	具有常规固体废弃物收集的城市人口的百分比（住宅）	■	■	■	■			
	16.2	人均固体废弃物收集总量	■	■	■	■			
	16.3	城市回收的固体废弃物的百分比	■	■	■	■	■	■	■
支持	16.4	在卫生填埋场处置的城市固体废弃物的百分比	■	■	■	■			
	16.5	在焚烧炉中处理的城市固体废弃物的百分比	■	■	■	■			
	16.6	公开燃烧的城市固体废弃物的百分比	■	■	■	■			
	16.7	在露天垃圾场处理的城市固体废弃物的百分比	■	■	■	■			
	16.8	通过其他方式处理的城市固体废弃物的百分比	■	■	■	■			
	16.9	人均危险废弃物产生量（吨）	■	■	■	■			
	16.10	城市回收的危险废弃物的百分比	■	■	■	■	■	■	■

图 10.16

废弃物管理目标

以下清单中，针对废物处理的具体目标为黑体，通用目标则非黑体。

推进因素	废弃物管理目标 如何部署和利用信息通信技术（ICT），提升废物管理	实施进度			
		无	部分	逾半	完成
仪表及管控	安装理想仪表 **回收箱上的射频识别（RFID，俗称电子标签）、垃圾箱上的无线智能传感器**	☐	☐	☐	☐
连通性	连接设备与全城综合服务通信设备系统 **确保废弃物数据传输的无线和蜂窝数据网络服务**	☐	☐	☐	☐
互用性	坚持开放标准 采用开放型集成架构和松散型耦合接口	☐	☐	☐	☐
安全和隐私	制定隐私法规 创建安全框架 保障网络安全	☐☐☐	☐☐☐	☐☐☐	☐☐☐
数据管理	制定全城数据管理、公开和共享政策	☐	☐	☐	☐
计算资源	考虑云计算框架 使用开放型创新平台 创建地理信息系统（GIS） 实施综合网络和设备管理	☐☐☐☐	☐☐☐☐	☐☐☐☐	☐☐☐☐
目的分析	全面实现态势感知 实现运行优化 实现资产优化 采用预测分析	☐☐☐☐	☐☐☐☐	☐☐☐☐	☐☐☐☐

图 10.17

附加资源

回收和再利用废料

塑料回收制造公共空间

从本理事会成员美国国际商用机器公司的视频中,了解荷兰的Loos.fm如何利用塑料回收,建立一个具有成本效益和环保的宠物馆,并创造公共空间以造福社会。

混杂塑料分拣技术作为回收过程的一部分

观看视频,视频介绍了理事会成员威立雅在西柏克郡派得沃斯的综合废物管理设施的"混杂"智能分拣技术。该设备将混合塑料分离成不同的废物流。

目标:将RFID标签嵌入垃圾箱

智能垃圾:RFID标签和回收行业的研究

为欧洲委员会准备的这份技术报告将帮助城市废物管理专业人员衡量RFID(射频识别)技术的机遇和挑战,以减少废物管理成本,简化并自动提高效率。

第十一章
健康和公共服务

先进的信息通信技术将极大地改变医疗、教育及其他重要公共服务的提供方式，智慧城市将顺应潮流，为给市民更好的生活提供保证。

让我们想象一下 2030 年的洛杉矶。一名生病的学生躺在床上，正通过智能手机上代数课。老师要求班级解决 X 问题，我们的学生从几英里外举起她的手实时求解方程。那天晚上，通过在同一部手机上的应用程序，她下载代数作业，并在一个虚拟的教室，她和同学一起做作业，完成一天的课程。

她完成了家庭作业，并打开了一个新的应用程序——一个可以将她正在进行的放射治疗的数据传输给纽约专家的应用程序。她使用医院提供的移动医疗设备，并在几分钟内发送她的健康更新报告。楼下，她的母亲通过她曾经接受过工作培训和就业转介的同一个门户，在线访问她的医疗记录。

欢迎来到健康和公共服务的未来，通过云基应用程序、可穿戴设备、远程呈现、机器人和其他先进技术将帮助智慧城市提高公民的福祉。

但在我们深入了解本章之前，让我们来处理一些定义。我们认为城市提供的公共服务是为了支持居民的福利——他们的健康和

图 11.1

⊖ **ICT 使人们变得更聪明、更健康**

云基应用程序、可穿戴设备、远程呈现、机器人和其他先进技术将帮助城市改善其公民的福祉。

福利、他们的教育、他们呼吸的清洁空气，甚至是他们吃的食物。在前几章中，我们展示了 ICT 如何使基础设施更智能，而在本章中我们将探讨 ICT 如何使人们变得更聪明、更健康。公共服务的重要性不能被夸大，毕竟，一个有文化历史、健康的城市是一个富有和成功的城市。

使健康和人类服务更智慧

在健康和公共服务领域有四个 ICT 可以大大改善城市居民服务的相互关联的领域。由于这些服务的一些要素不是由城市拥有，因此这项目标的实现将需要公共和私人组织的参与。

公共卫生是宏观、全市范围的健康观点。
流行病学、空气质量、紫外线辐射、健康研究与开发、人口健康管理、食品安全、健康素养等大规模问题是城市公共卫生机构的关注领域。智能公共卫生使用 ICT 来改善公民和城市的结果。城市机构可以使用传感器收集关于空气质量、噪声污染、紫外线辐射、疾病和影响公共福利的其他因素的数据。还可以直接从公民那里主动接收健康信息，通过鼓励他们使用移动应用程序分享健康反馈和体验。然后可以分析这些数据以检测趋势和潜在问题，并通知城市决策，这可能包括从分区法律到排放标准、到动员卫生服务提供商应对疫情的任何事情。

卫生服务是城市支持居民的精神和身体健康的方式。 传统的医疗保健方法正受到严重压缩城市预算的几个因素的挑战：

- 非传染性疾病（如心脏病、糖尿病、肥胖、压力和精神健康问题）在过去十年中显著增长，并且通常集中发生在城市地区。
- 世界上许多地区的卫生服务不足，无法满足不断增长的人口的需求，特别是随着人们的年龄增长和寿命的延长。

图 11.2

➔ **传统的医疗方法正面临挑战**

随着城市人口的增加和人们寿命增长，对卫生服务的需求将增加，需要服务提供新的效率。

- 全球范围内，城市人口继续增长；超过一半的人现在住在城市，预计趋势将继续增加。

智能医疗的新兴学科，有时被称为电子医疗或电子护理，使用技术来克服这些挑战（并大大改善结果）：

- 它扩大和加深了获得保健服务的机会。
- 它针对整个城市服务和部门的整体健康因素，并注重预防和更健康的生活。
- 它支持多学科和经常地域分散的卫生专业人员之间更好地合作、协作和生产。

远程交付医疗服务（如本章后面的案例研究中所述）使患者无须离开家或工作即可接受医生的建议和治疗。医生可以实时和有效地评估和治疗病症。这是智慧城市如何使用ICT来改善健康的一个例子，以更少的时间和更少的资源接触更多的人，而不损害健康结果的质量。

另一个例子为：医疗保健提供商快速放弃纸质病人医疗记录，获得电子健康记录（EHRs）。医生进入检查室，与病人聊天并进行检查。然后医生转向键盘将数据输入计算机屏幕上的字段中。患者的健康概况将在那时就得到电子更新。

这个数字版本病史有一个很大的好处。它使患者诊断、实验室测试、过敏、当前处方和其他患者的健康信息容易共享和管理。它允许临床医生之间针对病人的护理进行协调。它有助于控制护理的管理成本。所有这些都是智能医疗保健（当然在智慧城市中也是如此）的必要条件，并积极主动地为居民提高宜居性。

此外，自然用户界面和分析可以"了解"患者的病史，并建议定制化的和特定的医疗干预。

还有其他的便利因素。母亲可以通过其

图 11.3

⇒ **革新学生和教师、学校以及学习之间的联系**

由于严重的健康问题而无法定期上学的孩子正在使用由理事会成员威瑞森电信的网络供电的VGo机器人与教师和同学一起交流，几乎就像他们坐在教室里一样。

智能手机接收关于其孩子接种疫苗时间的信息；她可以通过电话或网络门户进行预约。在许多方面，信息可以是医疗保健中的一个强大的工具——ICT可以人们需要帮助的时候为其提供帮助。

公共服务是指广泛的易于获取的服务，帮助人们过上更美好的生活。这些服务包括帮助人们处理药物滥用、家庭暴力、艾滋病毒/艾滋病、残疾、营养挑战和身体健康问题等服务。包括帮助无家可归的人寻找庇护所以及功能失调的家庭寻求辅导。

虽然城市通常单独处理健康和公共服务，但智慧城市将客户的公共服务历史整合到其健康组合中，以获得更好的结果和更高的效率。

教育和技能发展是智慧城市的一个优先事项。他们为所有年龄和各个层次的人提供机会，从公共图书馆的幼儿故事时间到高级中心的电脑课程。K-12教育、劳动力培训计划和高等教育都是必不可少的。但今天的教育大多停留在物理世界。随着ICT的适当部署，城市可以革新学生和教师、学校以及学习之间的联系。

使服务更智能：

创新如何改变南非的受益人付款

南非社会保障局（SASSA）的任务是确保为处于弱势或生活贫困的南非公民提供全面的社会保障服务。几年前，该局认识到其使命受到各种资源和后勤限制的影响，使服务提供容易产生广泛的浪费、欺诈和滥用。

为了纠正这种情况，南非社会保障局及其私营部门合作伙伴，包括 Net1 和理事会成员万事达卡，能够迅速、彻底地改革全国社会保障福利的分配。它们一起设计和建立了一种支付网络，能够以新的方式提供社会保障补助金，使政府和公民受益。

该项目的规模、速度和影响通过产品创新、深化合作伙伴和对提供服务的强烈关注的结合而得到加强。该计划在三个月内从 RFP 奖励到公开发行，使南非社会保障局在一年多的时间里将 1000 万人从几乎所有的现金支付方式转移到电子社会支付交付。

对于政府来说，新的全国社会支付标准结合了高效率、准确性和透明度，通过减少欺诈和提高大规模运营效率，显著降低了交付成本。新的支付系统通过引入用于持卡人身份验证的新的生物识别技术，为政府支付领域带来了更高的安全性。

对于公民来说，无论他们住在哪里，都可以快速、准确且安全地支付款项，在金融系统中实现接近全面的包容性和新的经济潜力。社会支付卡已经成为一个标志性的品牌和金融自由的象征。即使从任何银行请求非政府卡，客户也会经常说："我想要一个 SASSA。"

图 11.4

⇨ 使健康和公共服务交付更智能

在南非，SASSA 卡已成为一个标志性品牌，是弱势或生活贫困的公民的财务自由标志。

对健康和公共服务的依赖性

在规划公共卫生领域的改进时，城市必须认识到医疗服务与其他城市系统和服务之间的依赖关系。

显然，公共医疗服务严重依赖于城市的公共安全、通信和水系统。举个例子：如果城市供水受到污染，城市人口的健康将面临风险。

在公共服务方面，考虑教育和通信、能源系统和政府行政服务之间的依赖关系。例如，加强通信技术和获得这些技术可以帮助克服低收入学生面临的"数字鸿沟"。相同的通信技术可以改善对远程教育服务的使用。

健康和公共服务的好处

在详细研究本章的目标之前，请考虑智能健康和公共服务如何提高宜居性、宜业性和可持续性发展。

宜居性

提高患者满意度。远程交付热疗服务（或远程医疗）的主要好处之一是提高患者满意

图 11.5

➲ **提高患者满意度**

使用远程医疗，患者可以减少就医旷工时间和候诊时间。

度，特别是对于老年人和流动性人口，对其他人也是一样。想象一下，如果不是休息，而是在候诊室等候就诊，你可以自己抽取时间传输你的健康数据，你的医生可以通过视频与你会诊。远程医疗解决了大量与医疗保健相关的麻烦。

远程医疗工作方式的一个主要例子是远程精神病学领域。心理医生能够通过视频技术，与办公室检查同样的方式检查病人。精神科医生可以与病人面谈，检查他的整体外观，并检查问题的症状。

与远程医疗益处一样，必须指出的是，它仍然存在障碍，包括监管和保险路障方面。

改善卫生、教育和其他公共服务的提供。城市服务通常利用不足，因为最需要的人可能不知道他们有资格获得这些服务，或不知道如何接受这些服务。一个集成的个性化公民门户网站可确保人们便捷地访问所需信息。

在疾病和病症发生之前预防疾病：

铅和饮用水：保护弱势公民

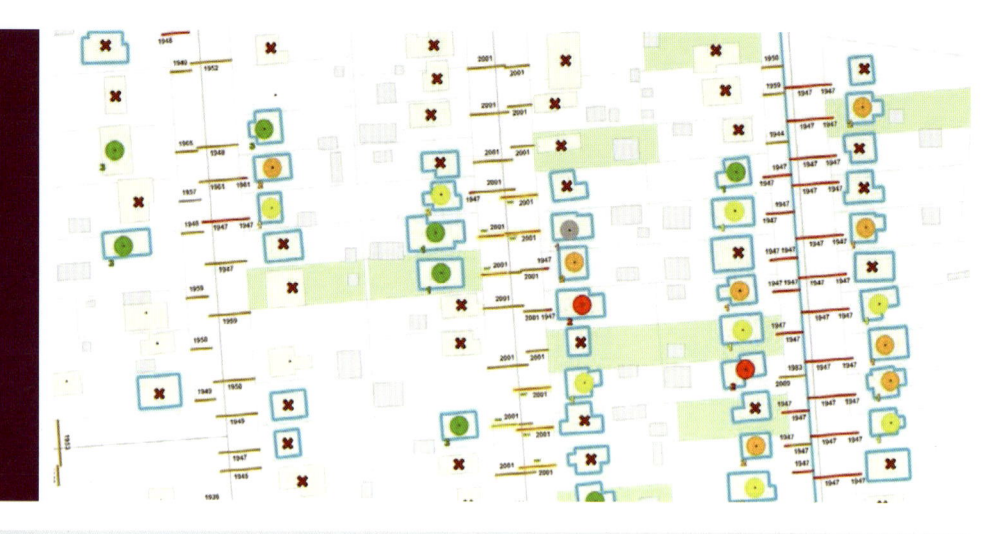

社区地理数学中心（CGC）是非营利组织苏圣玛丽的一个部门。苏圣玛丽创新中心是一个位于安大略省苏圣玛丽的理事会顾问。CGC 促进合作伙伴关系和技术手段，有效地在社区组织中共享地理空间数据、工具和知识，以创建一个更安全、更健康和更繁荣的社区。

2007 年，一项在加拿大安大略省伦敦市完成的研究确定，家中水龙头饮用水的铅水平并非总是超标。在研究发布的一天内，CGC 利用来自阿尔戈马公共卫生、当地自来水公司、市政社会服务办公室和儿童护理阿尔戈马的数据来解决这个问题。

第一步，CGC 查询社区 GIS 系统，并确定所有已知的于 1943 年和 1948 年安装的铅管，这一时期因为战争原因而导致铜供应不足。

使用邮政编码级数据，CGC 能够将具有已知或可能含铅管道的家庭与怀孕居民居住的家庭相匹配。暴露于铅环境中对胎儿神经发育时期具有显著的影响。如果进行邮政匹配，则将提供确切的地址。任何有孕妇的家庭、具有已知或可能的铅水管的家庭都可以通过卫生单位获得免费的水过滤器。

同样的程序也适用于那些依赖社会援助的居民，政府为其提供免费过滤器。同样，根据已知或可能的铅对家庭日托地点进行检查。迄今为止，超过 150 户社会援助家庭和 200 多户备孕家庭获得了免费过滤器。

图 11.6

在疾病和病症出现之前预防疾病

CGC 铅管计划展示了数据可视化的优势，并打破了信息孤岛以改善公共卫生。上图显示了铅测试结果、家庭和管道的年龄，以及拒绝在苏圣玛丽的小区域测试的住户。

确保更好、更快地应对公共健康突发事件。智能设备、高级预见性的分析，甚至社交媒体、授权公共卫生的行政人员等的结合都是前所未有的。他们可实时监测疾病的爆发或危险燃料的泄漏，可预测其传播方式，并立即通过各种通信渠道告知公众。

提供更多的医疗条件和更好预防疾病。城市越来越大。城市的发展与现有的医疗资源并不总是同步的，这意味着享受医疗服务将变得更加困难。ICT 如何帮助城市弥合不断增长的需求和可用资源之间的差距呢？通过制定有针对性的预防活动，吸引居民并鼓励采取行动。这也可以帮助医疗团体照顾更多的患者并取得更好的成果。

宜业性

改善公共卫生意味着减少错过的工作时间。2012 年的一项研究估计，疾病造成了美国每年 576 亿美元的经济损失。城市可使用 ICT 来加强对公共卫生问题的认知和促进补救措施并优化公民的福利，这意味着将有更有效率的劳动力和更强大的经济效应。

智能教育使城市对商业和人才更具吸引力。将教育作为优先事项，并利用技术为当前和未来的工人提供优质教育，持续在线教育和培训——特别是在数学、科学和技术等高需求领域，可以利用这一需求来吸引新的企业和投资以促进地方经济。

智能医疗和社会服务使得城市对商业和人才也更具吸引力。提供最先进的医疗保健和社会服务计划的城市在吸引未来的创造性阶层方面更具有竞争优势。简单来说，如果你是一个顶尖人才，你的家庭一定位于具有优质健康和公共服务的地方。

可持续性

远程医疗具有成本效益。由于其功能，远程医疗可以帮助城市以较少的资源提供优质的医疗服务。

降低长期医疗费用。衡量和跟踪健康状况的智能设备可以帮助公共卫生人员在整个城市最需要的地方准备有针对性的预防活动。成功的活动可以降低整体医疗保健成本。

智慧学习意味着更少出行。使用 ICT 改善教育机会的服务减少了出行，促进了节能。

图 11.7

⭕ **智能学习增强可持续性**

使用ICT的改善服务减少了出行，促进了能源资源的保护。

移动性使学习更智能：

WiFi帮助未来的得克萨斯大学校园

Allied Telesis

WiFi是大学生活的一部分，例如课程和考试。作为"热点"附件，无线网络已经成为学生期望的基准技术。一旦安装在校园内，WLAN就会被覆盖，并以每学期100%的使用率增长。

这可能是大学IT部门面临的一个问题。不像无线用户均匀地分布在隔间的办公室，学生聚在一起会干扰接入点（AP），其结果是有性能差的。

得克萨斯州技术学院（TSTC）的Waco希望无线系统能够灵活地满足5000多名学生的日常需求，并且可以支持该学院未来可能部署的任何应用程序。

其主要的要求是实现"移动性、移动性和更多的移动性"。但是大多数常规WiFi网络由未协调的AP组成，难以处理活跃在同一地区的过多无线用户。WLAN还必须为传统的802.11b/g系统提供支持，而不会影响更新的802.11n客户端，这是基于微小区域的传统无线系统的挑战。

在技术贸易展上，TSTC官员发现了他们正在寻找的东西，即理事会成员安奈特的萃科系列产品。萃科系列WLAN基于Channel Blanket™架构，它将在同一信道上操作的多个AP信号与连续的覆盖范围相结合。在信道范围内，无线客户端与交换机而不是单个AP相关联，并且交换机协调AP传输以消除同信道干扰。当客户端移动时，AP之间没有切换。实际上，整个网络对于客户端看来是单个的大AP。

图11.8

⊙ **移动性实现更智能的学习**

未来就在TSTC的Waco校区。这个校园是TSTC系统中规模最大的校园，专注于技术/职业教育，网络要求，支持5800多名学生和教师，与最复杂的企业一样复杂。

智慧教育使城市对商业更具吸引力：

深入学生观点产生深入的影响

对于田纳西州教育部汉密尔顿县来说，智慧教育的本质是系度的洞察力。这是国家毕业率提高、标准化考试成绩也上升的原因之一。

该部门从几年前就开始了智慧教育，开始研究为什么学生得分一直低于标准化测试的状态标准。管理员没有意识到他们缺乏详细、细度的数据，这对理解导致性能不佳的因素是必要的，更不用说对问题的处理。

汉密尔顿县收到来自国家评分报告的绩效数据非常少（作为"没有孩子落后"的一部分），该报告提供了该县4万名学生是否正常的综合衡量标准。

实施理事会成员美国国际商用机器公司的智能绩效跟踪技术，汉密尔顿县教育工作者开发了一个绩效建模工具，从该县78所学校中提取个别学生数据，并使用它来创建预测性概况，帮助标记那些需要教师或者辅导员主动干预的学生。使用内置算法，该模型确定哪些因素是学生失败或退出的最强预测因子。

识别那些标记为"脆弱"或"偏离轨道"的学生只是一个过程的开始，其最终目标是学生的成功。

图 11.9

➡ **智慧教育使城市对商业更具吸引力**

使用分析和性能建模工具，田纳西州汉密尔顿县的教育者决定如何识别有风险的学生，并实施流程以帮助他们成功。

健康和公共服务目标

本章包含两大明确的目标，将在后文具体阐述。我们也会阐明其他通用的目标是如何应用到健康和公共服务中的。

仪表与管控

仪表与管控技术在医疗和公共服务领域两个方面的应用和其他领域稍有不同。但其在城市其他职能领域的主要任务无异，即数据收集。

将最优设备及其他仪表应用到所有医疗和公共服务中，此处的目标是将数据收集设备正确地分布到所有城市医疗和公共服务体系中。全新、多样的服务类型，需要相应的仪器设备。

比如，在智慧城市中，仪表化包括智能手机及其应用，使人们能够通过提供身体状况和体验的反馈，直接参与城市公共医疗服务监测。举例来说，智慧城市委员会的合作伙伴美国国际商用机器公司创建了 Accessible Way 这一应用，使用户能够就自己城市的人口承载量，从而有助于创建一个关于城市人口流量难题、以大众为信息来源的知识库。

设备在医疗、社会服务、教育方面收集的数据占了最大比例。其中有些设备应用于研究中，用来监控病人对于新型药物治疗的反应；或新教师运用设备来记录其教学进展。目的是提供具有可行性的数据，用来分析将来趋势或所存在的问题。

信息捕捉设备对于前文提到的远程医疗系统来说非常重要。有了这些设备，病人就可以舒适地在家中读取健康状况的数据，然后远程传送给医疗服务人员。这一更为高效的做法能够节约时间、金钱和资源。医疗专业人士远程监控慢性病病人，如糖尿病、心脏病等，也能实现类似的俭省目标。在信息通信技术的帮助下，医生能够利用实时、互动的检查，在紧急情况下及时提供医疗救助，挽救生命；若仅依靠低效耗时的传统医疗技术则可能为时已晚。信息通信技术可利用多种方法提升教育质量。

将数据分析应用于评估测试结果、出勤率、毕业率有助于准确地发现现存问题和预测趋势。现如今的智能设备和各种网络应用、社交工具相连，使学生和老师、其他学生、多种学习机会以近几年前未曾想见的方式连结在一起。举个例子，校属的智能手机为教师们提供了 24 小时无线网络，这将他们的代数学水平足足提高了 30%。

安全和隐私

在带动便利的新型产品和服务发展的同时，技术也在许多方面引发了人们对隐私的担忧。市民相信他们通过智慧手机、社交媒体等在各类程序和服务上共享的信息，尤其可能涉及敏感性的个人信息能够保持隐私性是非常重要的。

明白地说，一项 TRUSTe 的调查显示只有 20% 的受访者认为其智能设备带来的益处比他们的个人隐私更重要。也就是说，绝大部分人认为其个人隐私比智能设备带来的便利更重要。

实施最佳设备和其他仪器：

金海医院的不间断网络支持电子健康记录系统

当日本金泽市的金海医院决定引入全面的电子健康记录（EHR）系统时，需要从旧的纸张记录保存形式以及"不间断"网络顺利过渡到支持新系统。

该医院成立于1956年，所有部门包括精神病学、心身医学和儿童精神病学。精神障碍常常需要延长治疗期，这会导致大量的医疗记录和测试数据，就意味着依赖于纸张的记录方式是耗时和浪费的。

医院需要一个健全、健康的医疗网络，可以轻松与各部门、服务和职能进行连接。金海医院的新网络成功的关键是提供"不间断的网络"，这意味着具有较高的可用性架构，可通过弹性设计消除故障的风险。

持续获得医疗记录和其他在线资源是医院的基本要求，其中为患者提供优质的护理时，时间是关键因素。

与理事会成员安奈特进行合作，金海医院现在配备其自身的EHR系统。该系统包括安奈特的SwitchBlade x8100系列核心交换机，以及安奈特管理框架（AMF）。AMF已经实现了集中和自动化网络管理，并且网络可以简单地运行，节省了时间，并降低了成本。安奈特的萃科系列无线技术为医院网络的访问提供了无缝漫游。

图 11.10

→ **实施最佳设备和其他仪器**

由于网络系统故障可以直接导致整个医院例程和操作的停止，所以在医疗环境中不间断的网络至关重要。

下文中安全方面的建议提供了一个解决隐私问题的常识性方法。

制定隐私法规。智慧城市应该让市民知晓为保护市民隐私所做出的努力。

创建安全框架。明智的风险降低战略是用来识别、解决城市威胁的，将为城市填补安全漏洞提供工具。

保障网络安全。安全专家已经发出警告，威胁重要基础设施的网络攻击数量急剧上升——从电网、交通系统到医院及其他关键服务的提供商。尽快打造安全型网络将有助于加强个人信息的安全性并减少因其造成的损失。

采取预防措施保护病人和学生的数据。如数据被盗，则在数据储存到云空间用于保护隐私之前，就将数据中的个人身份信息移除。

这几步工作不仅为敏感的个人信息提供了保护，还十分有助于减少市民在享受新型服务过程中，比如远程医疗及其他不是最新但市民不太熟悉的信息通信先进技术，可能存在的对泄露隐私的担忧。

这几步工作将有助于减少民众对于隐私泄露的担忧，提高民众对于远程医疗和其他为他们量身定制的医疗健康服务先进技术的接受度。

连通性

此前我们讲到公共卫生机构是如何利用智能设备和其他仪器来收集空气质量、疾病爆发等方面的数据。而收集信息只是第一步。

连接设备与综合服务通信系统。将全市用于公共健康数据收集的智能设备和覆盖全市的通信系统相连接，对于提高公共健康水平是非常重要的，而这与将智能气、水表等基础设施连接起来进行优化是一样的。水质监测仪可以对可能污染海滨浴场的化学泄漏进行检测，但检测信息必须实时传达给所有可能涉及的城市部门，否则毫无作用。

数据管理

为加强实行前文强调过的隐私和安全策略，智慧城市乐见所有部门遵循相同的规则。

制定全城数据管理、公开和共享政策。由于用于医疗服务的数据的敏感性，毫无疑问，一个政策，对于谁拥有、谁可使用哪些数据，数据如何、何时可被共享，必须有确凿的说明。

当城市实施一项数据开放政策用于非敏感信息，事实上他们创造出了大量的可能性。在一项有力明了的隐私政策的帮助下，城市医疗服务数据可被用来创建新的健康、社会服务、教育应用，这对于城市和居民来说可谓双赢。

为每个市民打造专属健康记录。我们在前文提到，智慧城市把从不同机构和部门收集来的个人健康数据整合在一起，使病人拥有专属自己的健康记录。这一数据库不仅仅是数据的集合，它可以成为一个在线、安全、共享的服务平台，供市民使用。

考虑云计算框架：

大数据解决方案将医疗健康转变成可更快速访问的信息

Ascribe 位于英国博尔顿，是面向医疗行业的商业智能（BI）和临床重点 IT 解决方案和服务的领先提供商。Ascribe 估计，英国 82% 的国家卫生服务（NHS）信托使用其产品。通过获取信托所维护的大量数据，该公司需要一个 BI 解决方案帮助卫生保健提供商检测、预测并更快地应对传染病和其他健康威胁的爆发。

当患者在诊所和医院接受治疗时，医疗保健分析师通常使用收集和编码的数据。Ascribe 商业智能部门主管保罗·亨德森说："当他们获得这些信息时，这些信息通常是过时的。"此外，文本文件中存在庞大的潜在有用数据，例如，未预订到访急诊室、出勤日志和零售药品销售。互联网提供了另外一些未开发的信息，包括点击流分析和社交媒体，如推特。

Ascribe 决定设计一个概念验证来创建一个标准化的方法处理医疗保健数据，并要求英国最大的 NHS 信托之一的利兹教学医院参与其中。

在微软 SQL Server 2012 和 Windows Azure 平台的基础上，她实现了混合云解决方案。Ascribe 选择了委员会成员微软的技术，以实现个别产品的功能，因为该技术提供了一个可以快速、轻松地实现简化端到端的解决方案。利兹正在使用该解决方案以多种方式改善社区医疗保健。

图 11.11

➡ **考虑云计算框架**

Ascribe 设计了一个概念验证混合云解决方案，以创建一个标准化的方法来处理不同类型的医疗保健数据。

计算资源

在智慧城市的任何一个角落，计算资源都发挥着重要作用。下面再讲讲四大目标在医疗健康范畴内的具体情况。

考虑云计算框架。云计算的可接受度、普遍度已越来越高。各个规模的智慧城市都能体会到云计算在扩展性、可靠性、成本方面的优势。然而，如前文所述，在将医疗服务个人认证数据上传到云空间之前，必须做到"去信息化"。

创建开放型创新平台。开放的创新平台能够助力创新者。而且医疗服务领域充满了无限的可能。例如，纽约市的居民可以下载一个应用，上面提供了所有关于当地餐厅的实用信息——包括其最新卫生检测等级结果。

坚持（并发展）开放标准。一些信息技术标准组织设有卫生工作小组，少量标准认证团体致力于医疗健康产业的高效通信。有关医疗健康的标准仍在不断涌现，城市与这些标准的关系非常密切。标准认证团体乐见相关标准的诞生。

开放地理信息系统。由于医疗健康机构散布在智慧城市的各个区域，地理信息系统将显现出强大作用。中央地理信息系统通过更智能的时间、路线规划提升效率，提高重要记录的准确性，加强关键财产的抗风险恢复能力。

实施综合设备管理。医疗健康服务工作人员所使用的设备，如智能手机、笔记本电脑等，也须纳入城市设备管理系统，保证其遵守城市数据管理、安全与隐私政策。

图 11.12

➲ **利用开放型创新平台**

医疗服务应用开发的前途无可限量。这一应用提供了纽约市餐厅最近卫生检测的有关细节。

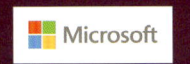

考虑云计算框架：

学校使用数据中心服务降低成本、改善教育

台南市教育中心负责台湾各市 275 所公立 K-9 学校的技术需求。包括网络连接基础设施；IT 教育以帮助学生实现高水平的技术素养和增值服务，辅助学校的教师和管理员，如电子管理、教育技术建议和自助服务应用程序开发。

每个学校传统上都拥有自己的服务器基础设施，并且学校的数量庞大和地理分布使得提供持续高水平的 IT 支持具有挑战性和高成本性。

在与微软服务咨询开发的私有云模型的基础上，教育中心已开始迁移到一个新的集中式 IT 基础设施。微软是智慧城市理事会的成员。

教育中心官员预计，新的基础设施每年将为城市节省 34.4 万美元的硬件和支持成本，每年该地区的碳排放量将减少 2610 吨。此外，教师可以利用尖端技术改善课堂教学材料，学生也更容易获得教育资源。

图 11.13

> **考虑云计算框架**
>
> 在私有云模式的基础上迁移到新的集中式IT基础设施，预计每年可以节省34.4万美元，并改善教室的教育资源。

第十一章　健康和公共服务 | 智慧城市筹备指南　　247

使用开放式创新平台：

无线视频解决方案有助于患者与医生进行沟通

布拉德福皇家医院和圣卢克医院是英国的教学医学院，为50万名公民提供医疗保健需求服务，其中22%的公民是黑人或其他少数民族（BME）。他们中的许多人不会说或听不懂英语，这种情况常常导致医院与患者之间的沟通障碍。

这两家医院共有超过900张床位和5200名工作人员，每年处理12万多起事故和出诊紧急情况（A＆E），其中近50%来自BME社区。

医生、护士和患者之间的有效沟通至关重要，但是口译服务并不一致。对于面对面的咨询，临床医生使用内部翻译或雇用从专业注册、专门从事一组核心语言的口译员。然而，这些口译员在短时间内并不总是可以雇用到，因此临床医生经常被迫通过患者的亲戚和朋友进行交流。另外一种方法是使用电话口译机构，但是这种方法十分昂贵，在医务人员中并不受欢迎，因为它缺乏患者咨询中所需要的视觉交互。

除了不一致和费用之外，这些沟通方法还有其他缺点。使用非专业人员增加了错误解释的风险，这可能在提供医疗护理时产生潜在风险。同样，使用男性翻译可能会使妇女感到尴尬，特别是如果她们的情况具有敏感性问题。

图 11.14

⊃ **使用ICT创新**

无线视频解决方案允许两家英国医院及时为患者提供急需的解释服务，提供更好的患者体验，减少由于语言问题而导致的错误治疗或文化犯罪的风险，并降低医院成本。

目的分析

下文强调的四个目标证实了目的分析在城市管控公共健康形势过程中尤其重要。

充分实现态势感知。智慧城市利用监测设备为城市及其市民"把脉"。通过提高公共健康基础设施和监测设备的可靠性和弹性，对威胁公共健康和福祉的事件作出快速反应，态势感知技术为城市"把脉"提供了支持。态势感知依赖于能够传输时间与地点信息的多个不同系统。因此，用于编码、发现、评估、使用空间和时间数据的开放型标准在医疗分析应用中发挥着关键作用。

实现运行优化。分析技术帮助城市确保公共健康能达到一个最佳水平。比如，城市中某地的空气质量产生问题，亟须采取措施，它们便会及时公布该地空气质量变化。或者，对健康记录的分析可能会发现，某个社区的肺癌患病数量偏高，这将提醒公共健康部门官员进行相关调查。

实现资产优化。本目标在于保证城市在医疗服务基础设施的投资中能获取最大价值，这些基础设施包括从办公室内的电脑到用于监测的现场设备，例如检测公共海滩水质。准确计算何种资产、何时应被替换或修理有助于实现投资回报最大化。

采用预测分析。在形势恶化之前，分析医疗服务数据来发现其模式和发展趋势，将使一座城市更加宜居。比如，通过监测病毒的行动路径和特征，公共健康官员可以预测其下一步攻击方位，后提醒市民如何保护自己。

如前文所述，预测分析也可帮助人们了解自身未来的健康状况，提醒人们改变生活习惯。

ISO 37120：城市表现衡量标准

2014 年，国际标准化组织公布了严格适用于城市表现的 ISO 标准。此文件被称为 ISO 37120:2014，确立了一系列开放数据指标，用于衡量城市服务和生活质量。它定义了城市衡量其表现所使用的常用方法，涉及领域包括能源、应急响应、交通等。

在 ISO 37120 表中，我们指出了这些标准对应于教育和卫生与理事会在这些指标表中确定的卫生和公共服务目标的相关性。环境和娱乐指标是标准的一部分，在下一页中突出显示。

我们可以认为教育主题也许是 17 个指标中最重要的，因为教育对人类发展至关重要。教育促进科学进步和经济发展，使人们能够为自己和家庭提供发展，并允许个人发展和个人成长。

健康指标

			实施最佳仪器	全市范围内的多业务通信	取消识别云中用于研究的患者数据	居民建筑师单一健康史	取消识别云中用于研究的学生数据	创建全市数据管理策略	可以访问中央 GIS	追求预测分析	实现全面态势分析
核心	12.1	平均预期寿命		■						■	
核心	12.2	每 10 万人口的住院病床数量	■	■	■			■		■	
核心	12.3	每 10 万人的医生人数	■	■	■			■		■	
核心	12.4	每 1000 名活产婴儿中 5 岁以下的死亡率	■	■	■			■		■	
支持	12.5	每 10 万人口的护理和助产人员人数	■	■	■			■		■	
支持	12.6	每 10 万人口的精神卫生从业人员人数	■	■	■			■		■	
支持	12.7	每 10 万人的自杀率		■						■	

教育指标

核心	6.1	在学校入学的女学生人口的百分比	■	■			■	■		■	■
核心	6.2	完成小学教育的学生百分比：生存率	■	■			■	■		■	■
核心	6.3	完成中学教育的学生的百分比：生存率	■	■			■	■		■	■
核心	6.4	小学教育师生比例	■	■			■	■		■	■
核心	6.5	在学校入学的男学生人口的百分比	■	■			■	■		■	■
核心	6.6	在学校入学的学龄人口的百分比	■	■			■	■		■	■
核心	6.7	每 10 万人口的高等教育学位数	■	■			■	■		■	■

图 11.15

健康主题可测量关键的健康指标，包括预期寿命、城市的医疗保健服务体系和公民的心理健康。企业和居民通常希望在生活质量高的地区居住，ISO 37120 中包含的健康指标反映了城市生活质量的关键要素。

环境主题的主要关注点是空气质量。世界卫生组织估计，2012 年全球室外空气污染已导致 370 万人过早死亡。

"我们改变了我们测量的东西，所以当城市认真地坚持测量城市的居民呼吸的空气和饮用水时，这是一件好事。"著名作家、环保人士和 350.org 创始人比尔·麦吉本说，"高标准可以帮助保持城市处于环保斗争的前沿。"

娱乐主题可测量一个城市的室内和室外娱乐空间。作为技术行业资深人士，乔治·卡拉亚尼斯在他为理事会而写的系列关于 ISO 37120 的文章中写道："娱乐空间不仅是城市宜居性的关键，也是公共卫生的一个基本要素，如果公共卫生保持得当，它将为居民和企业提供显著的经济效益。公共绿地在防治城市的热岛效应，减少空气和水污染以及最大限度减少雨水径流问题方面特别有用。"

环境指标

			采用最理想的仪器	全市范围内的多服务通信	取消云盘中用作研究的患者数据	公民中建筑师的单一健康史	实现优化运营	创建全市数据管理策略	可以访问 GIS 的中心	追求预测分析	实现完整的情景分析
核心	8.1	细颗粒物（PM2.5）浓度	■	■			■	■	■	■	■
核心	8.2	细颗粒物（PM10）浓度	■	■				■	■	■	■
核心	8.3	温室气体排放量以人均吨数测量	■	■				■	■	■	■
支持	8.4	NO$_2$（二氧化氮）浓度	■	■				■	■	■	■
支持	8.5	SO$_2$（二氧化硫）浓度	■	■				■	■	■	■
支持	8.6	O$_3$(臭氧浓度)	■	■				■	■	■	■
支持	8.7	噪声污染	■	■				■	■	■	■

娱乐指标

支持	13.1	人均公共室内娱乐空间的平方米						■	■		■
支持	13.2	人均公共室外娱乐空间的平方米						■	■		

图 11.16

健康和公共服务目标

以下清单中，针对能源的具体目标为黑体，通用目标则非黑体。

推进因素	健康和公共服务目标：智慧城市如何配置、利用信息通信技术来加强医疗服务	实施进度			
		无	部分	逾半	完成
仪表及管控	安装理想仪表	☐	☐	☐	☐
连通性	连接设备与全城综合服务通信设备系统	☐	☐	☐	☐
互用性	坚持开放标准 采用开放型集成架构和松散型耦合借口 优先采用已有投资	☐ ☐ ☐	☐ ☐ ☐	☐ ☐ ☐	☐ ☐ ☐
安全和隐私	制定隐私法规 创建安全框架 保障网络安全 **在云空间中储存、搜索病人及学生数据时进行"去认证化"**	☐ ☐ ☐ ☐	☐ ☐ ☐ ☐	☐ ☐ ☐ ☐	☐ ☐ ☐ ☐
数据管理	制定全城数据管理、公开和共享政策 **为每个市民打造专属健康记录**	☐ ☐	☐ ☐	☐ ☐	☐ ☐
计算资源	考虑云计算框架 创建开放型创新平台 创建中央地理信息系统（GIS） 实施综合设备管理	☐ ☐ ☐ ☐	☐ ☐ ☐ ☐	☐ ☐ ☐ ☐	☐ ☐ ☐ ☐
目的分析	充分实现态势感知 实现运行优化 实现资产优化 实施预测分析	☐ ☐ ☐ ☐	☐ ☐ ☐ ☐	☐ ☐ ☐ ☐	☐ ☐ ☐ ☐

图 11.17

附加资源

目标：落实最理想的仪器

空气质量机构自动化许可;高效带来更好的空气质量

旧金山湾区空气质量管理区管理着旧金山地区的空气污染。对2.5万家企业的多元化监管需要该地区使其业务流程智能、高效和自动化。它与理事会成员Microsoft（微软）进行合作，为自动化的在线许可和检查系统奠定了基础。

目标：建立安全框架

护士四处奔波：从偏远地区将敏感信息安全地进行移动

纽约的访视护士服务处(VNSNY)致力于家庭和社区的医疗保健。它大约拥有1.8万名员工，包括护士和其他医疗保健专业人士，他们使用平板电脑记录家庭健康就诊的信息。纽约的访视护士服务处应用了来自委员会成员美国国际商用机器公司的WebSphere MQ软件，意识到此软件需要一种方法将数据（包括患者健康信息）安全地传输到公司系统。

目标：连接全市多服务通信设备

8个使用移动学习在教育上获得成功的要素

根据理事会成员高通公司强有力的"无线关爱"计划教育部长的经验，将先进的无线技术带给世界上服务水平低下的社区，本白皮书建议通过最佳实践和成熟的解决方案来解决与移动学习相关的最为常见的挑战。

智能终端可将整个医院连接至护理点医院在寻求方法来实现更高的工作效率以降低成本方面所面临的压力。"智能"终端机解决了这些挑战。这种一体化设备连接和集成了医院信息网络、临床服务以及患者娱乐和通信系统，确保可以更好、更高效地使用护理服务。请在理事会成员英特尔公司（Intel）了解更多关于本案例研究的信息。

目标：使用开放式创新平台

卡塔尔电信公司APP可对抗缅甸地区的婴儿和产妇的高死亡率

提到缅甸地区的婴儿和产妇死亡率明显高于周边国家，委员会成员卡塔尔电信公司发布了一个免费应用程序，让孕妇和初为人母的妈妈可立刻获得健康信息。

史蒂芬·霍金和英特尔可保持通话的轮椅项目在可保持通话的轮椅项目中，英特尔的物联网团队会使用英特尔®Galileo主板来帮助史蒂芬·霍金博士和其他残疾人进行无缝互动，并对他们的健康状况、轮椅和可访问性进行分析。本视频展示了正在构建的概念验证，包括霍金博士探讨的该技术的影响。

第十二章
公共安全

站在老百姓的立场上来看，公共安全是最直观，或最容易理解的城市职能。我们看见火速赶赴事故现场的救护车。我们看见抢险一线，将生死置之度外的消防员。我们看见骑着单车或步行巡逻街道的公安民警。如今的先进技术使他们和社区更加安全。

在指南中，公共安全包括城市呼吁保护公民安全的所有基础设施、机构和人员，即警察和消防部门、紧急救援和灾害防治人员、校正设施、街区观察团队、消防栓和巡警车。这是一个冗长的列表，可能包括来自其他城市部门和非城市机构、甚至是个体公民的基础设施和资源。

智慧城市赋予这些机构和人员信息和通信技术 (ICT) 以创造"智慧公共安全"，并大大提高安全成果。右侧的简要场景说明了智慧公共安全概念。

图 12.1

➔ 创建智慧公共安全体系

智慧城市赋予其城市的公共安全机构和人员信息和通信技术以提高安全成果。

图 12.2

10 分钟内，龙卷风将在荷兰的埃因霍温郊区着陆。随着龙卷风朝着人口密集的地区移动，整个城市所配置的风力和音频传感器一直在追踪超级存储单元。

埃因霍温指挥中心通过一个指挥部调动消防和应急管理人员及资源，并且这些人员会在各自位置就位。龙卷风着陆，对几户人家造成了损害。随着龙卷风的离开，两个公共安全机构开始联合搜寻和营救并进行完美对接的分工操作。所有人都知道，幸亏有全市通信网络，其他的资源才被带入并起到支撑作用。这意味着他们不会浪费时间做重复的工作。

通过移动设备，就像同事们所探讨的那样，消防和医疗第一响应者维持所有街区现状。操作结束后，机构之间快速响应及高效地分工，这些被视为拯救生命的资源。

关于数据

在核心，智慧公共安全体系都是关于如何利用"智能化"信息，帮助人们作出更好的决策。例如，智能化可能会对犯罪分子的身份进行暗示。或者它暗示紧急救援人员在城市郊区可能发生火灾。这种公共安全智能体系不仅可以为首批救援人员，而且会给城市居民和企业创造不可估量的价值。因为城市变得更安全，所以人们更快乐、更健康，企业的记录和税收也随之增加。

让我们来看看信息和通信技术确保智慧城市可以提高公共安全成果的四种具体方式：

- 生成城市的公共安全数据。
- 访问相关数据库。
- 关联的数据源以创建智能化。
- 向决策者提供情报生成公共安全数据是实现智能化的第一步。

许多城市将拥有大量的公共安全数据以及适当数据生成机制。这就是我们所谓的遗留信息或遗留投资。想想自己的犯罪数据库和记录，包括指纹、入案照片、视频证据等。智慧城市与其他城市增加现有的传感器以获得在区域之内的相关信息。

但这些数据独自并不足以创造可行性情报。城市必须用许多其他的数据源（传统的和非传统的）来加以补充。事实上，访问相关公共安全数据的世界对于提高安全成果来说极其重要。公共安全需要城市各部门之间的密切合作和数据共享。警察可能需要获得牌照发证部门的驾驶执照记录。或者消防人员可能需要了解来自设在能源部门的气象局的天气数据。

图 12.3

⊃ **使用信息和通信技术来创建智能化**

在一个城市的街道被人用枪指着后，Shayan Pahlevani公司开发了一款免费的名为Crime Push的APP,Shayan Pahlevani共同创办了一个公司，可让智能手机用户按下按钮即可报告正在发生的犯罪行为。

缩小信息差距：

新技术让查尔斯顿变得智慧和安全

像许多城市一样，南卡罗来纳州的查尔斯顿面临着改善公共安全相关的信息技术和通信基础设施的需求，以帮助为快速增长的人口提供高效的公共安全服务。最重要的是，查尔斯顿想寻找更好的方法来协调警察的工作，这些警察负责保护分布在127平方英里的公园、水道和沿海地区的超过12.5万名居民。

此外，查尔斯顿拥有一个约70万人聚居的大都市区和几个位于小型地理区域的自治市，所有这些均由各自的执法机构提供服务。有时，它们会共享一些难以处理、复杂的司法信息以及时应对发展状况。

保持人员在岗位上的安全仍为首要任务，城市希望确保新技术满足成本效益和可持续性的内部要求。

该市选择了理事会成员威瑞森电信来帮助构建一个解决方案，该解决方案最终会以高效和节约成本的方式为警察提供所需的数据、应用程序和支持。他们与车载视频记录仪和坚固耐用的笔记本电脑制造商进行合作，来为查尔斯顿72辆警车配备一个系统，无论他们在哪个地方，该系统都可允许警官与调度员，监管员和其他巡逻队保持联系。该系统可以帮助立即提高该区域官员和返回至总部人员的生产力。

图 12.4

缩小信息差距

查尔斯顿警察说，他们的巡逻警察将交通站的长度减少了近2/3，这样，15分钟内就可以到达5个交通站。尽管公民可能不喜欢接受嘉奖，但他们仍然赞赏官员的效率和准确性。

第十二章　公共安全 | 智慧城市筹备指南　257

访问相关数据领域助力决策。国家、省和地区均保留记录。国家政府及其机构均保留记录。即便是像国际刑警组织这样的国际组织亦保留着记录。有帮助性的相关信息也可以来自非传统性资源——考虑社交媒体中存在的大量数据。事实上，到 2030 年，世界各地的各个城市的资产可能会在物联网中发送数据。智能公共安全机构针对城市可以进行访问的每一个新数据寻求访问所有相关数据，从而使城市的智能体系更强大、更精确。

访问所有这些信息既是一个庞大的任务，也是一个关键的任务。幸运的是，信息和通信技术、良好的互操作性和数据管理政策可以为此提供帮助。可以确保城市数据收集和使用的现存标准具有互操作性。

智慧城市使用信息和通信技术来关联数据和创造智能体系。计算能力和分析将其他无用的数据堆转化为决策、洞察力和远见。例如，配备这种智能体系的智慧城市可预测犯罪行为，以便执法机构可以更好地保护公民和更有效地利用资源。

此外，由于"通用"章节中讨论的开放式政府运动，我们看到越来越多的犯罪数据涌入了普通公民可以使用的应用程序中。买房子时想要在一个安全的社区居住吗？在一个新的城市度假时，您想要避开犯罪多发地区吗？一个应用程序很有可能为您提供帮助。

最后，智慧城市将这种智慧体系提供给决策者。公共安全智能体系关于拯救生命和财产，因此它必须是可以访问的，即"无论在什么地方，无论发生什么"都可以进行访问。通过使用信息和通信技术，智能的公共安全机构可以向多个部门和数千名员工传播情报，因此此处有一个常见的运行图。

在公共安全的执法方面，智能体系常常引发逮捕、城市法院和惩戒系统的参与。信息和通信技术在这些系统中也发挥作用。正确的数据管理系统可以帮助法院有效地利用他们保留的庞大信息。在信息与和通信技术的帮助下，公设辩护人可以与私人律师以及大多数同事进行公平竞争。

公共安全中的依附性

城市考虑改善公共安全将需要考虑公共安全对其他城市系统和服务的依赖性。例如，警察、消防和紧急服务都依赖于通信、交通系统和能源。在正常的日常工作中，警察和消防部门依靠通信和能源系统来保持对城市内发生活动的实时情况的了解。在紧急的自然灾害发生的情况下，首批救援人员将依靠通信、电力和运输系统的回弹性和可靠性来帮助他们建立指挥和控制、获得态势感知，协调进入的救援资源和潜在的向外疏散。

图 12.5

了解智能公共安全需要更多努力

正如我们前面所提到的，公共安全可能是一种较为明显地、可更好地理解城市责任的方式。但许多人可能并不知道当城市变得更智能时会如何产生利益。以下便是我们的宜居性、宜业性和可持续性目标的一些亮点。

宜居性

降低响应时间。全市的公共安全态势感知可帮助应急管理人员和其他公共安全人员提供立即实时地了解事故情况，使他们能够更快地作出响应。

进行更多的逮捕。通过获取数据，警察和调查人员提高了刑事案件的成果。对公共安全相关数据的整体分析可以发现犯罪嫌疑人、犯罪和其他导致较高案件闭合率的事件之间的联系，这意味着街上的犯罪率在降低。

通过更多的解决方案和防治措施来降低犯罪率。智能公共安全以两种方式降低犯罪率。首先，它授予警察解决更多案件和逮捕行动的权利以实现更好的结果，解决更多案件并进行更多逮捕。其次，通过分析，它可以在威胁造成危害之前对其进行识别和预防。

建立人们的安全感、减轻痛苦和灾难。社区的安全感看似无形、却具有非常真实的价值，当人们有安全感时，他们的生活似乎变得更加宜居。通过改进结果，智能的公共安全还让公民免受犯罪和其他事件造成的痛苦和灾难。

宜业性

吸引企业和人才。低犯罪率以及火灾和洪水自然灾害的恢复性能够帮助城市在竞争中吸引企业和就业，并帮助确保位于该城市的企业安全地进行工作。

缓解低收入和低生产力。减少收入下降和生产效率下降。犯罪和灾难可能导致员工受伤和商业基础设施受损。提高公共安全意味着智慧城市不仅对商业更具吸引力，而且企业可以在智慧城市中更安全地进行经营，并减少与安全相关的成本和风险。

确保较少的业务资源用于预防犯罪。犯罪迫使企业花费更多的金钱额外用于支付安全和保险。当通过智能公共安全而降低犯罪率时，代表企业获得收益。

可持续性

创建运营节约成本和实现更好的资源部署。简单来说，智能公共安全机构成本较低。据估计，通过智能技术和最佳实践，假定拥有 3.5 亿美元的一个公共安全机构每年可节约运营成本高达 6000 万美元。当社会、其他机构和受害者的费用均列入考虑时，节约成本会上升至 2 亿美元。

避免刑事审判并通过预防犯罪调整成本。在一个综合的公共安全信息数据库上进行分析会提高城市的犯罪预防能力。当预防工作获得授权时，城市会在起诉和关押罪犯方面花费更少的金钱。

创造更高的房产价值和增加税收。因为城市之间的社区变得更安全，所以房产价值上升，居民生活更加繁荣，转而扩大了智慧城市政府的税收基础。

确保合理应对紧急情况：

预付卡会给受灾者安全感

每年，红十字会应对世界各地近7万起灾难，从家庭火灾到大飓风。自2005年以来，理事会成员万事达卡（MasterCard）已经使美国红十字会通过预付卡提供紧急救济。连同提供食物和庇护所，这项服务使许多受灾家庭和个人快速、可靠地获得恢复生活所需的直接帮助。

红十字会的约翰·拉维茨提供了客户协助卡（CAC）之重要性的示例。一个大型公寓的火灾使66人受灾，其中30人为10岁以下的孩子。在星期日凌晨3点，突如其来的大火使人们几乎失去了一切。第二天早上，他们将需要药物、食物和其他日常必需品。

红十字会能够在火灾发生后的两小时内得到火灾受害者的客户协助卡。他们的万事达卡标有标志，这意味着火灾受害者可以在附近的商店和任何接受万事达卡的地方进行使用。预付卡还可在ATM上取钱。

红十字会表示更喜欢使用客户协助卡用于范围广泛的援助类型，因为它们为客户提供了购物地点的灵活性，以及购买时更能保护隐私和尊严。

"在他们失去一切后，客户协助卡给了他们一定的安全感，"拉维茨说道，能帮助他们开始恢复过程。

图 12.6

◯ **确保合理应对紧急情况**

红十字会能够在大型公寓大火发生的两小时内得到火灾受害者的预付客户协助卡，并提供立即开始恢复工作的方式。

公共安全目标

本章所述技术目标能够帮助城市提升智慧公共安全基础设施，采用智能方式节约资源、保护市民人身和财产。在本章，我们将介绍一项针对公共安全的新目标，我们还会强调如何将公共安全同前文提及的通用目标结合。

仪表与管控

在智慧城市中，第一响应者若要使用并获取该领域的数据，他们必须同指挥中心建立双向关联。这意味着，警察、调查员、消防员和救援医疗服务的技术人员不仅要向指挥中心发送数据，还需同指挥中心及其他领域的人员联系。双向关联要求能够通过有效方式展示信息的设备，以及可以传输存储数据的设备。这一目标引出了这一需求。

理想仪表和其他设备的应用。对于公共安全，这些设备包括协助机构和个人获取数据的设备以及为第一响应者提供该领域数据的设备。

对于许多城市来说，绝大多数数据的获取是依靠监察装置，例如，部署在高风险社区或街道的设备。而一些城市偏向于采用全程监察系统，以获取更全面的信息。重要的是，这些监察网络应当生成可作为证据的影像。数据获取设备还可能包括关键领域的音频和压力传感器，或是用于防灾减灾的设备、气象仪器、水浸传感器等。事实上，部分仪器可能涉及其他城市职能；因此，此指南中的通用目标建议在必要时，智慧城市间需共享基础设施。

连通性

对于智慧城市的公共安全战略而言，通信是重要组成部分。

全城综合服务通信系统。为了追求效率，智慧城市的公共安全系统所亟须的是双向关联。全城通信系统同样如此，其员工、智能设备、信息与通信技术系统都在公共安全领域发挥着重要作用。

如前文所述，一座城市需要建立综合网络，并在需要时共享，但关键是要确保所有设备能够与城市网络高效交流。

图 12.7

➲ **连通设备**

城市通信系统的员工、智能设备、信息与通信技术系统都在公共安全领域发挥着重要作用。

采用最理想的设备:

与剑桥郡警察队建立联系

剑桥郡警察队是一支约 1400 名官员和 200 名警察社区支持官员的队伍,负责约 3500 公里、拥有 70 万人口的区域。

剑桥郡官员依赖于纸质记录,这造成了低效的行政职责,并掩藏了重要的信息。面临预算制约,剑桥郡警察队希望更好地利用警官的时间来消除公众的疑虑并保护他们的安全。它还想要一种方法以确保和证明所有警官在犯罪现场犯罪记录的完整性,这可在以后作为证据。

剑桥郡与独立的软件开发者布莱克·马布尔进行合作,以开发一个手机应用程序,该程序可确保警官通过一点式而访问所有相关数据系统。它在由理事会成员英特尔 Core™ i5 和 Atom™ 进行驱动的联想平板电脑设备上使用了该应用程序,为每名警官创建一个加密的安全的电子笔记本。官员可以无线打印;通过 USB 端口、WiFi 或 4G 共享数据;并连接到现有的外部设备,如键盘和相机。

警察队估计,该程序单是巡逻的警察已经人均每天节省了一个小时。内部评估还表明,官员花费行政工作上的时间明显减少。

图 12.8

⊃ **采用最理想的设备**

这些平板电脑在微软 Windows *8.1 上运行,符合剑桥郡信息和通信技术标准化的战略,并且与现有的 x86 应用程序和在整个部队使用的外围设备兼容。

连接设备与全城综合服务通信设备系统：

无线网状通信为作战的洛克希尔火警提供灭火的关键数据

在南卡罗来纳州的罗克希尔投以使用的无线网状通信技术来自智慧城市理事会的成员 ABB 公司，该技术允许城市警察每天使用它工作两个小时以上。

这是因为他们的汽车就像迷你办公室。路由器安装在汽车中，警察可以在车辆中高速访问犯罪记录，包括面部照片。在几秒钟内，他们可以从笔记本计算机上执行背景搜索，或弹出面部照片和指纹配置文件，以帮助快速识别嫌疑犯。每名警官可从他们的笔记本电脑创建和记录报告，因此每天平均可花费两个小时以上时间保护社区安全。

罗克希尔消防部门的车辆配备了移动路由器，使消防员能够在去往紧急呼叫地的途中下载文档，如建筑蓝图和危险品数据，以便他们在抵达时更好地进行准备。

罗克希尔的市长道格·埃科尔斯说："我们非常高兴罗克希尔不仅仅是与该技术保持一致，实际上，它处在最新技术的前沿，而且实施这项技术为我们的公民带来了直接的好处。"

图 12.9

连接设备与全城综合服务通信设备系统

罗克希尔消防部门的车辆配备了移动路由器，使消防员能够在去往紧急呼叫地的途中下载文档，如建筑蓝图和危险品数据，以便他们在抵达时更好地进行准备。

第十二章　公共安全｜智慧城市筹备指南　263

互用性

互用性是智慧公共安全的关键所在，因为它开启了数据世界的大门，并协助开发集成智能设备，具体详见下文目标。

坚持开放标准。对于公共安全决策者开发可操作性救生智能器材来说，数据的开放标准是一项重要环节。智慧城市坚持数据标准，确保收集的所有数据皆遵循统一方式处理，不论是通过公共安全仪表及个人获取的数据，还是各个职能和部门的数据。标准的产生是为了数据的记录、存储、传输和使用。智慧城市应采用被广泛认可的最佳标准，以减少获取其他机构数据的难度。他们还有助于标准向全国和全球的推广，这样越来越多的数据将能够在全世界被共享。

除此之外，通过在购买公共安全系统和设备环节要求开放标准，城市能够有更多选择，并且节约成本，因为开放标准意味着不同服务商供应的产品能够自由搭配，追求最佳效果。

采用开放型集成架构和松散型耦合接口。城市部门间需要共享公共安全数据有若干原因。在某些情况下，一个部门所采用的公共安全应用程序同样适用于其他部门。若采用开放型集成架构，这两种情况将更容易操作。

优先采用已有投资，包括物理储存数据。先前我们所提及，城市如何规避对数据获取设备烦冗和不必要的投资。警察局、法院及其他公共安全所涉及的单位往往收集到大量数据，但是关键内容，罪犯肖像、逮捕记录、法庭文件、指纹等都需要物理储存。同理，一些闭路电视系统需使用物理磁带进行存储。智慧城市将这些数据资源数字化，将其与其他相关公共安全数据连通，以生成更有效的信息。

隐私和安全

尽管负责保护公共隐私和安全的单位正在向更智慧的基础设施迈进，他们仍希望实现信息与通信技术的隐私和安全目标。

制定隐私法规。就其本质而言，类似红旗规则（美国一套用于保护消费者身份免遭被盗用的联邦法律），在日常工作、生活中负责市民公共安全。这正是制定全面严谨的隐私政策来解决法律、隐私和所有权问题。不同的城市应出台不同的战略，以通过视频、电话记录、社交网络等处理相关事务。然而，所有人都希望制定的法规和治理协议能够做到不仅公开透明，还能经过市民和利益攸关方审核。

数据管理

如上节所提，在公共安全领域设立隐私法规的重要性十分重大，这为敏感数据的参与提供了后续保障。

制定并坚持城市数据管理、公开和共享政策。数据管理政策应明确城市部门如何利用收集来的数据，规定哪些行为合法，哪些行为违法。以此减缓混乱局势，提升数据准确性，免除不必要的重复，降低隐私泄露或安全漏洞的可能性。

创建数据管理共享政策：

数据共享如何帮助警察进行合作、抓捕坏人

世界大部分地区，对银行抢劫犯来说，这将是一个完全无用的描述：白人男性、30岁至45岁，脖子左侧有绷带。然而，由于先进的数据库技术，对这些信息进行检测即可找到这个穿条纹连帽卫衣的抢劫犯。

该案的大突破归功于理事会成员金仕达公共部门开发的数据库技术，该技术帮助不同的警察机构共同工作。由于能够与其他机构共享信息和警察致力于输入微小的线索，这些看似模糊的描述指向了同一人。

在警察抓捕这个抢劫嫌疑犯之前，他已经抢劫了三家银行、一家便利店。

由于他抢劫的地方均有视频监控，警察也有他的照片，但即使进行挨家挨户的侦查，他们仍找不到任何能够认出他的人。最终，答案来自Police-to-Police（P2P）的数据共享，它是金仕达公共部门的ONESolution记录管理系统的一个组成部分。该服务通过一种搜索形式将所有使用它的警察机构联系起来。所有使用它的机构都可以搜索所有其他成员的记录，以了解个人、案例或趋势的独特特征。

Crimestoppers协调器在数据库中输入了一个近似不明确的描述，并创建了一个名称。警方在将他以前拍摄的照片与视频进行比较后，发起了对他的逮捕令。

图 12.10

> **制定数据管理共享政策**
>
> 成功解决穿条纹连帽卫衣的抢劫犯的案例表明，各种警察机构共同工作并使用可用的工具的价值。

计算资源

随着目标的实现，先进的计算技术戏剧性地改变着公共安全领域。

采用开放型创新平台。举一个例子来证明该目标的重要性。如同当今的其他城市，如格拉斯哥、苏格兰，组织了"未来黑客"或"编程马拉松"（Hackathon，又译为"黑客松"）等活动来鼓励软件开发人员专注设计出帮助解决城市问题的应用程序。

据《卫报》报道称，2014年发生的一起事件激励了编程员去提升公共安全。优胜团队提出构思，帮助应急服务单位在接到求救电话时，快速定位被救助者。

约书亚·麦肯吉，优胜团队里一位计算科学专业的学生说："如今，如果有人拨打999，他所处的位置可立刻通过最近的电话信号塔确定。但是却不能获得更加精确的信息。"不是我们无法提供准确的地理标签数据，而是用户自身根本不弄清自己身在何处。

创建中央地理信息系统（GIS）。公共安全的重点是要在紧急情况下，采取果断行动，这使得地理信息系统愈显重要。这有助于提升决策能力，通过智能调度和路由选择实现销量增益，并且提高记录的精确度和关键资产的弹性。

不论如何，要牢记公共安全和险情管理，不同地理信息系统的用户需采取特设的方式相互沟通。因此，中央地理信息系统和其他不计其数的地理信息系统、混杂的设备和资源之间应实行开放标准，以交流复杂的地理空间信息。

访问综合网络和设备管理系统。此目标同样与公共安全息息相关，一旦出错，部署在不同领域的设备将出现严重问题。综合设备管理系统有助于推进城市数据管理、安全和隐私政策的实施。

图 12.11

➲ **访问综合网络和设备管理**

公共安全数据出错会引发大量问题。利用设备管理软件保护数据可降低风险。

海沃德选择在单一的灵活性平台开展流线型网络流量的原因

和许多城市一样，加利福尼亚州海沃德的信息和通信技术部门在预算资金减少的同时正面临着越来越多的服务需求。

海沃德位于加利福尼亚旧金山湾区，约有15万的人口，是阿拉梅达县的第三大城市。该城市的网络为其现场和远程工作人员提供重要的技术支持，为城市居民提供一些重要的社区服务。

该网络是所有保持它前进活动的中心，包括关键任务的公共安全系统。随着需求的增长和技术的不断发展，城市管理部门意识到基础设施面临着落伍的风险，并且复杂的网络会使扩大规模的成本过高，更不用提对之进行维护。

海沃德开始寻求可以导致能够扩展服务和应用程序的网络的回应，以更有效地为员工和公众提供支持。

同时，城市需要流线型解决方案以降低复杂度。理事会成员思科的 Nexus 5500 和 2200 系列交换机提供了一个准备完成城市需求的平台：新技术将更新和简化其基础设施，并导致整体可持续性。

使用思科解决方案来融合数据和存储网络改进了网络的管理方式，并创建了一个非常高效的坚固、紧凑的框架结构。在单一的灵活性平台开展流线型网络流量已提高了网络的整体性能，使城市能够处理现有负荷并提升能力。这一变化将网络总覆盖面积转变为需要更少空间、功率和散热的小型配置。

图 12.12

→ **计算机资源**

融合数据和存储网络改进了海沃德网络的管理方式，并创建了一个非常高效的坚固、紧凑的框架解决方案。

目的分析

笔者将谈到，目的分析在公共安全领域的重大作用。

充分实现态势感知。对于智慧公共安全，充分的态势感知（同"制定实施规划"）是在城市指挥中心的日常运行中得到更新和维护的。指挥中心极其重要的原因在于其始终以事实为鉴，身处同一情境中的人员获取的信息都是一致的。当时间成为一个因素，而生命正处于危险之中时，"左手"和"右手"必须信息对等，共同进退。上千名员工，各单位、各部门获取的信息容不得半点差池。

指挥中心往往遵循大数据的规则，部署对公共安全相关数据的分析。它们以自动化的方式相互关联。数以千计的数据源、如犯罪肖像或社交媒体流等，皆能生成情报信息。

他们再利用这些情报协助公共安全工作人员制定实施规划——保证市民（包括他们自己在内）安全的可行性情报。数据的关联是一个持续性和自动化的过程，因此城市公共安全规划会不断根据数据的更新而改进。

指挥中心还拥有威胁评估职能，负责协调并控制事件的响应和安排。通过对信息的实时掌控，应急部门工作人员能够评估安全需求，优先部署行动和资源。命令具有一定权威性，能够跨机构、部门及服务地域范围来实现预期目标，免去管辖权的纠纷。这一点很重要，往往在紧急情况下，其他城市部门也必须参与进来，做好响应准备。

图 12.13

➲ **制定实施规划**

当时间成为一个因素，生命处于危险之中时，城市各部门要确保该事件响应的人员获得的信息必须一致。

充分实现态势感知：
马德里公共安全事件响应时间缩短25%

2004年3月11日，马德里遭受了多起轰炸通勤列车的重大恐怖袭击。正如发生在美国9月11日的袭击一样，这一悲惨性事件突出强调了需要更多首批救援人员之间的协调。

"不同的应急实体警察、消防部门、救护服务和流动警察独立干预，所有这些实体都有分散的通信系统和技术，"马德里市安全部门创新和开发主管费尔南多·加西亚·鲁伊斯说。没有用来组织对事件的统一反应的方式，并且缺乏集中的指挥和控制。

关键的教训是，同时发生的重大事件不止一起，并且不止一处需要紧急资金。不同的事件可能彼此相互关联，或彼此毫无关系，没有一个清晰的概貌，不可能判断是否有一个重要的模式即将出现。这种复杂性可能对应急管理人员构成了巨大的挑战。他们不仅需要协调活动，还需要彻底了解大都市区域发生的一切，以便适当分配有限的资源，为每起事件提供最佳的响应动作。此外，在混合行动中，必须包括预防性措施，例如限制进入受影响地区或对公众活动人群和交通进行管制。

图12.14

➔ 充分实现态势感知

前瞻性系统设计和首尾相连集成的组合为马德里的应急管理人员提供了所需的工具，不仅可以应对当今的威胁，还可以处理技术迅速发展的情况。

第十二章　公共安全｜智慧城市筹备指南　269

因此，需要的不仅是自上而下的协调，还需要捕获和整合信息的能力，从而为管理者提供所需的信息和情形以迅速做出正确决策。

在爆炸事件之后，马德里市议会采取行动，通过委任一个城市的高级紧急指挥中心来更好地保护市民。

任务：缩短应急响应时间、整合信息、标准化程序和协议、提供无缝协调和规划、实现资源的共享使用、优化信息管理，并通过更好的规划促进防预工作。

英德拉公司是专门从事公共部门的区域系统集成商，与理事会成员美国国际商用机器公司合作，提供集成的、服务导向型信息和通信技术的基础架构，使紧急指挥成为现实，同时还需要业务流程转换，以实现所有利益相关者之间的协调。

目前，前瞻性系统设计和首尾相连集成的组合为马德里的应急管理人员提供了所需的工具，不仅可以应对当今的威胁，还可以处理迅速发展的情况和技术。来自任何数据源的任何传感器输入（视频、数据或语音）都可以轻易合并到数据流中，并且由需要人员进行访问。

态势感知当前达到了前所未有的水平。对情形和事件进行单一、统一的观察，使得决策更快捷有效。现在，管理者在第一次就能够部署正确的资产，将响应时间缩短 25%。

图 12.15

⮕ 充分实现态势感知

英德拉公司是区域系统集成商，与理事会成员美国国际商用机器公司合作，以提供集成的、服务导向型信息和通信技术的基础架构，使紧急指挥成为现实。

图 12.16

⭢ 实现优化运营

信息和通信技术有助于为那些经常没有像私人律师一样做研究的公共辩护人提供公平竞争环境。通过分析和优化运营，市法院可以改变他们访问信息的方式。

实现运行优化。该目标为城市公共安全机构提供了潜在的节约。连同全面的情境意识，分析可以发掘关于城市如何部署其公共安全资源的新见解，从而节约成本。法院可以访问大量的数据，如此众多的数据使得数据难以使用。公共辩护人的数量通常少于律师人员的数量，人数较多的一方可以投入更多的时间和精力来研究如何在诉讼中取胜。信息和通信技术水平可提供公平的竞争环境。通过分析和优化运营，市法院可以改变信息获取方式，不仅可以改善审判结果，还可以改善他们代表和保护的城市和人民的成果。

实施预测分析。提供洞察力分析可以通过预测趋势和预测结果来实现更好的公共安全规划和决策，甚至可以防止某些犯罪的发生。全面的情境意识允许城市更有效地分配资源，用于事件响应和管理。他们可以模拟，例如，潜在的自然灾害，并采取措施减轻一些潜在灾难。

本节中进行讨论的所有分析应用都提供了具体的运营节约。更好的规划、决策、预测和资源分配都会为公共安全机构运营预算节省资金。

实现优化运营：
泰国执法机构通过使用大数据解决方案来优化调查

特别调查部（DSI）是泰国司法部成立的一所国家执法机构，致力于制止严重的犯罪活动。特别调查部需要得力的工具来挖掘大量的结构化和非结构化数据，以改进调查流程并减少手动处理程序。

该机构的大型数据集包括在结构化和非结构化（如图像、视频和文档）多个数据源收集的100多万条记录。

"通过数据进行挖掘非常困难，结果范围宽泛并带有不明确目标，"特别调查部副局长 Colonel Yannaphon Youngyuen 说道，"这经常迫使我们派遣工作人员到实际的犯罪现场，这样浪费了我们的时间和金钱。"

特别调查部实施了基于理事会成员微软的平台和 Apache Hadoop 软件的大数据应用程序，以向调查人员提供自助服务商业智能工具和数据管理功能。通过该工具，特殊管理部提高了准确性，刑事案件调查时间从两年缩短至 15 天。特别调查部计划实施自己的私有云盘来管理机密数据的安全性。

图 12.17

⊙ **实现优化运营**

特别调查部需要更好的工具来挖掘大量的结构化和非结构化数据，以改进调查流程。实施微软大数据解决方案已明显缩短了在犯罪调查花费的时间。

保障公共安全：

优先建设拥有语音提示的人行横道

社区测绘学中心 (CGC) 是非营利组织苏圣玛丽的一个部门。苏圣玛丽创新中心，位于苏圣玛丽的理事会顾问会。苏圣玛丽，安大略。社区测绘学中心在加拿大是独一无二的，它促进并建了合作伙伴关系和技术手段，以便有效地在社区组织中共享地理空间数据、工具和知识，以创建一个更安全、更健康和更繁荣的社区。

苏圣玛丽这座城市的人口正在迅速老龄化，视障人士的人口也是如此。由于承诺在城市实施可听见声音的人行横道，随着时间的推移，社区测绘学中心参与了优先选择可行的人行横道基础设施的建设。

通过加拿大盲人协会（CNIB），社区测绘学中心获得了所有视障公民的邮政编码，并让这些公民完成关于他们在外出时访问的企业和地点的调查。

该数据与行人发生碰撞的数据、交通路线和站点、速度限制和交叉路口特征数据相结合。对数据元素进行衡量和处理，以便对交叉路口实施从高到低的优先排序。

在过去几年中，几个排名较高的交叉路口已经实施了可听见语音提示的人行横道技术，这由适宜性分析进行决定。

图 12.18

⮕ **保障公共安全**

几个数据变量，包括交通路线和站点，以进行衡量和处理，从而创建在苏圣玛丽中实施可听见声音的人行横道的适宜性指数。苏圣玛丽，安大略。

ISO 37120：城市表现衡量标准

2014 年，国际标准化组织公布了严格适用于城市表现的 ISO 标准。此文件被称为 ISO 37120:2014，确立了一系列开放数据指标，用于衡量城市服务和生活质量。它定义了城市衡量其表现所使用的常用方法，涉及领域包括能源、环境、金融、应急响应、治理、健康、娱乐、安全、固体废物、通信、交通、城市规划、废水、水、卫生等。

在右侧的图表中，我们指出了与安全有关的标准是如何符合理事会公共安全目标，该目标可在下一页进行查找。

根据 ISO 37120 每 10 万人口进行一次警察和反应时间检测的结果显示，看见警察忙碌地进行工作是制止犯罪的关键要素。然而，许多城市发现，打击犯罪所需的不仅仅是执法和刑事司法。社区参与、经济机会、药物滥用治疗和面临危险的个人的社会包容性方案也显示目标区域的犯罪率在降低。

安全指标

			采用最理想的仪器	全市范围内的多服务通信	创建全市数据管理政策	实现完整的情景分析	实现优化运营	追求预测分析
核心	14.1	每 10 万人口中的警察的数量						
	14.2	每 10 万人口中的杀人犯的数量	■	■	■			■
支持	14.3	每 10 万人口中的财产性犯罪	■	■	■			■
	14.4	警察局对首次接到报警电话的响应时间	■	■	■	■	■	■

消防和紧急响应指标

核心	10.1	每 10 万人口中的消防员的数量						
	10.2	每 10 万人口中与火灾有关的死亡人数	■	■	■			■
	10.3	每 10 万人口中与自然灾害有关的死亡人数	■	■	■			■
支持	10.4	每 10 万人口中自愿者和兼职消防员的数量						
	10.5	初始呼叫的应急响应服务的响应时间	■	■	■		■	■
	10.6	消防部门对首次接到报警电话的响应时间	■	■	■		■	■

图 12.19

公共安全目标

以下清单中，针对公共安全的具体目标为黑体，通用目标则非黑体。

推进因素	公共安全目标 如何部署和利用信息通信技术（ICT），提升公共安全管理	实施进度			
		无	部分	逾半	完成
仪表及管控	安装理想仪表	☐	☐	☐	☐
连通性	连接设备与全城综合服务通信设备系统	☐	☐	☐	☐
互用性	坚持开放标准。 采用开放型集成架构和松散型耦合接口 有限采用已有投资（**补充：包括物理储存数据**）	☐	☐	☐	☐
安全和隐私	制定隐私法规 创建安全框架 保障网络安全	☐	☐	☐	☐
数据管理	制定全城数据管理、公开和共享政策	☐	☐	☐	☐
计算资源	考虑云计算框架 使用开放型创新平台 创建中央地理信息系统（GIS） 实施综合网络和设备管理	☐	☐	☐	☐
目的分析	全面实现态势感知 实现运行优化 实现资产优化 实施预测分析	☐	☐	☐	☐

图 12.20

附加资源

目标：进行预测分析：

迈阿密-戴德县警察局：新模式为悬案提供突破

佛罗里达州迈阿密-戴德县警察局认识到，减少街头犯罪不仅对其公民的生活质量至关重要，而且对于基本的经济驱动力——旅游业的活力至关重要。通过与美国国际商用机器公司合作，针对其历史犯罪数据分析抢劫悬案，该部门的抢劫破案小组发现了解决这些案件的关键。随着成功的推进，该破案小组的侦探们正在使用一种新型抵制犯罪的工具，为曾经棘手的案件提供第二次机会。

目标：创建数据管理共享政策：

小城市使用大城市抵制犯罪的工具

为了在派遣人员之前开始响应高优先级呼叫，奥格登警察局需要改进许多系统中的数据访问。该部门选择了融合核心解决方案，这是一个基于理事会成员微软的平台和EsriArcGIS绘图软件的门户网站。部门分析师现在可以向通往呼叫途中的官员提供重要信息，从而提高官员的安全性和有效性，并减少呼叫处理时间。

目标：实现预测分析：

如何通过大量的社交媒体数据才可以带来更安全的城市

太平洋西北国家实验室的数据科学家，理事会顾问创建了一个社交媒体分析工具，能够在几秒钟内分析数十亿条推文和其他社交媒体消息。这个想法是发现模式，使数据有意义，并最终表达可以增强公共安全和健康的有用信息。

目标：考虑云计算框架

通过云服务，治安部门增强流动性，提高公共安全

圣贝纳迪诺县治安部依靠现代技术帮助保护和服务美国最大的县的公民。它开始调查云基础的信息和通信计术解决方案，以替换其内部的硬件和软件，并为3400名员工设定了微软办公软件365ProPlus。来自理事会成员微软的这个视频对此进行讲解。

第十三章
支付与理财

"用更少成就更多"是智慧城市科技给出的承诺之一,这在智慧支付与理财中最为贴切。通过利用本章所述的技术,城市政府部门将以更少的投入,给市民带来更多的好处、更大的便利、更高的包容度。

据世界银行的数据显示，如今城市是世界经济增长的中心，约占全球 GDP 的 80%。然而，许多城市仍然面临人口增长加快（或减缓）、老龄化或基础设施不足、运营成本增加的严峻挑战，因此需要"事半功倍"地减轻压力。

如何有效地进行竞争呢？如何花费金钱打好基础来吸引和保留新业务、技术工人、游客和其他强劲经济的配备设施？

可以从市政厅开始。

城市会产生收入，如从人们把停车计时器纳入销售税中、购物者支付开发商为建筑许可而提供的费用。资金流动也是其中一个方面，当然，从支付给城市雇员的薪水，到从供应商获取而来的商品和服务方面的资金流动也是其中一个方式。

事实上，城市向供应商、员工和获得福利的公民支付了大量费用。城市还收取较大额度的税款、罚款和应用付款。这促使支付系统成为现代化建设的重要目标。

支付走入我们生活的方方面面。

从经济中剔除现金对所有参与者、公民、商人、游客和政府均产生了深远的叠加的益处，改善整个城市的生活。这是因为现金的

图 13.1

⊃ **将支付机制数字化**

将城市不同的数字化支付机制综合成一体提高运行效率和监管力度。

增加会导致成本的增加。通过在支付和存储方面实现数字化，城市产生可观的储蓄金额并提高有效运营，但在许多城市，经济引擎需要进行调整。新的数字工具通常指的是电子政务或移动设备。

政府解决方案可以提供更有效的服务，例如：

- **城市仪表板**允许城市根据一组关键绩效指标（KPI）衡量指标目标的实现进度。在KPI的帮助下，城市可以不断监控和改进其战略。
- **电子采购**将整个采购过程转移到一个集成的电子平台。这使得城市能够实时访问供应商的数据库，进行价格比较。2010年，韩国在线电子采购系统（KONEPS）节省了大约80亿美元的资金。美国通用服务管理局的智能支付计划估计电子支付替换书面采购订单时，每个交易将节省70美元（每年17亿美元）。
- **电子支付系统**将一个城市的不同支付机制（许可证、社会服务支付、跨境支付、停车计费）"数字化"成一个整合的整体，提供更高的效率和更好的监督。根据理事会成员万事达卡的研究，电子支付薪金和福利将成本降低至60%。减少城市生态系统中的现金也减少了灰色经济，因为数字化提供了更大的透明度和控制，也增加了资金收集。

图 13.2

现金成本高

从城市停车场和码头收集现金和硬币为城市带来巨大的成本。通过数字化支付和收集，一个城市可产生显著的储蓄量和效率。

- **高级收入和支付系统**使个人和企业能够在线提交税务、申请许可证等。这些电子表格和自动填充功能可以节省金钱和时间，也可以减少错误。城市还可以通过集成业务分析、大数据、业务规则和工作流程来加强合规性，因而导致一些城市的收入增长了5%以上。

技术+透明度：城市的双赢局面

财政调整的另一重要原因为确保城市运营具有更高透明度。当市民了解城市的财政状况时，可能更倾向于了解能够负担基础设施升级费用的下一期的债券发行情况。

2014年年初，埃德蒙顿和亚伯达将有关于城市运营预算的数据添加到城市开放数据目录中。尽管城市经常在网上发布城市预算，但埃德蒙顿的方法令市民能够实际操作或重定预算的格式。市长唐·依维柯对当地的媒体宣布，将会开放城市的信息和市民的消费情况。"建设开放、透明的政府，"他说，"相信我们的公众能够为我们的决策增加价值，且他们能够查看更多的信息。"

同样，洛杉矶市市长艾瑞克·嘎塞提启用了一个使市民能更容易地审查城市财政状况的新网站。以当前和过去预算的交互图为特点，包括多年趋势、部门收入和开支细节。提高透明度还允许市民获得更多了解城市财政状况的权利，掌握公务员的花销和公共收益的用途。例如：

能够在邻近备用设备上生成虚拟支付卡，仅可使用具体数额，且仅由专营供应商管理。当多人获得公司信用卡或访问支付工具时，这能够避免损失控制费用。同样，能够加载和远程控制旅行花费和开销（T和E），并能够出于特定目的将其交付给城市雇员。

图 13.3

➲ **提高透明度**

通过对比当前和过去预算的交互图，加利福尼亚州洛杉矶市的居民能够对城市财政进行审查。

预付受益卡为了便于政府机构更好地控制使用公共基金。例如，可根据现状、商户类别或地理区域限制使用。预付卡可用于各种城市项目，包括学生福利、就餐卡、育儿补贴和养老金等。通过减少使用支票，支持使用预付受益卡，多伦多市每年大约能够节省 250 万美元。

许多系统均能够帮助城市变得更高效且更透明。在本章中，我们将介绍一种适用于财政管理和付款的更智能的方法。同时，我们将走出市政厅，探索在整个城市内促进更智能支付实践的方式。

本章未提及的内容

城市依靠大量的财政工具来支付促进全民进步的费用——税款、补助金、债券发行、公私合作关系和众多新兴的替代性筹资机制。筹备指南中并不包含这些工具。在 2014 年 3 月，委员会与亚利桑那州立大学城市创新中心合作出版了智慧城市融资指南。

该指南提供了可用于帮助城市和地方政府支付智慧城市项目费用的 28 种最有发展潜力的融资工具的详细分析和案例研究。您可以在委员会网站上下载当前版本的指南。随着新的融资机会和最佳实践的出现，预计需要频繁更新该指南。

财务管理系统趋势

主要趋势正在影响着城市并对照章行事提出了挑战。这些趋势使适用于财务和支付系统的更智能的方法变得越来越重要，能够促进经济发展，也能够充当成本节约源。这些趋势包括数字化、普遍性、集中性、透明性和个性化。每种趋势均具有一定的效益，还具有一定的危险性。

数字化。智能手机和其他数字化设备无处不在。但数字化已远远超出今天我们所能看到的场景。例如，若在适当位置处放置按重量支付收集废物价钱的设备，那么单一晶片即可实现自动付款。同样，很多城市中装配了移动应用程序，确保居民用移动电话支付水费或支付停车位费。在未来，我们甚至能够看到更多的移动应用程序，但数字化同时也会为城市带来挑战，例如，需要发展并确保连通性、互操作性和稳健的安全性。

普遍性。城市雇员不再局限于待在办公室中进行沟通交流。实地工作者——从公共安

图 13.4

➜ **智慧城市融资指南**
可在委员会网站上下载包含 28 种市政财务工具详细分析和案例研究的指南。

全人员到公共交通运营商——通常在工作时能够携带智能手机、平板电脑或笔记本电脑。这些设备与在工作中使用的其他工具具有同样的价值，在设备中的特权信息落到不法之徒手中时，这些设备应当具有更高的安全性。

集中性。现在，城市消费者可以收听更多风格的音乐并浏览更多样式的图片。

减少时间和不便：

移动公共交通应用程序——一种在法兰克福市大受欢迎的应用程序

德国公共交通股份有限公司（RMV）——欧洲最大的公共交通协会之一，预测在2014年移动售票销售额将比上一年增长30%。

"RMV移动售票专用于确保能够更轻松且更快地购买公共交通票。无论您是在火车站台上，还是在去往公交站的路上，只需几次单击，您就能够买到票。顾客不必等候很长时间即可进行交易，也不必寻找零钱。为进一步加快售票，能够在应用程序中保存频繁的旅行地点，作为收藏夹。"RMV的总经理克努特·瑞盖特说。

相比于其他移动解决方案，由委员会成员立方运输系统研发的RMV应用程序具有独特的特性，包括支付选项数目。客户能够选择在线注册一个RMV账户，购票并将他们的移动售票付款与他们的银行卡或移动电话账单相链接，或通过"girogo"支付，由德国储蓄银行提供的非接触式智能卡不需要个人识别号码（PIN）和签名。

图13.5

➔ **减少时间和不便**
移动公共交通应用程序系指，在使用公共交通时，顾客无须排队等待并寻找零钱。

智能手机中还装有支付工具，并提供会员卡。由于手机与多个设备的互联网相连，因此手机不会存储和使用本地数据。相反，数据需要跟随手机。为允许使用定位功能，支付系统必须提供安全方便的基于云计算的解决方案。

透明性。很多新型服务设施允许市民做出更好的选择，例如，通过提供价格比较或营养提示。这也适用于公共机构。市民越来越期望能够获得充分了解公共支出和投资报酬的权利。

个性化。人们期望获得专门适用于个人需求的应用程序、出价和服务设施，并在适当的时候进行付款，例如，在购物结账时。随着应用程序个性化越来越变得习以为常，人们期望这种应用程序也能区别于市政府的应用程序。

城市不可忽略的包容性挑战

世界上的很多地区，智能手机和平板电脑似乎无处不在，但全球的大部分人口并未使用数字技术。

同样，世界银行2014年报道，全世界有20亿成年人没有银行账户。但是这种情况正在改善。根据盖洛普报告，"2011年至2014年，报道称在正规金融机构开立账户或通过移动设备进行支付的世界成年人数量预计增长了7亿。现在，62%的世界成年人口拥有账户，相比于2011年51%的比例，该比例有所提高"。

同时，考虑到当前社会的移居性质，在很多城市中，不讲本地语言的人口正在大批量地增长。

所有这些情况——均缺乏互联网接入、数字技术、银行服务和语言障碍，为城市带来挑战，尤其是金融服务方面的挑战。未使用互联网接入的市民仍然需要使用城市服务设施。那些不使用传统银行业务的人员仍然需要使用提交和接受付款的方式。

那些不讲本地语言的人员仍然需要使用一种方式来了解各种事项，例如，城市税收和允许要求。

幸运的是，我们开始看到促进包容性的先进技术。

虚拟市政厅和自助服务终端。2013年，法国尼斯的大型购物中心中设立了"虚拟市政厅小屋"。"虚拟市政厅小屋"中装配了允许居民面对面地与接受和处理请求的远程代理人进行互动的思科高清晰视频设备。在延长营业时间的条件下，这使得公共服务设施更接近于居民通常频繁去往的地点（如市图书馆和大型购物中心）。尽管便利为其中的一个目标，但这种场景还能够确保未使用互联网接入的市民能够在不去市政厅时也能够领略到城市服务设施带来的便利。

适用于无银行账户市民的预付卡。城市能够为金融排除市民提供无缝收付款预付产品。2013年，加利福尼亚州奥克兰成为美国第一个发布城市ID预付借记卡，为缺乏官方形式身份证明的居民提供政府ID、提供可选安全金融服务及为那些没有银行账户和未能得到充分金融服务的人群提供产品的市政当局。

能够在奥克兰提供身份和居住证明的所有城市居民均可获得该预付卡。

具有翻译功能的移动应用程序。随着城市创建能够接入城市服务设施的应用程序，城市通过翻译技术克服了语言障碍。例如，加利福尼亚州科斯塔梅萨市与纽约基

图13.6

➲ **适用于无银行账户市民的预付卡**

在2013年，加利福尼亚州奥克兰成为美国第一个发布城市ID预付借记卡的市政当局。

PublicStuff系统合作，启用了科斯塔梅萨连接应用程序。这种应用程序以支持17种以上语言的一种语音翻译为特点。在居民以另一种语言提交请求时，应用程序能够将请求自动翻译成适用于城市职工使用的英语。应用程序能够将关于请求的任何后续更新重新自动翻译成居民的首选语言。

用更少的钱做更多的事：

伦敦自治市的布伦特开始使用预付卡

2012年，在前所未有的削减预算时，英国地方当局在保护第一线服务项目的同时，寻求降低成本并提高效率的方法。特别是，很多地方当局均寻求分配地方收益付款和服务的经过改进的解决方案。主要目标在于减少系统成本，同时提高地方当局跟踪和管理基金及收回未用资金的能力。附加目标包括减少欺骗和降低系统漏损量。

伦敦自治市（LB）的布伦特是第一个向成人社会关怀接收者群体发放支付收益款预付卡的地方当局。学习第一个试点的经验教训后，布伦特与预付金融服务——支付服务提供商及委员会成员万事达卡合作，重新设计并重新引入了一种专用于满足政府需求，更高效地分配利益和服务的新程序，同时，这种程序能够满足市民对使用安全方便的方法接收和使用付款的需求。

对于程序的客户端，不得在其文书工作范围内生成并发送主要的福利，通过门户网站在24小时内访问消费信息和余额，能够更快地付款给照顾者。在推荐人们使用预付卡的过程中，布伦特遇到了极少的问题；预付卡比现金更安全，因此使用预付卡大有益处。

图 13.7

➡ **用更少的钱做更多的事**

在介绍布伦特新型预付卡的头八个月中，回收率达到了90%—95%，确定剩余余额大约为33万英镑。

智能付款和财政的效益

在我们给出改善财务管理和付款的特定指南前，让我们来审查那些改进如何增强城市的宜居、宜业和持续发展。

宜居性

将便利置于智能支付的首位。在当下快节奏的世界里，在柜台前排队等待、长时间讲电话及电子邮件的缓慢响应并未中断。智能付款能够提供更快更方便的解决方案。下文为一些示例：

- 新德里（印度）市政委员会引入智能卡，居民能够使用这种卡支付公共设施账单。
- 在伦敦，服务设施，例如电话付款能够确保消费者用移动电话支付停车费，无须携带零钱。他们甚至能够远程为汽车停放计时器充值，节省了返回停车地点的行程。
- 在澳大利亚悉尼的公共交通乘客能够在开始旅行和结束旅行时，分别使用预付澳宝交通卡轻轻划过读卡机进行付款。且澳宝交通卡能够为乘客提供便利。

这种卡能为公共汽车、渡船和火车乘客提供便利，同时，还能提供票价优惠，包括在一周内进行八次自费旅行后提供免费旅行。

提供一站式城市服务。通过使用电子政府解决方案来现代化 IT 基础设施，城市能够以令人振奋的方式转换服务交付。当市民试图关注城市商业时，市民不必通过错综复杂的城市部门来排除困难进行工作。通过将来自多个部门的先前的孤立信息安全并入单一的系统视图中，城市职工和选民能够更高效地进行工作。例如，一对配偶想要结婚，可以登录并申请结婚证，储备城市基金，以便在单一交易中接收和支付所需费用。在每次交互时，他们都与城市建立了某种身份，该城市允许他们通过单一的安全门户将费用花费在大量的服务设施上。

保证财务安全让市民安心。连通在一起的移动市民能够从新兴的数字形式因素——电子钱包中受益，例如，为所有付费机制、忠诚方案及交通代价券等提供单一接口。使用技术，例如，进程通信技术（NFC），未来的非接触式钱包将成为 ID 卡、社会和卫生计划及交通卡的资料库，通过完备任何事物并能够立即辨认出该事物，提高宜居性。

图 13.8

➲ **使用消费者数据揭露趋势**
公共交通运营商能够利用付款数据实时调整运输能力。

使用消费者数据揭露趋势。若城市使用数据分析来了解市民的行为和偏好，则市民能够改进系统，从而更好地满足需求。例如，公共交通运营商能够分析付款数据，实时调整运输能力。或公共卫生官员能够从不列颠哥伦比亚省的疾病调查员处获得提示，通过分析在食杂店会员卡上有记录的食品购买历史记录，他们能够跟踪并结束爆发甲型肝炎的状况。

宜业性

构建商业友好型环境。智慧城市能够构建最佳的经济环境。一种方法是通过将智能支付系统用于市政府。另一种方法是通过将城市拥有的系统与支付网络集成在一起，便于消费者和当地企业能够更容易地开展全球业务。

吸引新业务。通过提供就业岗位和税后收入，对公司和高技能工作者持欢迎态度的城市能够积累财富。简化允许和授权过程、省去不必要的步骤及减少文书工作为城市能够更清晰地开放所有业务的方法。

增大货币周转速度。通过快速发放工资和福利款，能够增大货币周转速度。

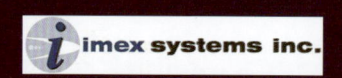

提供一站式城市服务：

城镇启用适用于客户服务提升的新技术

加拿大安大略省的王城镇成为加拿大第一个使用全面集成的移动应用程序与网站门户及在线服务设施，便于市民随时随地在任何设备上访问市政当局的信息和电子化服务设施。

这种平台为居民和在王城镇开展业务的人，进而访问市政服务设施和信息提供了便利，同时有助于改善内部服务交付效率。miCity 移动应用程序能够在苹果和安卓平台上运行，支持智能手机和平板电脑。

与其他市政当局使用的移动应用程序（为典型的独立应用程序）不同，miCity 应用程序与镇区的网站门户、市民关系管理系统及在线服务设施紧密集成在一起，包括充分的 GIS 集成，从而确保通过移动设备和台式电脑能够适时地访问、相关及一致的信息和电子化服务设施。miCity 应用程序为委员会成员 Imex 系统平台（称为 iGov）的扩展应用程序，是一种集成电子政务框架。

"使用集成 miCity 移动应用程序和 iCity 在线服务设施，我们能够使用尖端技术为居民提供更多便利和更好的用户体验，"市长史蒂夫·佩莱格里尼说，"尽管我们只是一个小的市政当局，但我们为能够提供的服务感到自豪。王城镇已经转变成一个智慧镇区，并已成为其他市政当局的典范，在客户服务方面发挥着领导作用。"

图 13.9

提供一站式城市服务

miCity应用程序为委员会成员Imex系统平台（称为iGov）的扩展应用程序，是一种集成电子政务框架。

根据上文提及的电子政务类型和智能支付应用程序，个体能够快速访问他们的财政信息，便于在城市商业店铺中付款。M-Pesa，肯尼亚的成功付款创新服务系统，能够帮助雇主快速轻松地通过移动汇款向工人付款，即使没有银行账户，也能付款。

增强安全性并减少欺骗。更智能的支付和财务系统旨在进一步保护商业安全、消费者及城市。使用正确的验收工具和支付工具，商户能够知晓客户是否值得信任。并且，能够快速向商户付款，从而降低流动资金需要量。

为游客创造舒适的环境。相比于居民，旅行者拥有不同的需求。他们来自远方，需要方便且具有互操作性的支付解决方案。同时，在未知的环境中，他们还需要有益的信息。为吸引游客，城市需要全市范围的支付系统，该系统能够与世界其他地区的支付系统进行互操作。例如，通过使用移动商务钱包，能够认同游客的身份、用游客的语言与游客进行沟通，并能够为游客提供相关信息，由于系统知晓游客入住的酒店、游客飞机起飞时间等，因此将游客家乡的支付工具与智慧城市系统相集成，能够确保游客就像在家乡一样，进行无缝导航。

可持续性

完善规划。付款是了解居民生活、通勤和消费方式的无与伦比的信息来源。通过分析付款数据，市政府能够使用城市基础设施和服务设施，满足市民的偏好和需求，同时减少无效开销。例如：根据从购物模式中获得的深刻见解，在最佳位置处设立新邮局，能够最大化地利用该邮局。同样，城市能够依据购物数据，配合交通和其他公共服务设施进行服务。

支持公共政策。环境挑战增大了使用创新的解决方案减少废物、减少排放物、节约能源和促进绿色环保交通的需求。付款为制定易懂的解决方案的主要组成部分。这里面有一些示例：NFC，有效公共充电站确保电动车辆用户能够更容易地进行付款和再充电；免费高速公路和桥梁通行收费支付解决方案能够自动检测车辆号牌；城市停车付款解决方案；与生活用能相连的智能支付设备能够使市民充分利用太阳能电池板。

图 13.10

◯ **为游客创造温馨的氛围**

为充分利用全球化，通过向游客提供无缝支付体验，城市领导人员需要确保城市能够欢迎来自世界各地的商务旅行者和普通游客。

增加货币周转速度：

有了政府预付卡，埃及能够更安全高效地支付工资

埃及是一个现金制社会，在近九千万的埃及人中，只有10%的人拥有银行账户。现金广泛用于支付薪水、退休金、采购和账单付款，人们也常将现金留在家中用于购买和支付账单。很大一部分人会以雇员或养老金领取人员的身份领取政府资金。

为了提高可持续增长率、使埃及人有更多的经济发展与就业机会，扶持全国人民达到更高的生活标准并具备更良好的生活质量。为全面普惠至全体公民并实现更高效的财政管理，埃及财政部寻求涉及面最广的财政包容倡议，并力求在公共和私人部门间实现合作。

政府支付工资也主要采取现金形式。管理超过600万名的政府雇员的定期与临时政府款项支付工作成本很高，很耗时，也很难进行清晰简明的记录。

埃及财政部、埃及中央银行和其他合伙企业与理事会成员万事达卡一道，共同开发出一种政府预付工资卡，以降低成本、提升透明度，在这一以现金制为主的国家内扩展电子支付的使用范围。

目前政府已向埃及政府雇员发放了超过150万张卡，使该项目成为亚太、中东和非洲地区最大的公共部门工资项目。该项目带来的另一重要结果是，政府雇员能够在国内和国际POS和ATM上取得资金。

图 13.11

→ **加快货币周转速度**

目前已向埃及政府雇员发放了超过150万张卡，使该项目成为亚太、中东和非洲地区最大的公共部门工资项目。

理财与支付目标

下文所列的最佳实践和目标有利于城市金融管理智慧手段的发展。本节将重点关注与智慧理财和支付明确相关的几个目标。其他通用章节中的目标及其在本章内的应用也将有所描述。若某个通用目标未被提及,并不意味着其不适用于城市理财和支付。相反,是因为其不需要额外赘述。

仪表与管控

保障享有银行服务。世界发达地区的城市可能会将便利、无处不在的银行服务认为是现成的理所当然的。然而,在世界其他地区,这是个重大问题。银行服务是智能支付关键的、根本性的先决条件。这意味着需要一个可行的自动柜员机网络、足够数量的银行网点。

城市领导者必须鼓励建设一个广泛、安全的银行系统。如果先进和信用卡是当前的基本支付方式,城市则应该鼓励发展智能方式,比如,近场支付卡片和将移动电话与银行绑定。

因为越来越多的转账是远程进行的,所以电子支付也是一大关键。举个例子,法国的尼斯将非接触式卡片的好处广泛地带给了当地市民。借助这一先进技术,这座城市展现了很高的接受度、享受了诸多益处。

实施理想仪表方案。城市必须保证至少两处的设备已被妥善部署:

接收设备。更多数量的停车计时器、自动柜员机、电表、自动售货机、销售终端机投入使用。接收网络必须跟不断产生的新支付方式相匹配,比如非接触式卡片、手机支付、电子钱包。

支付方式。除了支付,智慧支付设备还能做更多。比如,电子钱包汇集了所有客户现有的支付卡片,以及奖励卡、购物卡。借助新特点,电子钱包功能更加强大,进一步便利了人们的日常生活。在中国香港和伦敦,公共交通系统推出了非接触式电子卡片供人们用于支付,也可用于购物。

图 13.12

◯ **实现仪表最优化**

在有些地区,实现便利、广泛的银行服务是个重大难题。银行服务是智能支付的先决条件。

连通性

连通性和通信建设对于智能理财系统和支付的发展来说非常重要。智慧城市模型在相当程度上依赖于快速、安全、实时的信息传输。

连接设备与全城综合服务通信设备系统。智慧城市做到了全面的连通，股东们才可以在任何地点、任何时间完成交易。高速无线网络是一大前提。良好的网络覆盖也是如此，包括地铁、公共交通系统等人们长时间停留之处。所有人都从快速、安全的网络中收益。因为它降低了被诈骗的风险、通过无缝式体验减少了处理时长。

利用全市覆盖的数据平台连通所有金融系统。城市需要实时地收集、使用数据来获得对金融流量的完全态势感知。整体观将来自城市所有部门的金融数据统筹在一起，这对于参透当前趋势、对未来投资作出指导性预测是很关键的。向市民保证系统透明也很重要。

互用性

互操作性发挥出了智慧理财系统和支付的最大价值。

坚持开放的标准（就所有金融和支付基础设施而言）。采用开放标准具有极大的益处。这能够保证快速、广泛的参与，弱化风险（通过符合已测标准的投资实现）、提高采购效率（通过提供更优选择和更低价格实现）。它也促进了外国消费者、旅游者、商务出差人士的参与度。

开放的标准必须应用在几大层次中，包括：（1）通信技术；（2）支付设备间的互动；（3）设备间交互的数据。近场通信技术就是最完美的案例。这一非接触式通信标准已经被全世界的商界精英、发行人、城市领导人广泛采用。

城市应该优先采用全球标准，使国际交易变得更简便，才能吸引更多国外游客。

图 13.13

◯ **连接设备与全城综合服务通信设备系统**

智慧城市做到了全面的连通，股东们才可以在任何地点、任何时间完成交易。

通过覆盖全市的数据平台连通各金融体系：

城市以责任和效率满足未来需求

华盛顿州雷德蒙德市是理事会成员微软公司园和大量软件巨头合作公司的故乡，以其响应能力和为各部门提供的广泛服务为傲。考虑到城市的未来发展，决策人制订了一项卓有远见的科技计划。

雷德蒙德市力求使其业务流程更高效透明。首先替换了 ERP 系统，该系统已无法满足公共部门需求，且无法适应城市雇员的工作方式。城市公共部门组织使用了微软 Dynamics AX2012，并同时使用了其他软件工具。现在，通过流线型化操作和为雇员提供有价值的数据，雷德蒙德市能够为市民提供更高的服务质量，实现更高效的沟通。

城市的工作文化逐渐转向理想的透明制和问责制。城市项目领导人意识到新型 ERP 系统和其他科技能帮助雇员完成何种工作后，就借此机会修改了业务流程，使其更为高效简易。包括使用新会计科目表、工作流程、支出与发票批准、编制预算和其他任务。

从清除重复数据到以流线型工作流程取代不同的任务，雷德蒙德市正通过新型 ERP 系统内的财政管理功能提高效率。"我们现在能够将多种职能分散开来并将资源分配给更重要的职能，在某些情况下，还能降低专门从事特定任务的全职雇员的数量，"雷德蒙德市市长约翰·马尔基奥内称。

图 13.14

➲ **通过覆盖全市的数据平台连通各金融体系**

代之以致电金融集团询问信息的是，雷德蒙德市的雇员能够使用微软 Dynamics 内的角色中心轻松找到需要的信息。

第十三章　支付与理财｜智慧城市筹备指南　291

使用开放型集成架构和松散型耦合接口。越来越多的公司开始使用开放综合架构并公开 API，使得第三方能够将其系统整合进来。在支付产业内，像万事达卡这样的公司也在采用该方法。城市在发展其支付基础设施时，也可考虑采用类似的策略，以快速"扩展"其支付生态系统，为各参与方带来更多的价值。

优先采用已有投资。大多数城市很难在一夜间完全替换所有财政系统，也就是说，首先还是要发展现有投资，之后再制订计划，谨慎地向前进行升级。城市也可继续使用旧有软件，将数据发送给新软件模块，在其上添加价值。

使客户与业务服务平台的综合通道成为可能。城市无法假定每位市民和每笔业务都有智能手机、计算机和可靠的网络通路，使其能够使用城市资源、签订内容以享受福利、支付账单等。市中心内的公共电话亭和图书馆可能是唯一一种能够架构起数字鸿沟的桥梁。综合客户与业务服务平台也能适应不同人的特殊需求，如不同的语言和障碍。

能够进行全面的设备管理。实施智慧支付能够扩大城市网络上的设备数量和数据量。全面的设备与网络管理能够使支付系统更为安全、有弹性和可靠，节约成本，同时使城市数据管理、安全和隐私政策更合规。

图 13.15

➲ **使综合客户与业务服务平台的多通道使用成为可能**

法国一优良购物商场内的虚拟城市大厅配备有思科科技，使市民与城市机构间的双向音频与视频通信成为可能。

安全与隐私

支付系统的主要目标，无论是智能的还是其他类型支付系统，都要加强参与方之间的信任程度。同样地，当市民和商业机构在申请许可、授权和其他服务时，城市会向其收集大量的财政数据。

若违背了安全或隐私原则，则会因此威胁城市的总体诚信。

制定隐私法规（将其用于城市财政与支付系统）。城市应发布和强制执行清楚明了的隐私规定，并同样将其用于财政数据上。从隐私角度上看，包括以下内容：

- 尊重匿名性——在分析数据时不应"表现出数据的所有者"。
- 可从客户处获得的信息类型。
- 可分享的内容。
- 何人可使用数据。
- 信息将如何存储和使用。
- 参与者将如何使用、编辑或删除数据。

图 13.16

➡ **公布隐私规则（及其在城市支付系统中的应用）**

应用于金融数据的明确规定应同样用于隐私方面，对此城市要做到公之于众。

创建安全框架。城市也需要明确支付过程中不同的安全等级，比如，双重认证或凭密码支付。电子钱包是个很好的例子。电子钱包做到了在一个应用中保障各种支付手段以及其他工具（购物卡等）的安全。这避免了用户的支付留言分散在多个不同地方。

然而，过于严苛的规定会有碍用户参与度，城市必须把握好平衡。同时也要记住，法律或商业条款可能已对安全详情做出了规定。

保障网络安全。我们已经提到，智慧城市传输着大量的金融数据，也将重要的基础设施与网络相联系。这一系列举动带来了诸多好处，也产生了新的威胁。最好不要使各个部门各自行事，筹划安全计划。相反地，应该在全市范围内实施最佳的安全实践。

数据管理

制定全城数据管理、公开和共享政策。尽管金融数据有其敏感性，但全市范围数据管理、储存、浏览政策的重要性，我们仍想强调一番。为实施好上述政策，政府须清晰规定，建立起数据资产管控链，并明确哪个部门来决定访问权限、哪个部门来决定问责。这一覆盖全市的网络正常应该覆盖个人和公共数据并且保证各个部门的数据可被其他部门共享。还必须和前文所述的安全和隐私目标中的政策相结合。全市范围数据管理计划将提高城市的灵活度（按需要快速创建新应用的能力）和准确性（保证每个用户所获信息准确无误）。这样一来，减少失误、不必要的重复，也能节约成本。

计算资源

全球每年共有三万亿次支付交易，其中包含大量数据。通过对这些数据的分析，支付系统的真正价值将被发掘。

考虑云计算框架。云计算是每项城市职责中实实在在的考量，但事实上，它是智能支付的必备要求。支付系统既要保证信息储存的安全，又要保证任何时间、地点、设备都可以访问信息。只有云计算框架能够满足这一严苛的要求。城市可能会考虑混合式的解决方案——公共云空间用于储存和处理信息，地域性或个人的云空间用于需要更高级别安全和隐私标准的要素。无论选择何种方式，城市应该保证所选的云服务包含数据加密、高效的数据匿名、移动定位隐私。

目的分析

对支付数据进行分析将对当地商业产生十分积极的效应，也会影响、改善政府政策。

充分实现态势感知（包括当地商业趋势）。通过分析支付数据，更深入地理解当地商业发展趋势。深刻见解包括宏观指标，比如，零售销售额，来分析经济状况并设定政策方向。微观指标如城市区域游客消费行为，有助于根据不同地区情况，制定不同的市场促销活动。

实现运行优化。通过获取、分析交易型数据得到实用的信息，比如市民公共服务使用量。比较使用城市公共交通系统（根据购票量/确认）和驾驶汽车进入城市（根据过路费或停车费）的人数能够帮助城市制定政策，减少交通拥堵。类似地，对于邮局或发证部门支出的准确监控，有助于更好地分配工作人员、更好地管理营业时间。

实施关键业绩指标快报。采用城市快报来衡量既定目标的实现情况，而非一箩筐分散的关键业绩指标。当新的数据提示情况有变，城市官员可以借助快报持续地监视、提高他们的管理策略。城市及其快报是保证有效管理城市各项服务——如交通、能源、水源——的一大关键。将标准关键业绩指标表现与城市的其他地区相比较，有助于最佳效果的实现。

采用预测分析。支付信息可以预测人们的偏好，并且大大提高城市规划未来的能力。

图 13.17

➔ **充分实现态势感知（包括当地商业趋势）**
分析包括宏观指标，如零售销售额在内的支付数据可以帮助城市分析经济状况并设定政策方向。

城市应该发展好、利用好这一能力。比如，当了解到人们的消费行为从居住地附近的便利店转向市郊大型商店后，城市可能对发展规划做出调整。预测型模型也能决定城市中商业或公共服务点的最佳选址。

考虑云计算框架：

非斯借助云力量提升透明度和服务交付能力

与其他现代城市一样，非斯市政府必须满足大量公民需求、管理预算、吸引私人和外来投资、同时积极应对人口从乡村到市中心的迁移。在 2013 年，非洲开发银行（AfDB）选择非斯作为试点城市用于测试城市仪表板，该城市仪表板以 Windows 8 操作系统和微软 Azure 云计算平台为动力，设计用于帮助城市监测其服务绩效。

非斯市官员和决策人可使用仪表板监测高达 70 个有关城市属性和服务绩效的定量和定性社会经济、服务可见度和生活质量指标。城市会从本地、地区和国家政府资源以及 NGO 和私营部门处收集数据，并同委员会成员微软公司的 Azure SQL 数据库共同管理数据。

非斯计划为仪表板配备一个公共界面，使市民自己能够用其监测和使用公共服务。

有了城市仪表板，非斯的决策人能够更简单、快速、直接地使用市政、国家、国际和商业数据，也能具备制定决策所需的见解。非斯能够建立起更透明、更具参与性的管理形式，使城市能够更轻松地做出高效规划，吸引更多的私人和外来直接投资，并为其市民提供更好的服务。

在非斯试点成功后，AfDB 计划将整个项目复制于摩洛哥的其他城市直至整个非洲。城市仪表板将成为一个关键工具，帮助 AfDB 确定出问题，定制其城市发展计划，为非洲城市居民的生活和繁荣带来巨大影响。

图 13.18

➲ **考虑采用云计算平台**
有了城市仪表板，非斯能够形成更透明、更具参与性的管理。

实现城市支付的三大关键因素：

委员会成员万事达卡是支付数据和分析领域内的世界领导者。该公司提出，表中所示的三个优点对深入了解支付数据起到重要作用。您的ICT员工在评估各项选择时，您可将其教授给员工，会有很大帮助。

优点	特点	因素
数据来源	**能够使用交易数据** • 直接使用或通过合伙企业 • 最大化质量和"代表性" **与其他可用数据结合在一起** • 结构化或非结构化	质量/代表性 可行性/多样性 保密性/合规性
灵活的技术	**能够存储、架构、净化和处理** • 具备大型数据库 • 内含非结构化数据 **内含分享与分析工具，能够传达深刻见解** • 可为业务用户到数据科学家提供从基本到高级的见解 **能够整合进现有工具和系统内**	能够管理非结构化数据，包括像Hadoop这样的开放源工具 到位的数据净化处理 数据可视化工具 数据分析与挖掘工具
专门知识	**能够传达价值观和见解** • 具备大数据领域内各个方面的专家 • 能够将数据转化为可付诸实施的见解 • 具备先进的分析和统计模型	能够支持大数据的组织结构，获取可行的分析资源和技巧 拥有法规、隐私法和数据使用方面的专家

图 13.19

考虑采用云计算框架：

安大略市计划通过基础设施规划每年节约成本10万美元

若能够可视化基础设施并分析保养成本，包括像道路和管道这样的主要设施将持续多久，城市能够在规划流程上节约大量时间和成本，并节省出上百万美元施工与保养成本。即使是最小型的城市，每年也会在各种设施上花费超过10亿美元，并且每年花费几百万美元进行保养。

安大略省的剑桥拥有超过25万个基础设施资产，总价值为16亿美元，其中包括超过300公里的道路和超过1200公里的地下水主管、污水管道和暴雨水管。城市会使用理事会成员美国国际商用机器公司的新型基础设施规划软件（视频）检查上百万条信息进行假设性分析，帮助做出更好的决策。采用一定算法处理数据，预测何种设施将会在何时报废，帮助城市职员跨部门观点做出决策，如是否要重新安排污水管道线路或将其完全替换，是否要同时重铺车道。

还内含财政规划工具，帮助针对各项目更高效地使用资金。通过更好的项目合作、更少的资金预测时间、更优良的资产管理，城市预计每年至少会节约10万美元。

"在开发新的基础设施时，要自底层从头开始——从地下污水管道至地表街道和暴雨排水管。我们应只挖掘街道一次，在此期间将所有地下系统都安置好，"剑桥的资产管理与支持服务主管迈克·霍伊塞尔称。通过使用以云计算标准为基础的美国国际商用机器公司智能操作软件，剑桥能够协调整合包括服务提供、保养和更新基础设施在内的各种工作，从而降低城市部门成本，并改善市民服务质量。

图13.20

⊃ **考虑采用云计算框架**
通过使用以云计算标准为基础的美国国际商用机器公司智能操作软件，剑桥能够协调整合基础设施更新和财政规划工具，帮助针对各项目更高效地使用资金。

ISO 37120：城市表现衡量标准

2014年，国际标准化组织公布了严格适用于城市表现的 ISO 标准。此文件被称为 ISO 37120:2014，确立了一系列开放数据指标，用于衡量城市服务和生活质量。它定义了城市衡量其表现所使用的常用方法，涉及领域包括能源、环境、金融、应急响应、治理、健康、娱乐、安全、固体废物、通信、交通、城市规划、废水、水、卫生等。

在右侧中，我们说明了财政相关标准与下页确定出的国会支付与财政目标之间的对应关系。

支付与财政指标

			确保能够使用稳健的银行服务	将财政系统与覆盖全市的平台相连通	能够多通道使用综合平台	整合所有运输模式进行优化	创建覆盖全市的数据管理政策	实现全面的态势分析	实现操作优化	实现资产优化
核心	9.1	偿债比率（债务服务费用支出占市政当局自己来源收入的百分比）	■	■	■	■	■	■	■	■
支持	9.2	资本开支占总支出的百分比	■	■	■	■	■	■	■	■
支持	9.3	自源收入占总收入的百分比	■	■	■	■	■	■	■	■
支持	9.4	所收税款占开账税款的百分比	■	■	■	■	■	■	■	■

图 13.21

支付与理财目标

以下清单中，针对公共安全的具体目标为黑体，通用目标则非黑体

	推进支付与理财目标	智慧城市如何配置、利用信息通信技术来加强支付系统建设	实施进度			
			无	偶尔	经常	完成
技术	仪表及管控	保障银行服务 安装理想仪表（包括接收设备和新支付方式）	☐☐	☐☐	☐☐	☐☐
	连通性	连接设备与综合服务通信设备 **利用全市覆盖的数据平台连通所有金融系统**	☐☐	☐☐	☐☐	☐☐
	互用性	坚持开放标准（就所有金融和支付基础设施而言） 采用开放型集成架构和松散型耦合接口 优先传统投资 **实现客户和商务服务综合平台的多渠道接入**	☐☐☐☐	☐☐☐☐	☐☐☐☐	☐☐☐☐
	安全和隐私	制定隐私法规（及其在金融和支付系统中的应用） 创建安全框架 保障网络安全	☐☐☐	☐☐☐	☐☐☐	☐☐☐
	数据管理	制定全城数据管理、公开和共享政策	☐	☐	☐	☐
	计算资源	考虑云计算框架 创建开放型创新平台 开放地理信息系统 访问综合网络和设备管理	☐☐☐☐	☐☐☐☐	☐☐☐☐	☐☐☐☐
	目的分析	充分实现态势感知（包括当地商业趋势） 实现运行优化 实现资产优化 **实施关键业绩指标快报** 采用预测分析	☐☐☐☐☐	☐☐☐☐☐	☐☐☐☐☐	☐☐☐☐☐

图 13.22

附加资源

多伦多

优先通过智慧支付实现便捷操作

多伦多的津贴卡：用更少的资源做更多的事。由于多伦多境内每四个人中就有一个人没有银行账户，无法直接接收银行转账，因此多伦多越来越需要将社会效益支出流线型化并降低接收人的资金收集成本。城市研发出一种新的万事达卡预付卡，其能够快速安全地发至多伦多雇用与社会服务办公室。资金可直接载入预付卡上，之后可由接收人用于各处。

目标：最佳地执行仪器化（包括验收设备和新型支付形式因素）

伦敦交通局视频案例研究：伦敦交通局（TfL）于2012年首先在伦敦引入了非接触式支付，并在两年后将其扩展至世界最大非接触式现收现付网络上的各种交通工具中，包括公共汽车、铁路、地铁和电车。取自委员会成员立方运输系统的这段视频突出说明了TfL在引入非接触式支付后带来的巨大成果。

目标：创建安全框架

保证移动交易安全的两个因素：美国国际商用机器公司科学家根据以近场通信（NFC）闻名的无线电标准开发出一种移动身份认证安全技术。如视频中所述，在使用NFC使能装置和非接触式智能卡进行移动交易时，来自委员会成员美国国际商用机器公司的该项技术能够提供另一层面的安全保障。

目标：实施理想仪器化（包括验收设备和新型支付形式因素）

超越现金：通过更智慧高效的数字支付形式改善生活，随着支付成为城市经济活动与成功的关键，资金的高效处理也显得越发重要。数字化支付能够为市民和游客带来更多便利，也能使政府更透明地了解支付情况，使城市能够更好地部署资源，以数据为驱动获得更深刻的见解，并最终实现更高效的城市规划。要想了解更多内容，请参见来自委员会成员万事达卡的白皮书。

提高财政包容性

尼日利亚国家ID卡：在2013年5月的非洲世界经济论坛上，尼日利亚国家身份管理委员会和委员会成员万事达卡宣布称，计划发放1300万张国家身份智能卡作为试点项目。这一财政包容倡议为市民提供了安全、便利和可靠的电子支付形式，为10000万名之前未使用过财政服务的尼日利亚人带来更好的经济前景。

第十四章
把想法付诸行动

在本章中,你将了解,简单的路线设计过程是如何造就一个智慧城市的。我们在之前的文章中暗示过下述观点,但现在,我们将再次说明这些观点:技术只是简单的部分。困难部分在于,如何把想法付诸行动。幸运的是,过去经历过这些的人能够提供帮助。在回顾了上百个成功试点情况,采访了几十个专家后,衍生出多个主题,我们在后文将分享这些内容。

如果你已读完本指南其他章节的内容，现在有一系列目标指引你展开智慧城市工作。但你还不知道要首先将这些原则用于何处，或是如何将这些理念付诸实实在在的行动。下面，我们将说明路线图是如何将想法与行动架构在一起的。我们将讨论：

- 路线图的重要性。
- 路线图要素。
- 制定路线图的过程。
- 与下一一对应路线图成功策略。

请注意，智慧城市委员会可不相信仅靠路线图本身就能取得成功。而是要将路线图与城市愿景文件或全面的计划联系在一起。我们认为，这个过程的核心在于数字科技。该技术应用于实现更大的城市目标。

路线图的重要性

为何要使用路线图？通往智慧城市的道路是一条漫长的旅程。若想普及智能技术，常常需要花费5年、10年，甚至15年的时间。有一个清晰一致的目标激励市民显得十分重要。沿途也需要有清晰的目标指引人们修正前进的方向。

按照我们在本指南中采用的术语，路线图确实是一份简化概况，说明了成为智慧城市要经历的几个主要步骤。其并非一份愿景文件或主计划或详细项目计划。尽管还有许多其他要考虑的事项，但你需要对未来有一个高水平"3万英尺视角"。就像专家指出的，学术界考虑的是"为何"要打造智慧城市，而科技公司专注于智慧城市"要有什么"。而你还要厘清"如何"打造智慧城市，这时，路线图就派上用场了。

克服智慧城市障碍

路线图能帮你克服障碍，将智慧城市付诸实践。其中一个障碍就是人性。人们天生就是抗拒改变的。然而，我们却生活在一个不断变化的时代。因此，整个管理科学也围绕"改变管理"展开，围绕成功将公司转变至期望的未来状态展开。

城市也面临类似的挑战，但城市无法简单地命令居民参与改变管理研讨会，也不能开除那些不愿同行的居民。取而代之的是，城市政府必须影响和激励大众。路线图就是一种能起到激励作用的有力工具。

大多数城市政府的垂直性质使进行有效改变更加困难。在过去至少100年间，城市分为各个部门，拥有各自的特殊性且每个都有高度自主权。尽管不需要禁止各个行政区

图 14.1

发展变为智慧城市，但是这些行政区需要更加高效地协作并共享资源。在你阅读下文时，制定路线图工作是一项"强制功能"，能够强制各个行政区共同协作。

因为将边界重叠起来，使得成为智慧城市变得更加复杂。城市的挑战——犯罪、交通、供水、经济发展等不会统一恰好地停止在城市边界内。行政辖区也一样有所重叠。许多都市地区在行政范围内包含许多城市和乡镇。都市地区还包括成百上千的学区、水源区、交通机构、港务局、人文服务机构和其他组织。以大芝加哥地区为例，它横跨3个州的14个县，包含大约350个自治市、350个学区和140个图书馆区。

城市也要遵守联邦机构、州或省政府、县或区政府、公共事业委员会等的规章制度。为了达到最高程度，城市必须与无数的倡导团体、特殊利益团体、街区协会、商业协会和其他团体议程有时相反的团体抗衡。

美国提供了一个案例。据统计，美国有大约2万个市政府、1.3万个学区和37381个特殊机构。

如布鲁金斯学会学者布鲁斯·凯兹在2011年所说，"过多的市政府（和普遍缺乏的大都市政府）意味着应用创新技术没有'一个停靠点'。制定交通决策的公共机构与制定教育或供水决策的机构不同。这些独立单位很少互相合作，以便在它们之间或是与公用单位及其他私人或类似的公共单位合作整合技术（并分享信息）"。

如果正确完成，制定路线图是一个牵涉这些单独团体并将其团结在一起的过程。

其他制定路线图的益处。

除了上文提到的优点，智慧城市路线图还具有这些额外的益处：

使协同效应最大化并将所需成本降至最低。 考虑当前的大格局有助于城市找到共享基础设施并共同分担成本的方式，即废除不必要的重复ICT投资。

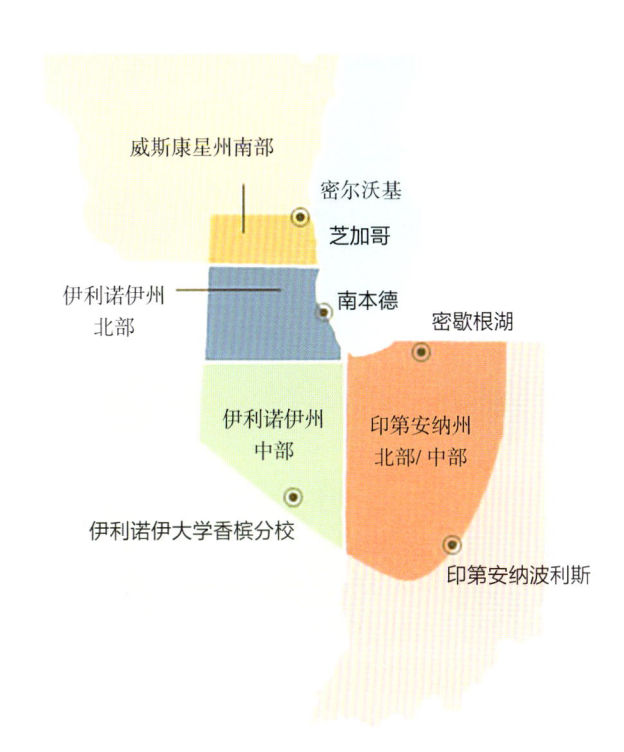

图 14.2

⮕ 克服建设智慧城市的障碍

很明显，对于横跨了3个州14个区的大芝加哥都会区，城市挑战不会统一恰好地停留在城市边界内。制定路线图有助于团结单独的区域团体。

第十四章　把想法付诸行动丨智慧城市筹备指南

确定开始的最佳地点。选择"容易实现的目标",即具有投入相对较少的金钱和时间就可获得高回报的项目才会更有意义。如果一个城市以快速、"大爆炸式"项目开始,则它能够累积动力并获得公众支持。使用早期项目节约的金额,还可帮助支付未来项目的费用。

使城市能够分阶段发展。如果已经制订好适当的计划,你可能更加确信最后一切都会发挥成效,因为你始终遵守可以确保互通和合作的原则和标准。利用这样的框架,城市每次都会前进一步,并知道各个单独项目会相互兼容,即使这些项目是成立于不同的时间。

增加公众支持。路线图勾画出了未来在宜居、宜业和可持续发展均有所改进的一幅画面。它能显著提升公众的理解和合作。它也能积极争取到私营部门的支持和资金帮助。

吸引人才和业务。每个城市都想吸引杰出的专业人才以及产生更多就业的业务,但是在决定开创地点时这两项因素的要求却越来越高。专家和业务被吸引到有说服力愿景的城市,期望能够拥有美好未来,并拥有实现路径。换句话说,你的路线图也是一种招聘工具。

路线图

图 14.3

路线图要素

许多机构均建议你的路线图至少包含这五个要素:
(1)预估所处位置。
(2)想实现的愿景。
(3)关键内容的项目计划。
(4)标记进程的时间表。
(5)评估并证明成功的衡量标准。

评估:城市现状的清晰画面,根据用于量化成功的关键性能指标进行衡量。例如,在之后的页面中,你会了解到温哥华行动计划如何将基线数字包括在内以便指示城市的当前性能等级。

愿景:一幅展示出最终成果的清晰画面,可通过市民的待遇来表示。此愿景不应仅表示为技术成就,还应包括通过该技术实现的生活方式和工作方式提高。建立市民参与的愿景至关重要。首先,你会获得更好、更多的不同建议。其次,你会建立共识和献身精神。你还会想要重新设想城市的部门组织应该具备的模样。

项目规划：是智慧城市最重要成分的蓝图。发展可能性包括以下内容的总体规划：土地使用和建成环境；数字基础建设（通信和计算资源）；数据；交通；商务贸易；市政服务。这些规划也有助于形成关于智慧城市驱动因素的可见性。

里程碑：你能衡量进程、分享经验教训、讨论路线修正并加强奉献的路标。例如，温哥华每年会制定执行情况更新。（单击以查看温哥华 2011—2012 年执行更新综述。）该市还会举行温哥华城市年度峰会，作为一个商业和城市领导者交流想法和最佳实践的讨论平台。该市还会通过不同媒体定期发布更新信息，以使市民了解最新信息并始终关注（见右图）。

在测量过程中，市民会成为一个重要的工具。社会媒体可帮助接触居民，以便了解技术应用进展的情况，并将政府和群众进一步联系起来。

衡量标准：量化成功的关键性能指标。示例包括碳足迹、平均通勤时间、市民使用带宽比例、能源效率成就、水效率成就、新成型商务、专利申请、毕业学生、人均医生和病床、在线可用市政服务比例等。

有时候，可选择方便你计算投资回报的衡量标准。尽早在智慧城市工作中选择标准

图 14.4

⊙ **标记进程的里程碑**

温哥华每年会制定执行情况更新，并监督迄今为止实现的目标，以及随着2020年接近还需要完成哪些工作。

可确保透明度，并提高市民买进率。温哥华的行动计划有一系列非常具体的目标。例如，从 2010 年到 2020 年，该计划设法使绿色就业的数量翻倍，并使"绿色"生产的公司数量也翻倍。该计划旨在将温室气体排放量与 2007 年的水平相比降低 33%。对于全部 10 个子成分，具有相似容易测量的目标。

第十四章　把想法付诸行动 | 智慧城市筹备指南　305

最佳绿色城市
2020行动计划

动员3.5万位温哥华人制订行动计划

2009年，温哥华市长罗品信成立最绿色城市行动小组。该行动小组的工作是制定一个使温哥华变为地球上最绿色城市的计划。尽管只有部分计划参考了数字技术，但是该计划整体却展现出了激起公民参与的标准案例。3.5万多位市民以一种方式或其他方式参与这一进程。其中许多市民通过社会媒体对该进程进行在线监控（并将继续这样做）。其他人则通过面对面的研讨会和活动参与其中。60多位城市职工、120个不同组织以及9500名个人积极地贡献想法并提供反馈。

这些参与者希望尽快创造机会，因为他们一直在为长期成功而努力，以便在创建符合未来一代需求的同时，建立强大的地方经济和活力社区。

温哥华市议会在2011年7月采用了制订出的温哥华环保城市之最2020行动计划。计划提出了三个首要焦点领域：碳、废物和生态系统。它分为10个小计划，每个小计划均设有截至2050年的长期目标和到2020年的短期目标。

图 14.5

⊙ **温哥华行动规划**

温哥华2020行动计划的首要目标是通过使绿色就业的数量翻倍，并使积极从事绿色生产的公司数量也翻倍，来确保城市作为绿色企业圣地的国际声誉。

温哥华规划目标

温哥华环保城市之最 2020 年行动计划包括 10 个"子计划",每个子计划均包括长期目标和衡量成就的标准。

	目标	具体目标
1. 绿色经济	确保温哥华作为绿色体系圣地的国际声誉	• 使绿色就业的数量翻倍 • 使积极从事绿色生产的公司数量翻倍
2. 气候主导地位	解决温哥华对矿物燃料的依赖	• 社区的温室气体排放量比2007年减少33%
3. 绿色建筑	在绿色建筑设计和建设方面领先世界	• 从2020年起,所有建筑都是"碳平衡"的 • 使现存建筑的能源消耗和温室气体排放比2007年少20%
4. 绿色出行	让步行、自行车、公交成为人们出行的首要选择	• 人们(50%以上)的出行都是通过步行、自行车或公交 • 使人均驾驶里程比2007年减少20%
5. 零废物	创造零废物	• 减少固体垃圾数量,使其比2008年少50%

图 14.6

温哥华规划目标

	目标	具体目标
6. 亲近大自然	温哥华居民能方便地亲近自然,包括世界上最壮观的城市森林	• 到 2020 年,保证所有温哥华居民步行 5 分钟即可到达公园、林荫道路或其他绿地
		• 到 2020 年,新种植 15 万棵树木
7. 减少碳足迹	实现"一个星球"的生态足迹	• 减少温哥华的生态足迹,使其比 2006 年少 33%
8. 洁净水源	洁净水源将使温哥华成为世界上饮用水质最好的城市	• 符合或优于省内和联邦饮用水质的标准和指南
9. 洁净空气	在世界所有大城市中,温哥华的空气最清洁	• 始终符合或优于加拿大不列颠哥伦比亚省温哥华都会区和世界卫生组织最严格的空气质量标准
10. 本地食品	在城市食品系统建设方面,温哥华领先世界	• 使全市和周边的食品供应比 2010 年至少提升 50%

图 14.6(续)

制定路线图的过程

制定智慧城市路线图并没有标准的方式。下面，我们提出了一种将多个专家建议的方式整合在一起的建议。该建议包括 6 个步骤：

（1）确定领导者。
（2）组建团队。
（3）制定长远的目标。
（4）建立衡量标准。
（5）将目标按照优先顺序排列。
（6）安排专家制订具体计划。

确定领导者

最佳路线图的策略是使所有利益相关团体参与其中。即便如此，没有领导者，该项工作也未必会成功。最典型的代表就是市长或城市管理者。但是私人开发商、民间组织、本地大学、市议会成员或其他杰出个人也领导进行了一些成功的工作。

领导者的工作是向城市雇员和城市居民宣传最新愿景，并向金融和技术伙伴说明城市必需事项。这份工作在项目整个周期均需要大量精力和说服能力。大部分专家都呼吁需要强大的外部领导者，其通常为选举官员，拥有强大的内部拥护团队，通常是领导日常活动的人员。

组建团队

组建团队时，你需要平衡两个需求。一方面，你需要不同领域的专业知识，这暗示着需要一个大型团队。另一方面，你需要快速高效，这需要小型团队。一些专家认为理想的状态是一个核心小团队的工作通常符合专家和利益相关者大团队的意见。

许多从业者建议可通过建立一个部门间的工作小组使城市启动。因为智慧城市是一个"系统集成"，一个领域的决策势必会影响其他领域。采用多功能方法至关重要。一些城市引进了每个主要部门的代表。其他人则组成一个核心团队，并根据需要咨询其他部门。经常涉及规划和 ICT 部门。

市长领导工作小组或指派一名高级员工的情况较为常见。

工作小组必须具有要求合作的权利。同样重要的是，应该对部门项目进行监管，至少达到确保那些项目所确定标准的程度。

图 14.7
⊃ **组建团队**
许多从业者建议可通过建立一个部门间的工作小组使城市启动。

即使不会立即使部门基础设施联系起来，但在适当情况下，你也希望能够这样做。这要求各个部门严格遵守互操作性、安全性、隐私性、数据管理等方面的标准。

许多城市从外部工作小组转移到内部智慧城市部门，在某种程度上该部门类似今天广泛接受的ICT部门。与ICT一样，智慧城市部门承担跨领域的责任。然而，与ICT不同的是，该部门没有作为目标的专门作用。相反，部门的职责之一是协调，设置整体目标并确保：（1）所有部门均有可靠的公共智慧城市平台；（2）所有的单个项目均会根据更大的智慧城市愿景而相互协调。

一些城市使外部利益相关者加入工作小组。然而，最常见的方法是安排市政员工和付费顾问加入工作团队，然后举行会议以便收集重要利益相关者的信息。一些城市拥有并运行大多数服务项目，交通、电力、水、通信等。在其他情况下，私人部门则提供全部或大部分服务项目，市政府同时提供界限和监督。不控制自身基础设施的城市必须与为其领域范围内提供电力、燃气和供水的机构紧密协商。

专业的智慧城市供应商也是一种资源，尤其是擅长总体规划和系统整合的供应商。即使城市没有立即雇用他们，他们也能根据帮助过许多不同城市的经验来提供直接的指导和建议。

尽管智慧城市理事会成员不会因为咨询而收取费用，但确实在规划早期阶段与选择的焦点城市共同研究过。理事会建议这些城市使用他们的筹备指南。还组建了简要"指导"会议的专家团队，使城市"走出困境"。

制定长远目标

我们已经多次强调智慧城市路线图应该用于更大的社区目标。许多城市让保存有定期更新的10—20年计划。其他城市具有愿景文件，通常是关于持续性或经济发展的目标。大多数大型私营部门的发展均具有对区域优势、需求和文化偏好仔细考量的总体规划。

许多城市还设有针对特殊社区的计划，如生态社区计划或改造计划。

例如，理事会顾问大卫·桑德尔领导的卢普区媒体中心生态社区，就是圣路易斯小区的意向重要举措。它希望通过在城市循环电车沿线为建筑优先提供一千兆的互联网接入来加速经济增长。

你的智慧城市路线图应该从这些计划中吸取经验，从而确立目标、优先次序和衡量标准。智慧技术应该是达到目的的手段。所以首先你需要确定目标应该是什么样。每个城市均有独特的优势、挑战和文化偏好的混合。因此，每个城市均有不同的目标。你的经济是否以制造业为基础？还是旅游业？或高科技服务？每个城市都应适当调整其路线图以便支持其优势并弥合各种挑战。

例如，城市强调更低的碳足迹（如温哥华示例的早期情况），这样可能会优先考虑影响排放的项目，如智慧电网、能源效率和电动汽车。旨在成为高科技中心的城市可能会强调此类事情，如宽带连接和公共交通。

如果你的城市没有长期计划，甚至个别地区也没有长期计划，那么你可能想要制定一个愿景实践作为路线图进程中早期的步骤。

从小范围起步：

将智慧城市建成生态社区

波特兰、俄勒冈州的生态社区设法鼓励城市根据附近发展的社区来改造本地社区。非营利组织与城市建设者、企业家、决策者和创新人员共同合作创建富有活力的社区和智慧城市。该组织宣传了社区规模的最佳实践以创建未来的社区。

生态社区是拥有促进本地可持续性广泛义务的社区。生态社区致力于实现有雄心的持续性目标并追踪结果。通过八个绩效领域衡量成功，包括：能源、水、公平发展、社区认同、可使用性和移动性、住处和生态系统功能、卫生和幸福感以及物料管理。

尽管每个生态社区都不同，许多社区包括一些要素，如社区能源、创造绿能工作、提升宜居性、暴雨策略以及综合交通规划。生态社区组织开发了一种工具，通过实施在概念上为城市和城市发展从业者提供指导，强调了路程管理和社区合作的作用。

图 14.8

➲ **从小范围起步**

生态社区框架提供了社区之间协作的方法，以便建造一个智慧且可持续发展的城市。

建立衡量标准

此时，你已经组建了一个合理的团队，并且你有根据城市长期愿景而制定的总目标。

重要的下一步在于建立衡量实现这些目标所采取进程的标准。一个全面的智慧城市路线图应包括：（1）宜居、宜业、可持续发展的可衡量目标；（2）为实现这些目标所采取进程的及时报告。

其中一些标准为"内向型"，作为市政府监控自身政绩的一种方式。但是我们强烈建议你直接向市民陈述衡量标准以及他们未来的生活质量。

在本章的其他位置以及附录中，你可以发现城市计划和研究理念衡量标准的示例。你也可能想要参考出版的"城市指数"。相关示例包括全球城市指数机构（GCIF）、美世生活质量调查、社区发展 USGBCLEED 以及来自联合国全球紧凑型城市规划的持续性城市概况循环。

将目标按照优先顺序排列

如果已经制定出你的愿景和适当的衡量标准，说明你已经准备将前期章节中所制定的目标按照优先顺序排列以实现这些目标。

我们在本章的结尾处编写了一个汇总清单。使用该清单巩固之前章节的工作，并决定首先发展的目标。

你怎样选择你的优先次序？以下这四个步骤将会有所帮助：

（1）从基础的内容开始。
（2）考虑总体目标。
（3）强化你的弱项。
（4）寻求积极反馈。

这四步中的每步均会筛选出一些可能性。如果你按顺序进行筛选，你最终会得到可能的首要项目的更短清单。

从基础的内容开始。某些目标非常重要，因此每个城市应在最开始时便准备好这些目标。否则，至少应该立即实施这些目标，即使他们同时还在进行其他项目。审核以下的五个目标，确定你的城市是否缺少了某个基础因素：

- 全市范围内综合服务通信系统。
- 坚持开放标准。
- 制定隐私规则。
- 创建安全框架。
- 制定全市数据管理、透明度和共享政策。

图 14.9

⊃ **将目标按照优先顺序排列**

从基础的内容开始。某些目标非常重要，因此每个城市应在最开始时便准备好这些目标。

这五项目标对于城市进行自身改革的能力具有极为深刻的影响。换句话说，如果你没有正确处理好这五项目标，它们将会使你陷入最大的困境。例如，想象一下，让每个个体部门去独立解决网络安全问题，一些部门可能会使用内部专业知识或通过咨询顾问来解决这些问题。但是其他部门很可能在进行这项富有挑战性的任务时便失败，从而使整个城市置身于危险境地。

提示：你不需要独立解决所有事情，但你必须确保这些事情均已到位。在某些情况下，私营部门也许会加快工作步伐。(例如，很多城市已经设立了广阔的通信领域。)在其他情况下，你也许可以借鉴那些已经经历过转型城市的想法而不是一切从零开始。(例如，你可发现多个可靠的隐私框架。)在其他情况下，你的城市也许并未使用或未充分使用可交付使用的资产。例如，许多城市已经不使用"暗光纤"——已安装却从未使用的光纤电缆，这些光纤电缆可用于全市范围的通信。

考虑总体目标。一旦你确定已经掌握了可发挥作用的基本因素，就可以根据城市总体目标筛选出可能的项目。如前文所述，关注那些已经建立长期目标且更广泛的城市愿景文件和计划。

你的智慧城市路线图应优先关注会根据目标取得进步的项目。

例如，如果你的计划需要扩展旅游业，你将需要优先发展有助于实现该目标的项目。如果你的长期计划需要你适应大量流入的新居民，你应该重点关注能帮助你解决新居民的项目。

强化你的弱项。如果你仍然拥有太多的可能性，你可以通过寻求能够改进弱点的项目来缩小你的选择范围。每章的清单(及章节最后的汇总清单)，均包含指出你优势或劣势的记录栏。

寻求积极反馈。最后，如果你的候选项目比能够处理的项目更多，寻找容易取胜的方法。优先选择那些可以快速完成并且能够通过投资获得快速回报的项目。此外，我们从智慧城市专家处获悉十分有必要尽早地展示成功。为了确保你的长期智慧城市转型获得成功，你必须采取一些初期短周期的回报。这些早期回报将为你提高热情和动力。而且如果做法正确，它们会产生可以负担未来项目的价值流。

图 14.10

⊙ **智慧支付的回报可能很快并且更为显著**

就像在尼斯的情况，如上图的法国公共自行车共享站，通过智慧支付使得市民便捷享用城市服务，同时降低了花费在城市管理许可的现金或费用。

第十四章 把想法付诸行动 | 智慧城市筹备指南 313

寻求快速回报:

能够快速获得成功的八块领域

尽管每座城市各有不同，但本节列出了已经证明是可寻求快速回报的 7 个领域。而且，回报不仅仅体现在金融层面。有时回报也会以其他形式出现，如受欢迎程度的排名、商业新成立公司或民众关注热情。

智慧交通。该部门是智慧城市项目的首要来源。大多数城市会受到道路拥挤的困扰，且部分居民会将交通视为希望得以解决的首要问题。根据一些研究，道路拥挤使得城市的国内生产总值降低 1% 到 3%。智能运输可能不会减少费用。但它通常会降低运营商的成本，而且总会使市民受益，使拥堵程度更低并使出行时间更短。

能源效率。能源效率项目可在不使用大幅支出的情况下进行。通过采取简单的行为变化就可产生许多收益，如学习节水的方法，替换更高效的灯泡或学习延迟非高峰时段的不必要的电力使用。而且很多能源服务承包商将承担无前期成本的工作。相反，他们会使用一部分节约金额。

智慧电网。智能电网的回报不仅在于需要低电价。相反，它可能会根据风暴和罢工情况以降低停供时间并提高可靠性的形式出现。在可能出现飓风、龙卷风、地震或洪水的地区，恢复力尤其重要。如果提高了可靠性及恢复力，城市政府能够获得大力支持，否则将要面临极大的惩罚。

图 14.11

➦ **寻求快速回报**

智慧电网带来的益处并不只是电价的降低。同时，节省了电力的输出并提高可靠性。

图 14.12

▶ **获取快速回报**

智能路灯对于首个智慧城市项目可能具有十分良好的前景。委员会的智能路灯101电子书可帮助你开始实施项目。

智慧水网。理事会成员埃创预计全球30%的水源没有被充分利用。智慧水网可以精确找到泄漏点和盗用点，从而能够在水资源稀少珍贵的地方获得快速回报。

智慧路灯。构建智能路灯的将多项因素组合在一起使智能路灯对于首个智慧城市项目具有十分良好的前景。第一，最新一代LED灯大幅节约了能源花费。第二，相同的LED灯既节约能源又节约交易资本。这些LED灯的使用持续时间更长，维护员不需要花费过多时间替换灯管。第三，通过将路灯连接起来，增加与每个路灯的关联，你可产生无数的智能应用，包括远程诊断与控制。第四，一旦为路灯开启"树冠网络"（并已经承担了能源与维护上的节约金额），你就可以使用其他智慧城市应用的网络。毕竟，路灯已经供电，且已经高耸于城市各处，而高处确实是路灯在全市网络内的绝佳地点。巴黎城与英国的布里斯托目前正在共同研究理事会成员银泉网络，以便为智慧路灯和其他城市服务安装树冠网络。

公共安全。智能监控可能会对犯罪率及公信力产生巨大影响。通过将现有及过去的犯罪数据输入分析程序中，城市可预测哪里最有可能发生犯罪行为。通过为警官配备照相机、笔记本电脑、平板电脑或智能手机，它们可降低准备文书工作的时间，从而增加巡逻时间。

电子政府服务。通过将政府服务从"手动"操作转变为更便捷的线上或智能手机操作，通常你可以实现快速见效。如正确操作，这些项目可以在改善市民满意度的同时（无须长时间排队），为城市节约资金。如果没有数以百计的可能性，会有很多项目，包括授权、许可证、社会服务登记、购买公交卡、报告坑洼等。

可以在几个月甚至几周完成建立单一的电子政府应用程序的工作。例如，理事会成员国际民间资源小组提供了叫做CivicConnect的新一代电子平台。CivicConnect将紧密连接关于智慧城市应用程序的一整套大量信息，包括门户管理、运输需求管理、311市民需求、开放数据及更多信息。

智慧支付。更智慧的支付方式的回报可能很快而且很显著。现金及其他物理支付方式正不断产生高额的城市管理费用，也有很大的风险，因此迫切需要安全转移。通过将所有支付与征收变得数字化，城市可节约大量的费用并提高操作效率。举一个例子，通过将直接存款和支票兑现服务的城市服务效益转换为预付卡，多伦多在社会援助接受者和城市均节约了大量的费用。公共部门的预计结果声称，对于一个每月接收600美元的独立客户，每年可为其节约超过250美元，通过消除签发支票的费用，预计城市每年可达到至少250万美元的净储蓄。本项目将在一年内实施。

第十四章　把想法付诸行动 | 智慧城市筹备指南　315

获取快速回报:

迪比克，爱荷华州:投资可持续发展

布奥尔会告诉你迪比克成为更可持续发展城市的主题对于他在 2005 年成功当选市长十分重要。在敲响成千上万户居民家门的同时，他会向你说明该问题在听取他演讲的数以千计投票者中所产生的共鸣。但是有一件事他不会做，便是将迪比克成为今天中等可持续发展城市楷模的头等功劳归于他个人。

对于布奥尔来说，这一功劳应归于迪比克 6 万位市民，这些市民努力建立可持续发展对于作为一个全体的他们意味着什么的统一愿景。布奥尔解释道："我的工作便是聚焦并引导一系列已经存在的信念与重点目标。"

一个关键性的问题便是从哪里开始。在计划开始的头几个月，公开了多个想法进行讨论，从而反映出了不同团体的愿望。筛选过程进行了一个为其两天的研讨会，该研讨会对回报、实用性及时间安排的问题进行了深入的探讨。委员会成员美国国际商用机器公司以及一些重要的城市官员共同主持了该会议，至少 83 名持不同观点的人员出席了该会议，会议就所关注问题以及行动路线图达成了明确的共识。

以水源保护提议作为开始的决议可在诸多方面作为迪比克当前改造密西西比河沿河流域行动的副产物。但是另一项关键因素在于充分利用已经在进行的水表更换程序的务实想法，该提议将有效地降低实施的风险及费用。

图 14.13

➲ **获取快速回报**

作为首个可持续性项目，迪比克选择了水源保护,这是现有提议的产物，而该提议可降低实施的风险及费用。

电子政府服务：
新北市采用意见倾向分析市民态度

新北市拥有390多万名市民和500多家管理机构和学校，新北市政府已经开始构建并整合公共云端和服务云端，这样做不仅是为了加强市政府及其下属机构的运营，还确定了关于政府服务的公众态度倾向。

最大的挑战之一便是需要人工处理市民的投诉及其后续的情况，然后将其储存在不同的数据源内。这意味着需要花费大量的时间和资源来执行这一任务。这是一个重要的瓶颈难题。

而且，用户体验后反映许多不足之处。主要的投诉是NTPC政府对于他们投诉或请求的回复时间太长。由于市民收到回复的不一致数量非常高，进一步恶化了这一情况。

新北市政府的公共云端和服务云端的主要架构位于理事会成员微软公司亚太研究与发展产品组所提供的CityNext大数据框架的顶部，这两个云端提供有意见倾向分析工具，该工具使得行政管理部门使用大数据分析来确定关于政府服务的总体反馈意见及市民态度倾向。利用意见倾向分析，NTPC官员可以更好地了解该市普遍存在的问题，并将这些问题与附加的地理信息联系在一起。

图 14.14

➜ **关注电子政府服务**
新北市政府使用公共云端和服务云端、大数据和意见倾向观点分析以便更好理解市民对于政府服务的态度。

智慧电网快速见效:

社区储能系统有助于加速加利福尼亚州实现太阳能发电

截至2020年,加利福尼亚州的公共事业公司需要使用可再生发电能源产生的电力满足国家1/3的用电需求。但是可再生发电的较高的渗透性已经在电力稳定性、供电质量以及安全性方面产生了诸多问题。

一个加利福尼亚的沙漠城市便是突出的例子。该城市通过20英里外的公用变电站中69千伏的传输径向接头供电,该接头会穿过高处多风的地形。极具挑战的环境以及特有的设计限制条件使得该变电站考虑进行试验的微型电网项目,在该项目中如果变电站资源上发生供应中断,则光电发电能源会为该城市供电。

该公用公共机构十分担心在低负荷阶段光电发电能源所产生的反响电流,这种电流可对该系统即相关工作人员造成安全问题。该单位还担心微型电网形成应对电力中断的独立供电区所需的时间问题。

该公用公共机构寻求能量储存专家以便帮助确定在微型电网和相关的委员会成员 S&C 电力公司储存可再生能源最为有效且可靠的方法。

S&C 电力公司提议将其 PureWave® CES 社区储能系统用于该试点项目。将这三个 PureWave® CES 装置安装在距太阳能发电机较近的位置。电池存储量多于太阳能发电量,从而减少了本地及供电端出现反向电流的可能性。

在部署之后不久便发生电力中断事故,在整个25小时的电力供应期间,能源储备装置为客户提供了不间断服务。在理想化的平衡情况下,其中日光伏发电量与消耗量相等,供电区将会无限制延时。

图 14.15

➜ **智慧电网快速见效**

智慧电网的回报不是降低电价。相反,它可以减少断电次数以及大幅提高可靠性,就如在使用S&C能源储存系统部署微型电网后发现的这一加州公共机构。

安排专家制订具体计划

在这一阶段，你可根据你的首个项目将目标以及理念列表按照优先顺序排列，你甚至可以对几年后的事宜制定跨部门的实施日程。如果你尚未咨询专家，那么现在是时候邀请专家参与其中。专家的任务是制定具体详细的项目计划及工程规范（如果你正从头开始建立一个行政区或一座城市，那么专家的工作就是制订一项总体计划）。

邀请正确的专家是一项十分重要的任务。专家必须拥有整体的全局观点，以便帮助城市发现跨部门的协同效应。但是他们必须具有专业知识以便制定详细的技术条件。理想情况下，他们还应具有智慧城市项目的工作经验。

"外包"全部或部分项目实施工作具有显著的益处。第一，很少的城市员工掌握了最新的专业技能来确保该城市获得最先进的应对措施。第二，很少城市员工有时间额外从事一份如此复杂的工作。智慧城市项目需要高度集中的精力。大多数城市员工以及大多数城市领导者正聚焦于能够真正推动智慧城市进程的过多举措，即使他们拥有相关的技术技能。

外包需要考虑到对项目积极关注的热情，如果在实施项目期间需要进行选举或任命，外包可以在政府进行适当转变。

在哪里可以找到这些专家？许多城市已经与地方大学达成了多项成功的合作。许多城市引进了咨询公司来执行整个流程，相信这些咨询顾问会引进其他所需专家。并且很多城市已经成功与指导附录中像理事会成员一样有经验的智慧城市供应商开展了合作。

附录中的供应商已经展示出了超常的智慧城市能力。他们已经在数千个与智慧城市有关的项目中共同合作。

图 14.16

⮕ **邀请专家**

找到正确的专家是一项十分重要的任务。专家必须拥有整体的全局观点，以便帮助城市发现跨部门的协同效应。

他们知道在现实生活中什么会真正有效，有可能发生什么问题，哪项技术可以在黄金时段开展。毫不夸张地说，他们代表了世界上最优秀的智慧城市供应商。

他们也展示出了一项极其重要的特征，即与他人共同协作的意愿与能力。单独的公司不可能创造出完整的智慧城市。这些公司需要一小队专家去建立"复杂体系之系统"，即智慧城市。智慧城市理事会的成员身份表明一家公司愿意与其他公司协作制定出最切实可行的解决措施。

路线图成功策略

本指南的大部分均提出了技术建议。然而，对于制定一份极具说服力且高效路线图时，最重要的建议多来源于常识。城市应：

- 从大处着眼，但是从小事做起。
- 共同合作，但是快速前进。
- 强调协同效应及互相依赖关系。
- 借鉴最佳案例。
- 收获良好理念。

从大处着眼。之前我们说过智慧城市路线图需服从于城市长期愿景。在制定这些长期目标时，不要畏手畏脚，要大胆一些，目标定得远一些。在数字技术及自愿公民的帮助下，几乎任何城市都可以实现更高水平的卫生条件、幸福度，实现繁荣生活。诚然，这对于一些城市来说可能需要花费很长时间，但数字革命的美妙之处在于它给所有人以希望，无论在什么地方。事实上，在某些情况下，数字技术使新兴经济中的城市一跃成为发达世界的城市。既然这些城市在传统基础设施中投资范围更小，他们可以直接过渡到现有的更好科技上。

从小事做起。如果已经准备好你的宏大计划，则首先从小事做起。选择一个前期投资较小，并能够快速周转以及快速收益的项目。理想的情况下，首个目标应是大家一致认同，即位于所有关键的相关利益团体清单最顶端位置附近的目标。对选出的一个或几个可获最大及最快收益的项目上进行投资。在资金方面，你可以将首个项目节约的金额用于下一个项目。在公共关系方面，该目标使得你更容易获得建立在支持与动力上的早期成功。

从小事做起也意味着采取一种逐个街区的方法。通过指定一个区域进行一项试点项目，许多城市开始智慧城市进程。行政区和街区（根据你的意愿）可能非常小，但也足够大。他们足够小便于管理且灵活。但是他们也足够大，拥有关键的成分去获得一定规模的经济。他们足够小可以快速创新以便形成有意义的影响。

如果邻域方法不适用于您的城市，你可以寻求其他独立的环境，如工业园区、校园、交通枢纽等。

图 14.17

➲ **从小事做起**

如果已经准备好你的宏大计划，则首先从小事做起。选择一个前期投资较小，并能够快速周转以及快速收益的项目。

携手共进。我们再一次认识到合作是构建成功的智慧城市计划的关键因素。2013年5月，T 特里 – 柯比在《卫报》中解释道："当谈及实现未来高科技，可持续及智慧型城市时，有一个词可以总结成功之路，就是伙伴关系。"柯比及其他研究者认为这些伙伴关系应包括(最大限度)当地政府、当地公共机构、当地大学、当地商业团体、当地开发商及房地产商及相关团体(如可促进可持续性发展的团体)。

智慧城市先行者认为合作是关键，考虑到许多城市政府的"垂直"结构以及公有及私营企业之间的敌对关系，在实现过程中非常困难。第一，城市政府需在明确的工作部门界限内更好地处理内部伙伴关系。第二，政府需更好地处理商业与民众之间的伙伴关系。

2012年，高德纳公司分析师安德里亚·迪马奥认为，除政策决策者、城市管理者、部门首脑及城市首席信息官负责处理好基础问题，科技基本上不相关。真正重要的是不同部门的合作及如何交换有效信息。当然，其中也包含科技，但是这些还不足以实现智慧城市计划。

合作需要坚实的管理并尊重路线图。

（1）差异及潜在不同。经营目标及不同利益相关者的时间表。

图 14.18

➲ **快速行动**

确定"热点地区"或优先顺序，加快智慧城市构建的快速开启。

（2）不可避免的资源限制。

要快速行动。那些犹豫的人也许不会失败，但是它们会错过机会，正如计划的一部分所述，确定"热点地区"或优先顺序，加快智慧城市构建的快速开启。城市正彼此竞争吸引企业、人才和创新类型。城市需尽快开启智慧城市进程，否则会被竞争对手赶超。

此外，快速开始轻松取胜有利于政治行为，很多推选出来的官员的操作眼界相对较窄。是的，他们也许对于城市有长期的目标。但是他们必须在频繁选举的约束中进行操作，如果他们希望再度当选，必须展示短期进展成果。

着重协同效应及相互依赖性。完成后，你的路线图将涉及城市整体性，不仅仅是一个或两个重要部门。刚开始及回顾每项成就的时候，都应寻求国际部门间的协同效应。

例如，你只把水定位为目标，将会无法捕捉与能源等其他部门的相互依赖性。例如，用于灌溉的输送水及人类消耗可占20%的城市整体能源预算。通常一个城市可在电力网需求变少时，将抽水改为离峰时间，削减能源消费。同样地，相同传递智能水表信息的通信系统也可经常处理智能电表第二网络的消费。这些种类的协同效应及储蓄在系统进行独立研究时不会出现。

在之前的章节中，我们突出了不同责任之间的相互依赖性。例如，建筑环境很大程度上依赖能源服务、通信和水资源系统。同样地，公共安全很大程度上依赖通信、能源和运输服务。

路线图阶段即把协同效应理论与相关性投入实践。进行更多协同工作的原因是为了组建从所有部门得到投入的工作小组。

借鉴优秀示范案例。研究前人的经验并且从错误中学习是很聪明的做法。从别人的错误中学习是明智的，从别人的成功中学习最为明智。数百座城市已经或多或少地开始进行智慧城市计划，因此无须从零开始创造自己的智慧城市计划。可以学习他人的路线图及计划(大多数是公开文件)。

寻找金点子。无论你在哪里发现这些好想法，你将会在本指南附录中找到几项智慧城市计划及相关工具的链接。智慧城市理事会网站也可派上用场。你将在案例及案例研究部分找到成功案例，并且你可以在展望与路线图规划部分找到建筑计划的建议。

现在你已经可以准备好开始了。工作会艰辛，也会有回报。你创建的路线图将成为市民及后来子孙后代构建更好城市的起点。

图 14.19

◯ **寻找金点子**

桑坦德，西班牙的老港口城市，已经获得了数千款智能传感器的国际关注。

创建路线图

优先顺序 1 高 2 中 3 低	推进因素	智慧城市如何配置和使用ICT以提高宜居性，可使用性和可持续性	实施进度			
			无	部分	逾半	完成
	仪表及管控	安装理想仪表 ・额外部分：适用于所有运输方式（运输） ・额外部分：经过流域（途径水域及废水区域） 确保普遍高速的宽带使用（通信技术） 确保全市范围内的无线网络（通信技术）	☐	☐	☐	☐
	连通性	连接设备与全城综合服务通信设备系统	☐	☐	☐	☐
	互用性	坚持开放标准 使用开放型集成架构和松散型耦合借口 优先采用已有投资 ・额外部分: 包括物理储存数据（公共安全） 使用分布标准的互联式发电（能量） 多渠道进入综合客户运输账户（交通）	☐	☐	☐	☐
	安全和隐私	制定隐私法规 创建安全框架 保障网络安全 在云存储中识别患者及学生数据 （卫生及人类基本健康计划）	☐	☐	☐	☐

图 14.20

创建路线图

优先顺序 1 高 2 中 3 低	推进因素	智能城市如何配置和使用 ICT 以提高宜居性，可使用性和可持续性	实施进度			
			无	部分	逾半	完成
	数据管理	制定全城数据管理、公开和共享政策 · 额外部分：包含能源使用数据（能源） · 额外部分：包含水资源使用数据（水域及废水区域）构建单一的城市居民健康史（卫生与人类基本健康计划）				
	计算资源	考虑云计算框架，使用开放创新平台 创建中央地理信息系统试试综合网络和设备管理				
	目的分析	充分实现态势感知 · 额外部分：所经流域，并由天气数据通知 （途径水域及废水区域） 实现运行优化 · 额外部分：为实现可持续性，效率，清洁度及安全性 （途径水域及废水区域） 实现资产优化 追求预测分析 · 额外部分：结合所有运输模式使多模式运输最优化（运输） 自动化故障及停电管理（能源） 自动化故障及泄漏管理（途径水域及废水区域） 客户分段及个性化项目（能源） 实施动态，按需定价（运输）				

图 14.20（续）

附加资源

智能路灯的快速回报

圣地亚哥LED路灯计划

洛里·科西奥·阿扎尔，圣地亚哥城市环境服务部项目官员，解释了为什么委员会成员通用公司生产的节能LED路灯装置及无线照明控制设备将每年为城市节约2.5万美元。

共同点亮未来

路灯是重要的公民资产，花费约为一座城市能源预算的40%。取代现有的LED网络化路灯照明设备可节约巨大的能源。了解更多信息，请观看委员会成员银泉市网络录像。

智能网格技术的多重回报

萨克拉门托市政公用事业区的时空洞察力

智能电网的回报不仅仅是低电率，在委员会成员时空洞察力的录像中学习萨克拉门托市是如何使用情景化智能应用程序，增加电网稳定性，并将诸如风力和太阳能、电动车，能源储存与需求反应的新能源技术整合起来。

使用中心GIS

开放地理空间协会智慧城市空间信息框架

位置信息可为智慧城市提供有价值的洞察力，用来改善城市居民生活水平。开放地理空间协会智慧城市空间信息框架在这份白皮书上进行了突出展示，开放地理空间协会委员会顾问在计划与实施开放空间标准建筑上提供了指导，这是中央地理系统计划的互用性与效率的关键因素。

强调协同效应与相关性

改善政府互用性：政府管理者的能力框架

随着政府管理者开始越过更高效的政府视线逐渐走向现实，政府科技部一名委员会顾问出台的综合白皮书能够为政府管理者提供指导。白皮书将政府互用性定义为政策、管理与科技能力的综合体，需要网络组织来传递协调的政府项目和服务。